# シェルスクリプト + データベース
## 活用テクニック

Bourne ShellとSQLiteによるDBシステム構築のすすめ

広瀬雄二●著

CUTT
カットシステム

■**サンプルファイルのダウンロードについて**
　本書掲載のサンプルファイルは、一部を除いて下記の URL からダウンロードすることができます。

　　http://cutt.jp/books/978-4-87783-385-5

本書で取り上げられているシステム名／製品名は、一般に開発各社の登録商標／商品名です。本書では、™ および ® マークは明記していません。本書に掲載されている団体／商品に対して、その商標権を侵害する意図は一切ありません。本書で紹介している URL や各サイトの内容は変更される場合があります。

「シェルスクリプトで SNS って作れるんですか？」

# まえがき

　SQL は気になるものの、なんとなく避けていたり、まだ必要ないと考えていたりしないだろうか。タイトルに含まれている「シェルスクリプト」という言葉に反応して本書を手に取ったのであれば、普段シェルスクリプトや軽量スクリプト言語に興味があり、多くの仕事をテキストファイルのまま「シンプル」にこなすことに価値を感じているのでないだろうか。そのような場合、えてして RDBMS/SQL は「シンプル」の対極にあり、進んで覚えようという気になれないのではないだろうか。「好きの反対は嫌いではなく、無関心である」という言葉がある。今一つ食指が動かず、覚える気がしない、と思い続けるということは少なくとも無関心ではないということである。

　リレーショナルデータベース管理システム（RDBMS）が「大規模なデータ処理」に向いているというイメージは、小規模プログラムでは要らないのではないかというイメージにつながりやすいが実はそうではない。本書で掲げる、「シェルスクリプト」のようなコンパクトさも価値の1つとみなせるようなシステムにおいて、RDBMS の利用はスクリプトそのものの処理負担を軽減する強力な武器である。かつては RDBMS の導入にそれなりの手間が必要なため手近なスクリプトに組み込む考えには至りにくい状況だったが、SQLite の登場と普及が状況を一変させた。導入の手間がゼロになり、小規模システムでも気軽に利用できるようになった。もちろんその恩恵はシェルスクリプトでも得られる。これまでシェルスクリプトには荷が重いと思っていた情報システムも十分に作成可能となる。

　Perl から始まった筆者のスクリプト生活は、2000 年頃から Ruby 主体に切り替わり、以後まとまった規模のものは Ruby で作るようになった。しかし、Ruby が 1.6 から 1.8、1.9 と変わる度にスクリプトの作り直しを余儀なくされた。一度作ったら何年も全自動で動かし続けたいものを開発の盛んな言語で作ってはいけないと悟り、可能な限りシェルスクリプトを使うようになった。

　2011 年に大学の学生アンケートシステムを構築したときは、初めて sh ではなく zsh でスクリプトを作成してみた。強力な文字列処理と連想配列機能の組み合わせにより他のスクリプト言語に劣らぬ開発効率が得られた。なかでも zsh の後方互換性の高さは素晴らしく、zsh の更新によって将来スクリプトが動かなくなる心配はほぼ不要という安心感は絶大だった。データ形式に関しては、送信されたアンケートデータを1人1設問ごとのテキストファイルに落とす

形式としたので、複数人同時書き込みによる排他処理が不要なのもスクリプト構造の簡略化に大きく寄与した。

　さて、あらゆることが効率的に進んでいて大満足だったのだが、3年目あたりから気になる問題が出てきた。すべてのデータの更新履歴を取るために、バージョン管理システム（Mercurial）を用いていたのだが、更新状態を見るために hg status とすると、1分程度時間が掛かるようになった。当時のシステムは ZFS でない頃の Solaris/Sparc システムで、細かいファイルへの大量アクセスが遅かった。なにせ、「Σ( 設問数×履修者 )」のファイルが学期ごとに増えていく。小さい大学だが 2011 年度前期の集計に関するファイルは 5.5 万となった。現行はより高速な ZFS 利用システムになったが、それでも hg status に 10 秒程度掛かる。システムそのものは軽快に動いているのに、バージョン管理の都合で構造を変えるのは本末転倒な気もしたが、作業を気分よく進めるために修正することにした。

　複数の書き込み源による情報を 1 ファイルに書く場合には排他機構が必要となる。また、ファイル中の一部の値を修正するためには、ファイル中に構造化されて書き込まれた要素を書き変えるためのなんらかの記法が欲しい。そのため、CSV、dbm、YAML、JSON、SQL と汎用性の高いフォーマットを検証したが、「排他機構を持つ修正ツール」と「データの更新速度」の両方を満足するのは SQLite3 のみであった。

　https://www.sqlite.org/about.html には、SQLite は商用 RDBMS などの置き換えではなく、fopen() の代わりとみなすようにとある。つまり OS を越えて利用できるファイルシステム代わりにも使える。まずは単純に、「安全簡単に値を保存できる箱」として、ある程度進んでからは、集合操作を活かした知的な分析ツールとして SQL をスクリプティング生活に採り入れて頂きたい。

2016 年 3 月 広瀬雄二

## ■ 本書の対象読者

次のような読者が本書の対象とするところである。

- SQL が気にはなるものの実際どう活かしたらいいのか分からない。
- 組織で利用する情報システムを構築したいがあまり時間をかけられない。
- 組織で高額な情報システムを導入しようとしているが本当に必要なのかプロトタイプで実験したい。
- SNS や CMS などの Web アプリを導入したものの（自分から見た）ブラックボックスの部分が多く、システムのバージョンアップの度にヒヤヒヤしている。
- Rails などのフレームワークを覚えたいと思ったが規約とバージョンアップの多さにそっとその場を去った。
- Web アプリのフレームワークを覚える時間でプログラムの 10 本は書けると思う。
- ソフトウェアは使うより作る方が楽しい。
- シェルスクリプトに手を出したら他のプログラミング言語を学ぶ意欲が落ちた気がする、もしくはそうなると恐いので手を出さないようにしている。

本書で扱うのはシェルスクリプトと SQLite Version 3 である。それぞれ、ある程度の使用経験を前提としている。シェルスクリプトに関しては次のような段階を前提とする。

- コマンドの終了コード 0 が真だと知っている。
- if、while、case、&&、|| の制御構造を利用できる。
- 環境変数とシェル変数の意味と違いを理解している。
- 標準入出力、パイプ、リダイレクトを理解し使い分けられる。
- サブシェルを理解し効果的に利用できる。

ただし、シェルスクリプトについては文法セットが小さいため、これから学習したとしても上記の水準に達するのにさほど時間は要しないだろう。もし不安であれば、シェルスクリプトの解説書を併読するとよい。Web にも解説記事は多いが、かなりの比率で誤った理解に基づく説明が見受けられるため、書籍での学習を勧めたい。

SQL に関しては次のような段階を前提とする。

- 第 3 正規化までは意味が分かった（忘れていても可）。
- CREATE TABLE、INSERT INTO ...、SELECT ... FROM ... WHERE ...、DROP TABLE は使ったことがある。
- JOIN は知っているが自分のデータでどう使うのか分からない。
- GRANT が何か分からない。

もちろん、上記のことをすべて理解していてもそれはそれで望ましいが、以下の条件に当てはまる場合は本書の守備範囲を越えている。

- 分散 RDBMS で大きなデータベースシステムを構築したことがある。
- WordPress などの CMS の DB を直接叩いて自分なりにカスタマイズするのが得意だ。
- Web アプリケーションフレームワークを利用して好きなものがすぐ作れる。

いくつか項目を示したが、大きな指針としては、他人の作ったライブラリのバージョンアップによる仕様変更に左右されることなく、自分の作ったツールはできるだけ自分で責任を取りたい、と考える価値感の人に向いていると考える。

## 本書の取り扱う範囲

本書は特定の一技術を掘り下げるものではなく、複数のシンプルな技術の組み合わせで身近な情報システムを構築する方法を示したものである。おおざっぱに構成比率を示すと以下のようになる。

| シェルスクリプト | SQL（SQLite） | フィルタコマンド（sed、tr など） | HTML+CSS | その他 |
|---|---|---|---|---|

図●本書の取り扱う範囲

シェルの文法に関しては、既にある程度学習した経験があるといった程度を前提とした。第 2 章に文法説明を集約したものがあるが備忘録程度の簡潔なものであるので、これから取り組む場合はシェルスクリプトの解説書があるとよいだろう。

- Bruce Blinn 著，山下哲典訳. 入門 UNIX シェルプログラミング―シェルの基礎から学ぶ UNIX の世界. ソフトバンククリエイティブ, 2003 年 2 月, 472p, ISBN 4-7973-2194-6.

構文説明に豊富な使用例がついているのでもれなく理解しやすい。

　SQL に関しても第 2 章に備忘録程度の説明を付した。ただし、リレーショナルデータベースの正規化理論に関しては、その理解に気を取られると先に進まなくなるおそれがあるのと、ある程度データと戯れた後の方が理解しやすくそのときには他の良書がいくらでもあることから、本書では一切の説明を省いている。とはいえ全く SQL の経験がない場合は入門書が傍らにあると安心できるだろう。初学者・初級者向けの本を 2 冊掲げる。

- 手塚忠則. やさしい SQL 入門 Windows 10/8/7 対応 演習問題で学ぶデータベース操作法. カットシステム, 2015 年 11 月, 240p, ISBN 978-4-87783-379-4.

　SQL の基礎について正規化理論の説明は要点を絞ったものにとどめ、Firebird ベースの SQL トレーナを利用しつつ演習問題を丁寧にこなす形式で進めるため初学段階の学習を素早く進められる。本書で取り扱う SQL の知識を得るには必要十分である。演習問題のほとんどは SQLite でも同じ構文で書ける標準的なものとなっている。

- ミック. 達人に学ぶ DB 設計徹底指南書. 翔泳社, 2012 年 3 月, 360p, ISBN-10 4798124702.

　正規化理論についてしっかりと理解したくなったときに紐解くとその期待に応えてくれる。経験がないとピンと来ない部分がある場合は何かの設計を経験したうえで何度も読み直すとその都度新しい答を与えてくれる。

## ■ 本書で用いる記法

本書では、書体やレイアウトによって以下のような意味付けをしている。

### 実行例と入力部分

本文中段落を変えて、

```
$ echo a b \
>       c
a b c
```

のように記した部分は、対話的な画面でのシェルへのコマンド入力と出力結果を意味する。シェルプロンプトは「$」で、継続行のプロンプトは「>」で示している。また、sqlite3 コマンドを起動して SQL を入力している様子は以下のように示す。

```
sqlite> CREATE TABLE foo(
   ...>    x INTEGER PRIMARY KEY,
   ...>    y TEXT
   ...> );
```

sqlite3 のプロンプトは「sqlite>」で、継続行プロンプトは「...>」で示す。それぞれ太字で示した部分が人間が入力した部分を意味する。

### リスト

段落を変えて

```
while read x; do
   sum=$((sum+x))
done
```

のように記した部分は、プログラムリストを意味する。実例提示でなく、一般的な書式例を示す場合にこちらのレイアウトを用いる。リスト提示のうち、注目する部分があれば太字で示す。

変数や式の値をリスト中に示すときは矢印を用いて示す。

```
x=5
$((x+3))
  → 8
```

これは $((x+3)) が 8 という値を返すことを示している。

### 変動値
*文字列* あるいは、*String* のように書いた語は、その場に実際に「文字列」や「String」と書くのではなく、その語で代表される色々な値でそこが置き換えられることを意味する。たとえば「DROP TABLE テーブル」と書いてある部分は、「テーブル」の部分が、実際のテーブル名を書くべきところということを意味する。

### 省略可能部分
文法的な説明の部分で、

```
SELECT useid [AS] uid FROM users;
```

のように [] で括った部分はそれが省略可能であることを示す。上記の例では AS という単語をそこに書いても書かなくてもよいことを意味する。

### 選択
文法的な説明部分で、

```
{ a | b | c }
```

のように { } で括った部分は、「|」で区切られたいくつかの単語のどれか 1 つがその部分に現れるべきことを示す。複合的に

```
[ { a | b | c } ]
```

とすると、「何も書かないか、a、b、c いずれかを書く」を意味する。

### マニュアル参照

本文中「exec(3)」のように括弧内数値をともなった単語は、man コマンドによるマニュアル参照を暗示している。括弧内は章番号で、

```
$ man 3 exec
```

と指定することで参照できる。

## ■ 本書で用いるソフトウェア

本書利用している各ソフトウェアと前提バージョンについて示す。

### シェル

POSIX 準拠の Bourne Shell を想定している。

> The Open Group Base Specifications Issue 6
> http://pubs.opengroup.org/onlinepubs/009695399/utilities/xcu_chap02.html

動作確認は以下のシェルで行なった。

表●動作確認を行なったシェル

| OS | シェル |
| --- | --- |
| NetBSD 6、7 | /bin/sh、/bin/ksh |
| SunOS 5.10 | /bin/ksh、/usr/xpg4/bin/sh |
| Linux Mint17 | /bin/sh |

### SQLite3

WITH 句を積極的に利用しているため、SQLite version 3.8.3 以降が必要である。もし、OS 付属のパッケージ管理システムで導入される SQLite のバージョンが古い場合は手動で入れることができる。SQLite は依存関係なしでビルドできるように工夫されているので、以下の手順で簡単にビルド & インストールできる。

(1)（なければ）gcc などのコンパイラ環境を準備する。
(2) http://www.sqlite.org の「Download」リンクに進み、Source Code の最新版（tar.gz）を取り寄せ、アーカイブを展開する。
(3) 展開したディレクトリに cd し、以下のように実行する。

```
$ ./configure --prefix=/usr/local/sqlite3
$ make
$ sudo make install
```

これにより /usr/local/sqlite3/bin/sqlite3 がインストールされる。不要になったら

```
$ sudo rm -rf /usr/local/sqlite3
```

で消せる。本書の一部には上記のように手動でインストールした場合に最新版を優先的に起動するための PATH 設定が記述してある。

### Web サーバ

Apache httpd を CGI プログラムを駆動する Web サーバとして想定した。一般ユーザ用アクセス制御ファイル「.htaccess」の記法として httpd バージョン 2 以降を想定したが、それ以外は特に固有の想定はない。CGI プログラム実行が可能な Web サーバなら何でもよいが、CGI を許可する設定方法については各 Web サーバプログラムのマニュアルを参照してほしい。

### ImageMagick

画像を扱うスクリプトでの画像操作に ImageMagick を使用している。特にバージョン固有の想定はない。

# 目次

まえがき ................................................................................................................. v

## 第1章 シェルプログラマから見たSQL ............................ 1

### 1.1 RDBMSをなぜ使わないのか ............................................................. 2
1.1.1 RDBMSのイメージ ...................................................................... 2
1.1.2 牛刀割鶏の続き ............................................................................ 2
1.1.3 SQLiteがもたらしたもの ............................................................ 3

### 1.2 SQLをなぜ使わないのか ................................................................. 12
1.2.1 SQLのイメージ .......................................................................... 12
1.2.2 SQLによって得られるもの ........................................................ 18
1.2.3 シェルスクリプト+SQLで得られるもの .................................. 20

## 第2章 簡単な投票システムの作成 ................................. 23

### 2.1 準備体操 ........................................................................................... 24
2.1.1 想定する投票操作 ...................................................................... 24
2.1.2 テキストファイルによる集計スクリプト例 .............................. 25
2.1.3 テキストファイル法の難しさ .................................................... 29

### 2.2 投票集計スクリプト ......................................................................... 30
2.2.1 テーブルの作成 .......................................................................... 30
2.2.2 レコードの挿入 .......................................................................... 30
2.2.3 集計の出力 .................................................................................. 32
2.2.4 登録レコードの検査 .................................................................. 34
2.2.5 練習問題：制約の徹底 .............................................................. 38
2.2.6 練習問題：解答例 ...................................................................... 40

### 2.3 SQLの最低限の知識 ....................................................................... 43
2.3.1 テキストファイル指向からRDBへの要点 ................................ 43
2.3.2 テーブルの作成 .......................................................................... 47
2.3.3 CREATE TABLEの詳細 .............................................................. 50
2.3.4 レコードの挿入 .......................................................................... 57
2.3.5 レコードの抽出 .......................................................................... 61
2.3.6 データの更新 .............................................................................. 64
2.3.7 集約関数 ...................................................................................... 66
2.3.8 表の結合 ...................................................................................... 68
2.3.9 ビュー .......................................................................................... 71

|       |        |                                                          |     |
| ----- | ------ | -------------------------------------------------------- | --- |
|       | 2.3.10 | コメント                                                 | 72  |
|       | 2.3.11 | 練習問題：情報をすべて含むビューの作成                   | 73  |
|       | 2.3.12 | 練習問題：解答例                                         | 74  |
| 2.4   | シェルスクリプトの最低限の知識                                    | 77  |
|       | 2.4.1  | パラメータと変数                                         | 77  |
|       | 2.4.2  | シェルコマンド                                           | 83  |
|       | 2.4.3  | クォート規則                                             | 91  |
|       | 2.4.4  | コマンド置換                                             | 92  |
|       | 2.4.5  | 算術展開                                                 | 94  |
|       | 2.4.6  | リダイレクト                                             | 95  |
|       | 2.4.7  | シェル関数                                               | 98  |
|       | 2.4.8  | シグナル処理                                             | 99  |
|       | 2.4.9  | 一時ファイル処理                                         | 100 |
|       | 2.4.10 | 実行環境                                                 | 100 |
|       | 2.4.11 | サブシェルとの戦い                                       | 102 |

# 第3章 簡単な自動集計システムの作成 ... 105

| 3.1 | 自動集計に適した処理                                              | 106 |
| --- | ----------------------------------------------------------------- | --- |
|     | 3.1.1 集計表の RDB 化                                             | 107 |
| 3.2 | 得点集計システムの構築                                            | 107 |
|     | 3.2.1 得点集計のためのテーブル設計                                | 107 |
|     | 3.2.2 合計点自動集計システムのスクリプト化                        | 109 |
|     | 3.2.3 課題点集計システムの完成                                    | 121 |
|     | 3.2.4 練習問題：コマンドラインオプションの追加                    | 124 |
|     | 3.2.5 練習問題：解答例                                            | 125 |
| 3.3 | 得点集計システムの自動化（SMTP 経由）                             | 126 |
|     | 3.3.1 作成システムの前提                                          | 126 |
|     | 3.3.2 受信スクリプト稼動に必要な準備                              | 128 |
|     | 3.3.3 dot-qmail 拡張アドレス機構                                  | 131 |
|     | 3.3.4 課題提出用メイルアドレスの作成                              | 134 |
|     | 3.3.5 集計ディレクトリの準備                                      | 135 |
|     | 3.3.6 電子メイル自動応答データベースの要点                        | 137 |
|     | 3.3.7 練習問題：メイルアドレス・ID 変換                           | 138 |
|     | 3.3.8 練習問題：解答例                                            | 139 |
| 3.4 | 日程調整システムの構築                                            | 140 |
|     | 3.4.1 日程調整表のテーブル設計                                    | 140 |
|     | 3.4.2 日程調整システムのスクリプト化                              | 142 |
|     | 3.4.3 記入結果一覧出力                                            | 145 |
|     | 3.4.4 「○」の合計出力                                             | 149 |
|     | 3.4.5 WITH 句                                                     | 150 |

          3.4.6 候補日の追加と SQL 文の生成 ................................................152
          3.4.7 一覧機能・削除機能の追加とコマンドライン版の完成 ...............154
          3.4.8 排他制御と高速化の工夫 .......................................................157
          3.4.9 練習問題：日程候補の追加 ....................................................161
          3.4.10 練習問題：解答例 ................................................................162
          3.4.11 練習問題：SQL による繁雑な問い合わせ文の生成 ...................163
          3.4.12 練習問題：解答例 ................................................................164
    3.5 日程調整システムの自動化（HTTP 経由）..........................................167
          3.5.1 CGI 処理を補佐するコマンド ..................................................167
          3.5.2 シェルスクリプトによる簡単な CGI ..........................................169
          3.5.3 受信データの値の保存 ..........................................................174
          3.5.4 フォーム値を DB に保存するスクリプト ....................................177
          3.5.5 セキュリティに対する考察 ......................................................184
          3.5.6 ライブラリ化 .........................................................................186
          3.5.7 日程調整システムへの適用 ....................................................188
          3.5.8 練習問題：シェルでのループの回避 ........................................193
          3.5.9 練習問題：解答例 ..................................................................195

# 第 4 章　写真日記システムの作成 ................................... 197

    4.1 SQLite3 によるバイナリデータの出し入れ ........................................198
          4.1.1 バイナリデータの 16 進クォート .............................................198
          4.1.2 16 進クォート文字列の変換 ....................................................199
          4.1.3 バイナリデータのデータベース入出力 .....................................199
          4.1.4 練習問題：バイナリファイルの出し入れ ..................................201
          4.1.5 練習問題：解答例 ..................................................................202
    4.2 バイナリデータの送信処理 ...............................................................205
          4.2.1 CGI によるファイル送信 .........................................................205
          4.2.2 mpsplit を用いたフォーム値の取得 ........................................209
          4.2.3 練習問題：cgilib2 を用いた一言投稿サイト ............................215
          4.2.4 練習問題：解答例 ..................................................................216
    4.3 簡単な写真日記システムの作成 ........................................................218
          4.3.1 写真日記システムの概要 .......................................................218
          4.3.2 テーブル設計と対応する入力フォーム ....................................218
          4.3.3 blog テーブルへの格納 .........................................................219
          4.3.4 blog テーブルからの一覧出力 ...............................................223
          4.3.5 レコード修正機能の追加 .......................................................231
          4.3.6 修正・削除機能つき写真日記システム ....................................233
          4.3.7 練習問題：CSS の動的セレクタ使用 ........................................238
          4.3.8 練習問題：解答例 ..................................................................239
          4.3.9 練習問題：解答改良例 ...........................................................240

## 目次

- 4.4 ユーザ認証機構の付加 ........................................................... 242
  - 4.4.1 認証つきページの流れ ............................................... 242
  - 4.4.2 ユーザ認証機能導入に関する前提 ............................ 242
  - 4.4.3 ユーザの概念の導入 ................................................... 243
  - 4.4.4 認証の仕組み ............................................................... 244
  - 4.4.5 パスワードとセッションキー .................................... 247
  - 4.4.6 ユーザ認証に関するライブラリの作成 .................... 250
  - 4.4.7 認証機能の組み込み ................................................... 255
  - 4.4.8 練習問題：クッキー利用の練習 ................................ 261
  - 4.4.9 練習問題：解答例 ....................................................... 262
- 4.5 テンプレートファイルの利用 ............................................... 264
  - 4.5.1 m4 の利用 ................................................................... 264
  - 4.5.2 練習問題：m4 の展開制御 ........................................ 272
  - 4.5.3 練習問題：解答例 ....................................................... 274

## 第5章 カタログ型汎用データベースシステムの作成 ........ 275

- 5.1 カタログ型データベースの基盤設計 ................................... 276
  - 5.1.1 カタログ型データベースの位置付け ........................ 276
  - 5.1.2 Key-Value ストアのエミュレーション .................... 277
  - 5.1.3 項目名で整列した出力 ............................................... 283
  - 5.1.4 可変属性列について ................................................... 285
  - 5.1.5 練習問題：でたらめな属性値登録の抑制 ................ 286
  - 5.1.6 練習問題：解答例 ....................................................... 287
- 5.2 CSS のみで作る動的 Web インタフェース ....................... 287
  - 5.2.1 値提示と編集用フォーム ........................................... 288
  - 5.2.2 表示・編集・削除・新規入力インタフェースの実装例 ......293
  - 5.2.3 練習問題：sqlite3 出力からの sed タグ付加 ........ 302
  - 5.2.4 練習問題：解答例 ....................................................... 303
  - 5.2.5 参考文献 ....................................................................... 307
- 5.3 カタログ型データベースの設計 ........................................... 307
  - 5.3.1 動作画面の概略 ........................................................... 307
  - 5.3.2 Key-Value エミュレーションによるカタログ設計 .....307
  - 5.3.3 テーブル初期化スクリプト ....................................... 311
  - 5.3.4 値の分割格納 ............................................................... 312
  - 5.3.5 値の削除 ....................................................................... 320
  - 5.3.6 表整形出力 ................................................................... 323
  - 5.3.7 サムネイル入り表整形出力 ....................................... 332
  - 5.3.8 SQL 問い合わせの効率 ............................................. 335
  - 5.3.9 練習問題：SQL による連番生成 ............................. 337
  - 5.3.10 解答例 ......................................................................... 340

5.3.11　練習問題：SQLによるランキング生成 ...................................341
　　　5.3.12　解答例 .................................................................................342
　5.4　カタログ型データベースの構築 ..............................................................343
　　　5.4.1　完成版スクリプト ...................................................................343

# 第6章　SQLiteの活用技巧 ........................................ 355

　6.1　複数データベースの利用 ......................................................................356
　　　6.1.1　ATTACH DATABASE .............................................................356
　6.2　高速全文検索 .......................................................................................357
　　　6.2.1　FTS .........................................................................................358
　　　6.2.2　FTSつきSQLiteのビルド .......................................................358
　　　6.2.3　FTSの利用 .............................................................................360
　6.3　常駐sqlite3 ...........................................................................................363
　　　6.3.1　名前つきパイプ .......................................................................363
　　　6.3.2　擬似分散データベースサーバ ..................................................370
　6.4　EmacsのSQL mode ...........................................................................373
　　　6.4.1　sql-modeの導入 .....................................................................373
　　　6.4.2　sql-modeの起動 .....................................................................374

　あとがき .........................................................................................................376

　索　引 ............................................................................................................378

# 第1章
## シェルプログラマから見たSQL

# 1.1 RDBMSをなぜ使わないのか

軽量スクリプトで手軽に仕事をこなすことに慣れている人にとって「RDBMSなんて要らない！」などと感じるものかもしれない。ここでは必要性を感じない理由をその立場を想定しつつ考察し、実際にはRDBMS+SQLが軽量スクリプトとも相性よく機能することを示す。

## 1.1.1 RDBMSのイメージ

リレーショナルデータベースシステムについて筆者が最初に学んだのは1991年頃であったと思う。そのときに感じたのは「重厚長大」というイメージで、同時に思い浮かんだのが次の言葉だった。

　割鶏焉用牛刀
　（鶏を割くに焉んぞ牛刀を用いん）

既にawkやPerlなどでテキストファイルのまま処理する有用性を見出していた当時の筆者にとってRDBMSはあまりに巨大で、目の前の諸問題を扱うには大袈裟すぎると感じた。学習の題材として出てくる例の買い物リストや、科目データベースなどどれも「Perlだってできるさ」と思えてしまったことが災いして、「学ぶ」だけで終わり「使う」には至らなかった。

当時のRDBMSは、そして現在でもほとんどのRDBMSはクライアント/サーバ方式で分散した多数のクライアントからの問い合わせに応じられる設計となっている。現在ではソフトウェアのパッケージシステムの発達で、RDBMSの導入と設定は手軽になったが、それでも認証などの初期設定にはそれなりの手間が必要である。「テキストファイルからsed/grep」で済む手間と比べると圧倒的にハードルは高い。

## 1.1.2 牛刀割鶏の続き

「牛刀割鶏」は、些細なものに大きな人・道具を使うのは無駄という故事だが、これには続きがある。もっと大きな場所を治めるに適した人材であると自分が持ち上げられたことに気づかぬ子游は、よいものを学べば徳の高い人にも、そうでない人にもそれぞれ違った効用がある

という主旨の答えをした。IT 風に言い換えるなら、スケーラビリティの高い高性能なものは小さな問題にもうまく機能する、といったところだろうか。これもまたもっともであるが、些細なデータ処理に RDBMS を使うには、あまりに負担が大きいのも確かである。そんな時代が長く続いたが、SQLite の登場が「牛刀割鶏の続き」を手軽に体験できるものとした。

### 1.1.3　SQLite がもたらしたもの

SQLite はこれまでの RDBMS で当然と思われているのとは対極の性質を持つ。

- クライアント/サーバ方式ではなく単一コマンドである
- DB の論理単位はなく、単一ファイルがそのまま DB 単位である
- DB ユーザの概念はなく、Unix ファイルの書き込み権限での制御である
- テーブルカラムの「型」の束縛がない

これにともない、それまでの RDBMS と比べて以下のような制約が出ることになる。

- 並列アクセスの上限性能

  クライアント/サーバ方式と違い単一ホストですべての処理を行なうため、あらゆる処理のスループットは 1 台のホストの性能で律速される。もっとも、現在のハードウェア性能は高く、著名な Web サイトなどで働くデータベースでない限り性能限界に達する状況は考えにくい。

- 最大データサイズ制限

  SQLite 自身は $2^{47}$ バイト（= 128TiB）まで扱える設計だが、データベース全体を単一ファイルに格納するため、このサイズが OS で利用するファイルシステムの制約を受ける。

https://www.sqlite.org/whentouse.html にはこれらの詳細が書かれているが、かなり控えめな表現である。実際のところどの程度「使える/使えない」のか、筆者の個人的使用感にもとづくものだが記してみたい。

# 1 シェルプログラマから見た SQL

## ■ DB ユーザがなくて平気なのか？

　ファイルにアクセスできる権限があれば、SQLite のデータベースに誰でもアクセスできる。もちろんパスワードは要求されない。他の RDBMS では 1 つのシステム内に複数のデータベースを持て、さらにデータベースごとにユーザとパスワードを設定できる。SQLite にこれがないことを不安視する向きもあるが、逆に「ユーザ＋パスワード」方式は安全なのだろうか考えてみたい。

　まず対話的に利用する場合。クライアント／サーバ方式の RDBMS は、利用者がログインしているホストとデータベースサーバが動いているホストは別の場合もある。そのため、データベースにつなぐのに別途パスワードを要求して然りである。逆に SQLite の場合は、利用者ログインホストにあるデータベースファイルにアクセスすることになるので、利用者がログイン権を得ていればもはや再認証は必要ないと考えて然りである。

　次に非対話的に利用する場合、たとえばブログサーバや CMS などの Web アプリケーションサービスでアクセスするデータベースの場合がこれに該当する。この場合、アプリケーションプログラムがデータベースにアクセスできるようなんらかの形でユーザ／パスワードの組み合わせを埋め込んでおく必要がある。つまるところそのアプリケーションプログラムの起動は、同時にデータベースへのアクセス許可を自動的に与えているのに等しい。SQLite ではどうかというと、そもそもパスワードがないのでアプリケーションプログラム起動がデータベースへのアクセス許可を意味することは同等である。ただし、SQLite の場合は稼動プロセスの UID で書き込めるデータベースファイルはすべて書き込みできるため、Web サーバプロセスの稼動 UID と同じファイルはすべて読み書きできる。このため、1 つのアプリケーションプログラムに任意の SQL 文を送り込める状態になっていると（SQL インジェクション）、その Web サーバ上で稼動する他の Web アプリケーション用のデータベースも破壊されうる。これを防ぐには以下のような対策が考えられる。

- そのネットワークサーバで動くサービスを 1 つにする
  消極的だが悪影響が及ぶ先そのものをなくす。ホストの仮想化技術やサービスのコンテナ化技術が豊富な今日では現実的な方法だろう。

- 当該サービスの動く UID を別のものにする
  SQLite データベースを利用するプログラムが複数あったら、それぞれ違う UID で動くようにする。Apache の suexec[注1]、あるいは wrapper プログラム、sudo などを用いてその

---
注1　suEXEC サポート：https://httpd.apache.org/docs/2.4/suexec.html

UIDに変更してからアプリケーションプログラムを動かすことで、同一ホストで動く別のサービスへの影響は最小化できる。

- ネットワークからのアクセスは読み込み専用とする
Webブラウザでのアクセスが情報の参照だけで新規データの入力が発生しないのであれば、SQLiteデータベースファイルをWebサーバプロセスのUIDとは別の所有者にして書き込みできない状態にする。

いずれにせよ、Webサーバなどのプロセスにデータベースアクセスを許しつつ想定される被害を最小限にするにはそれぞれのセキュリティモデルを熟知している必要がある。SQLiteによるネットワークサーバ運用で安全性が確保できる知識がなければクライアント/サーバ方式での安全確保は困難だろうし、逆もまた真である。

### ■ 性能限界が低いのでは？

処理性能では商用データベースに譲るのは確かである。しかしながら現実的に使えるのはどの程度の規模なのか、それが普段扱っているデータ量をカバーしうるものなのかが気になるところだろう。限界は利用環境、データの性質、設計のよしあしによって大きく変わるので一概に言えないが、直観に任せてざっくりいうなら、1GB前後、もしくはファイルコピーが30秒程度で終わるデータ総量が目安となる。この目安はテーブル設計を練ることで何倍にも大きくなる。

そうは言っても実際にどの程度の性能かピンと来ず、その程度ならsedやgrepなどのフィルタコマンドの組み合わせで行けるのでは、と考える可能性も考慮して1GB超のデータを処理する例を次の質問項目で示した。

### ■ 大規模でないデータ処理ならフィルタコマンドで十分なのでは？

grepコマンドの検索性能は高く、ファイルを読み込むだけの処理とほぼ同じ時間で検索結果を返す。テキストファイルでデータを保持しておいて、sed/awk/grep/sortなどを駆使するシェルスクリプトを作れば、たいていの検索システムは高速なものが簡単に構築できる。ただしテキストフィルタはストリームを先頭から読むため、処理時間はデータサイズにリニアに比例する。ではデータの参照・更新の両方を必要とするシステムで、どの程度のデータ量が現実的な処理速度が得られる上限なのだろうか。

# 1 シェルプログラマから見た SQL

本稿執筆時点で、筆者が利用できる計算機のうち、クロック的にあまり速くないものを選んで、実用的な速度で結果が得られると判断できる水準を、フィルタコマンドでの処理と、SQLite を利用した処理を比較する形で探ってみた経過を示す。

実験は NetBSD7/amd64 を用い以下の環境で行なった。

**表1.1●実験環境**

| | |
|---|---|
| CPU | Intel® Xeon® CPU E5-2620 v2 @ 2.10GHz |
| 主記憶 | 40960MB |
| ファイルシステム | NetBSD FFSv2<br>1GB のシーケンシャル WRITE 約 13 秒（78.8MB/s） |

サンプルデータとして、日本郵便のサイトで入手できる全国の郵便番号（CSV 形式）の「読み仮名データの促音・拗音を小書きで表記するもの」http://www.post.japanpost.jp/zipcode/dl/kogaki-zip.html を用いた（2016 年 1 月取得）。

なお、以下の手順では CSV ファイルをそのままのデータ構造で利用し、grep などのフィルタコマンドで処理しやすいものとした。そのため、RDB に格納するデータとしては冗長な構造となっている。

UTF-8 変換し改行を LF のみにし、ダブルクォートを除去する。

```
$ nkf -d -w KEN_ALL.CSV | tr -d \" > ken.csv
```

12 万件以上あるが約 17MB と grep にとっても SQLite3 にとっても「小さい」ので、12800 バイトのダミーデータをすべての行の末尾に付ける。以下で用いる xxd コマンドは、バイナリ列を 16 進数文字列並びに変換するフィルタコマンドで vim に付属する。vim が導入されているシステムであれば xxd が利用できる。なお、xxd は続く章でも利用する。また gfold と記したのは GNU 版 fold コマンドで、GNU 版が標準のシステムでは fold のみで起動する。

```
$ dd if=/dev/urandom | xxd -p | tr -d '\n' \
      | gfold -b -w 12800 | sed `wc -l < ken.csv`q \
      | paste -d, ken.csv - > large.csv
$ wc large.csv
  123909  306851 1602346668 large.csv
```

続いて同じデータでSQLite3データベースを作成する。元の郵便番号CSVは15カラムだが、末尾にランダム文字列格納するカラムrandomを加えて、全16カラムのテーブルとする。

```
$ sqlite3 zip.sq3
sqlite> CREATE TABLE zip(x0401, zip5, zip7, prefkana, citykana, townkana,
   ...>     pref, city, town, multi, koaza, chome, mcover, modify, modreason,
   ...>     random);
```

作成したCSVファイルlarge.csvをインポートする。

```
sqlite> .mode csv
sqlite> .import large.csv zip
sqlite> SELECT count(*) FROM zip;
123909
sqlite> .quit
```

CSVファイル、データベースファイルのサイズは以下のようになった。

```
$ ls -l large.csv zip.sq3
-rw-r--r--  1 yuuji  wheel  1602346668 Jan  8 16:47 large.csv
-rw-r--r--  1 yuuji  wheel  1650753536 Jan  8 16:47 zip.sq3
$ ls -lh large.csv zip.sq3
-rw-r--r--  1 yuuji  wheel  1.5G Jan  8 16:47 large.csv
-rw-r--r--  1 yuuji  wheel  1.5G Jan  8 16:47 zip.sq3
```

重要な数値を表で示しておく。

表1.2●サンプルデータ

| 項目 | 数値 |
| --- | --- |
| データ件数 | 123909（約12万） |
| テキストファイルの大きさ | 1.5GB（1528MB） |
| SQLite3ファイルの大きさ | 1.5GB（1574MB） |
| 1件あたりの大きさ | 平均約12932バイト（12.6KB） |

# 1 シェルプログラマから見た SQL

まず読み取り性能について。約 12 万件から町名検索で 2 件のみ該当する検索をしてみた。ランダム文字列により結果出力が長大になるため、80 桁で打ち切っている。

```
$ time grep '東泉町' large.csv | colrm 80
06204,998   ,9980013,ヤマガタケン,サカタシ,ヒガシイズミチョウ
40202,836   ,8360821,フクオカケン,オオムタシ,ヒガシイズミマチ
grep '東泉町' large.csv  1.36s user 2.32s system 99% cpu 3.680 total
colrm 80  0.00s user 0.00s system 0% cpu 3.678 total
```

grep の処理時間（total）は 3.68 秒であった。

続いて SQLite3。町名は town カラムにあるので LIKE で検索した。

```
$ time sqlite3 zip.sq3 \
>         "SELECT * FROM zip WHERE town LIKE '%東泉町%';" | colrm 80
06204|998 |9980013|ヤマガタケン|サカタシ|ヒガシイズミチョウ
40202|836 |8360821|フクオカケン|オオムタシ|ヒガシイズミマチ
sqlite3 zip.sq3 ...  0.49s user 1.43s system 99% cpu 1.918 total
colrm 80  0.00s user 0.00s system 0% cpu 1.917 total
```

SQLite3 の処理時間は 1.92 秒であった。「町名検索」といいつつ grep の方は行全体から検索するのでその分不利かもしれないが、だからといってカラム位置を指定する複雑な正規表現を指定するのが有利とはいえない。いずれにせよどちらも 10 の 0 乗オーダーの値であるので有意な差はないと言ってよいだろう。今回はたまたま SQLite3 の方が速かったが、データがもうすこし小さい場合は、コマンドそのものの起動に時間を要しない grep の方が total 時間は小さくなる傾向にある。もし、正直に「町名のみで検索」するなら awk のようなフィールド指向のものを利用する。

```
$ time gawk -F, '$9 ~ /東泉町/{print $4,$5,$6}' large.csv [注2]
ヤマガタケン サカタシ ヒガシイズミチョウ
フクオカケン オオムタシ ヒガシイズミマチ
gawk -F, '$9 ~ ...  5.37s user 2.46s system 99% cpu 7.830 total
```

もっとも、これが SQLite3 より遅いのは当然で、データベースではフィールド分割のコストを CSV インポートのときに先払いしているのに対し、awk では実行時に検索だけでなくフィー

---

注 2　GNU awk のコマンドを gawk で示した。

ルド分割もしているからである。その都度分割しているawkが8秒弱で処理できるのはむしろ褒めるべきと言ってよい。

続いてデータの更新が必要な場合を考える。

テキストファイルの更新は、更新結果をテンポラリファイルに落としてから元ファイルに上書きコピーする必要があり、実用上はさらに同時アクセスが来たときに壊れないようロックする手順が必要だがここでは省き、GNU sed の -i オプションに上書き更新を任せる単純な例で示す。行に「東泉町」が含まれる行の、最後のフィールドを "yes" に書き変える置換処理をする。

```
$ time gsed -i '/東泉町/s/,[^,]*$/,yes/' large.csv注3
gsed -i ...  6.86s user 15.21s system 33% cpu 1:05.43 total
```

1分強で、これはおおむねこの環境で1.5GBのファイルをコピーする時間（25秒前後）の2倍強である。

一方、SQLiteで同様の更新をする。町名に「東泉町」が含まれるならrandomカラムを「yes」に更新する。

```
$ time sqlite3 zip.sq3 \
>       "UPDATE zip SET random='yes' WHERE town LIKE '%東泉町%';"
sqlite3 zip.sq3 ... 0.44s user 1.58s system 98% cpu 2.051 total
```

2秒強で完了した。この2秒はほとんどがWHEREの絞り込みの所要時間である。町名検索を高速化させるようにインデックスを作成し、インデックスが活きるよう絞り込み条件をLIKEでなく=に変えると更新の速度も圧倒的に向上する。

```
$ sqlite3 zip.sq3 "CREATE INDEX zip_town ON zip(town);"
$ time sqlite3 zip.sq3 \
>       "UPDATE zip SET random='yes' WHERE town='東泉町';"
sqlite3 zip.sq3 ... 0.00s user 0.15s system 84% cpu 0.173 total
```

10倍程度速度が向上した。

ここまでの結果から分かることは、データの参照が主体で、更新頻度のあまりないシステムであればどちらも応答速度に不満はないが、フィルタコマンドを駆使したものの方が手軽さにおいて有利である。逆に、更新もそこそこ発生するシステムであり、データ量の単調増加が見

---

注3　GNU sedのコマンドをgsedで示した。GNU版が標準のシステムではsedのみで起動する。

込まれるものであればもはやRDBMSを使わない選択肢はない。

### ■ RDBMSごとにSQL文法が違うので乗り換えが面倒なのでは？

ここまでの議論に当てはまるような状況で、RDBMSの導入を検討する段階だとする。先述のようにSQLiteはコマンド1つですべて揃うので導入コストがほぼゼロに等しい。気軽に利用できる選択肢だが、同時に次のような不安もある。

　　より本格的なRDBMSの導入が必要になったとき、それらはSQLiteと違う文法なので覚えるのが二度手間になったりするのではないか。

新しいものを覚えるときにはこのような不安はつねに付きまとうが、多くの場合これは杞憂に過ぎない。1つのものをマスターする頃には他の類似システムのちょっとした違いもすぐに理解できるようになっている。SQLに関しては「覚えるべき文法」が用途ごとに分かれている。ユーザの概念やそれに対するデータベースのアクセス権限を制御するDCL（Data Control Language）はSQLiteでは必要ないので、仮に将来乗り換えるとしても覚え直しの必要がない。また、データ構造を決めるDDL（Data Definition Languege）とデータの出し入れを行なうDML（Data Manipulation Language）に関しては**標準SQL**を意識して覚えればこれまた乗り換え先で困らない。本書は、言語としての機能の小さなシェルスクリプトからのRDB利用ということで、SQLiteの独自関数・機能を用いている部分があるが、それらはHTMLへの変換機能など、データの入出力に関する部分である。SQLiteのみの機能はその旨記すようにした。

### ■ NoSQLの方が自由度が高いのでは？

Perl/Ruby/Python/JavaScriptといったスクリプト言語でのプログラミングに既に慣れている場合、リストやハッシュを利用したデータ構造に当てはめる術に長けていることだろう。それらは格納対象を階層的・木構造的に表現することができる。それに慣れた後でRDBの表構造を見ると、反射的に冗長感と、再帰との相性の悪さを感じるのではないだろうか。さらに正規化や結合操作の説明などに壁を感じて、いわゆるNoSQLと呼ばれるデータベースエンジンに目が向くかもしれない。

ここで、本稿の標題どおり「シェルスクリプト」の視点から考える。結論からいうとシェルスクリプトと相性のよいのはNoSQLよりRDBMSの方である。それはどのRDBMSも、CUI

のコマンドラインインタフェースを用意しており、標準入出力の利用で完全なSQL問い合わせが可能だからである。さらに、CUIツールでデータ更新を行なう場合も、データベース更新時の排他処理などがもれなく行なわれるため、シェルスクリプトではデータの完全性保証を一切心配しなくてよい。さらに、標準SQLがあることからも分かるように問い合わせ言語が規格化されており、これから十年以上先でも通用する。いわゆるNoSQLエンジンは、高水準言語からの利用を想定しているものがほとんどで種々の言語から利用するAPIがライブラリとして供給されるものである。

### ■ JSONやYAMLの方がデータの可読性が高くてよいのでは？

　導入前のRDBMSに対する不安の1つに、データファイルがテキストファイルでないことがある。テキストファイルならlessなどでデータを直接見られる安心感がある。JSONやYAMLに代表される構造化されたテキストフォーマットはその点で有利だが、NoSQLの問題と同様、以下のような点がシェルスクリプトからの利用の障害となる。

- シェルスクリプトから非対話的に操作できるツールに標準化されたものがない
- 値の修正操作を行なうための言語/記法に標準的なものがない
- 同時書き込みに対する排他処理はCUIツールに用意されていない
- （テキストファイルなので）大きなデータのほんの一部を修正するにもファイル全体の書き直しが必要となる

　テキストファイルであることはメリットでもありデメリットでもある。どちらを採用するかで迷った場合、データ更新時の排他処理もあまり考慮する必要がなく、サイズが十分に小さく同時更新に対する排他処理などを考えなくてよいなら構造化テキストフォーマット、そうでない場合はSQLiteの方が総合的なメリットが大きいと言える。

# 1.2 SQLをなぜ使わないのか

シェルスクリプトから使う場合でも RDBMS が優れた選択肢であることはこれまで述べたとおりだが、RDB の利用には SQL が必須である。ここでは、これまでなんとなく SQL を避けてきた、あるいは文法は覚えてもなかなか実用的な設計ができないと感じている立場を想定して、SQL とうまく付き合うための考え方について説明する。

## 1.2.1 SQL のイメージ

多くの人が SQL よりも先にプログラミング言語を学ぶ。一定の水準を越えると、自在にデータ構造を設計でき、特定のデータ集合に対しての処理を記述できるようになる。その後で、SQL を学んだとすると、変数と制御構造の組み合わせだけで何でも表現できてきた世界との違いにとまどい、以下のような違和感を感じることがある。

- 何でも 2 次元表に展開するのがなんとなく無駄に感じる
- 正規化についての説明をちゃんと読むのが面倒に思う
- テーブルの構造を一発で決めるなんてムリ！
- 主キーをどう決めたらいいか迷う
- 正規表現が使えないのにまともな選択ができるのだろうか？

これらの疑問に対するここでの提案に共通して言えるのは「悩んだら特に深く考えず進む」である。実際にはその悩みを越えた理解が自身に備わっている可能性もある。個別に説明していく。

### ■ 何でも 2 次元表に展開するのがなんとなく無駄に感じる

この違和感は該当者がいないかもしれないが、筆者自身が学びたての頃に強く感じていたことなので念のため書いておく。木構造で値の集合を表現することに慣れていると、RDB のテーブルに、キーとなる値が複数並んでいることに冗長性を感じるかもしれない。たとえば RDB テーブルと木構造それぞれで「山形県の市」の集合を表現する例を考える。

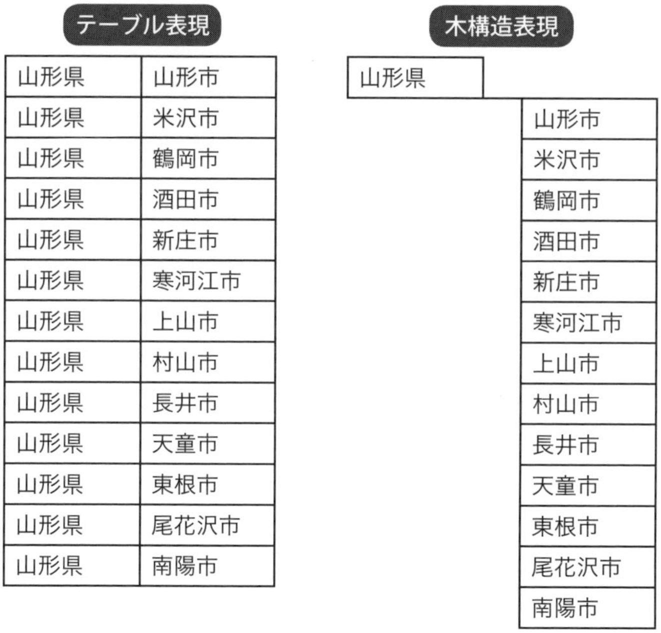

## 1.2 SQLをなぜ使わないのか

| テーブル表現 | |
|---|---|
| 山形県 | 山形市 |
| 山形県 | 米沢市 |
| 山形県 | 鶴岡市 |
| 山形県 | 酒田市 |
| 山形県 | 新庄市 |
| 山形県 | 寒河江市 |
| 山形県 | 上山市 |
| 山形県 | 村山市 |
| 山形県 | 長井市 |
| 山形県 | 天童市 |
| 山形県 | 東根市 |
| 山形県 | 尾花沢市 |
| 山形県 | 南陽市 |

木構造表現
- 山形県
  - 山形市
  - 米沢市
  - 鶴岡市
  - 酒田市
  - 新庄市
  - 寒河江市
  - 上山市
  - 村山市
  - 長井市
  - 天童市
  - 東根市
  - 尾花沢市
  - 南陽市

**図1.1●テーブル表現と木構造表現**

　プログラミングの心得があると、これらの構造を配列とハッシュの使えるプログラミング言語での表現を想像し、それぞれ次のような式が頭に浮かぶ（配列は [ ] 括りで、ハッシュは { } 括りで表現している）。

```
table = [["山形県", "山形市"], ["山形県", "米沢市"], ["山形県", "鶴岡市"],
         ["山形県", "酒田市"], ["山形県", "新庄市"], ["山形県", "寒河江市"],
         ["山形県", "上山市"], ["山形県", "村山市"], ["山形県", "長井市"],
         ["山形県", "天童市"], ["山形県", "東根市"], ["山形県", "尾花沢市"],
         ["山形県", "南陽市"]]

tree = {"山形県" => ["山形市", "米沢市", "鶴岡市", "酒田市", "新庄市",
                    "寒河江市", "上山市", "村山市", "長井市", "天童市",
                    "東根市", "尾花沢市", "南陽市"]}
```

　テーブル形式表記の方に同じ単語の羅列があり、メモリ使用量的に無駄な感じがする。SQLの学習資料では分かりやすさを重視するため、上記のような具体名が並ぶ表を見せることが多いが実際にはさほど「無駄」とはならない。

- 同じ値が並ぶのはキー（またはその一部）となる値だけで長い同一文字列が大量に並ぶ設計には通常しない。
- キーとなる文字列がもし長ければ短い識別子（ID）をつけて別テーブルで管理し、そちらには重複はない。

また、木構造の方のイメージで配列に無駄がないように感じるが実際のプログラミング言語では、配列はリスト構造で管理され各要素ごとに前後へのポインタなどを含むので見た目程スリムな訳ではない。

記録容量的な話でいえば、HDDの大容量化が進んでいる昨今では短い文字列が1億個集まっても1台のHDDを埋められる程ではない。いずれにせよ、見掛け冗長に見える部分がデータベースファイルに占める割合は誤差程度で、気にしても全く意味がないといえる。

### ■ 正規化についての説明をちゃんと読むのが面倒に思う

学生時代の筆者がリレーショナルモデルについて教わったとき、正規化について、遠山元道先生はこうおっしゃった。

「これはどれも分かってから読むと分かるんだけどね……」

「奥が深いのかな」と当時思ったものだが、それだけでなく正規化の説明並びが難しいと感じる場合の理由の1つに、既に無意識に体得しているルールが含まれる場合がある。つまり、第3正規化より低いものは、普段表計算ソフトウェアしか使わず更新時の効率も考えない人達が「やらかして」しまう設計のベカラズ集のような趣と言えなくもない。スクリプトプログラミングに長けて、普段「効率的なデータ構造」を意識している人であれば、データ更新が発生したときの書き変え負荷を減らすための工夫をしているはずである。もしそれが当てはまるなら、無意識のうちに第3正規化まで完了したテーブル設計ができるはずである。

あまり自信がない場合でも、入門書などで第3正規化まで把握したところで実用システムを作ってみることで、「ああなんだ」となるだろう。「完全」な理解は慣れた後にやってくるはずである。

### ■ テーブルの構造を一発で決めるなんてムリ！

　CREATE TABLE、とここまで書いて手が止まる。どんなカラムが要るのだろう。実際に運用してみないと分からないから……。そのような経験はないだろうか。

　　分からなくても問題ない。

　主キー、つまり表現したい対象を一意に表すものさえ分かっていればよい。「必要なカラムを後からどんどん追加したテーブルに変更していく……」というのはほとんどの場合「ヘボい」設計で、うまく設計すればそうはならない。安心してカラム数の少ないテーブルで「CREATE TABLE」して構わない。たいていの場合は、カラム追加で対処せず「テーブルを追加してJOIN」で対処する。初期段階で本当に必要だと思うカラムだけに絞ってテーブル作成すればよい。

### ■ 主キーをどう決めたらいいか迷う

　SQLiteであれば主キー指定をしなくても何とかなるので、まずはなしでやってみるとよい。実際にデータを登録してみて、「重複があってはいけない組み合わせ」が分かれば、自ずと主キーも見えてくる。

　本稿で作成するテーブルでは、PRIMARY KEYを指定していないものもある。詳しくは実際の例を参照してほしい。

### ■ 正規表現が使えないのにまともな選択ができるのだろうか？

　テキストファイルでのデータ管理に馴染んでいると、grepやsedを用いた正規表現検索の威力を知っている。その状況でデータベースからSELECTで値を索くことを想像すると、（標準では）正規表現の使えないSQLに対して物足りなさを感じることはないだろうか。

　結論から言うと、たいていの場合問い合わせに正規表現は要らない。なぜか。他のスクリプト言語などで、正規表現を使う場面を考えてみよう。主に以下のような状況で利用している。

- 複数の行からある特定のパターンを含むものを抽出する（grepコマンドの利用など）
- ある文字列中から意味のある部分文字列を抽出する（入力行からメイルアドレス相当部分を取り出したりする処理など）

前者は縦軸から選び取るための検索、後者は横軸から意味あるフィールドを切り取るための検索と捉えることもできる。このうち横軸からの検索はSQLではほとんど必要ない。なぜなら、データベースに格納する時点でフィールド分割や、入力値の検査は済んでいるからである。取り出したものが何を意味するかは確定しており、それをさらに分割するとなれば固定的な文字列パターンマッチで対処できる。たとえばemailアドレスからドメインパートを切り出す処理の場合を考える。テキストファイル処理であれば、無関係な文字列に埋もれていることもあるのでまず1行の中からemailと思われるパターンを指定し、さらにそこから@以降を切り出す処理をする。データベースを利用した処理では、あらかじめそのカラムにはemailアドレスしか入れない処理が前提であるため、得られた値を@文字の前後で切るだけでよく、これはSQLite3のinstr()、substr()関数を使うか、シェルスクリプトの変数展開の##を利用して${x##.*@}のようにすればよく、いずれにしても正規表現は必要ない。

続いて前者、縦軸検索だが、こちらはデータベースからの全文検索などでは正規表現が欲しくなることは確かにある。その場合LIKE演算子か、SQLite3固有のGLOB演算子で代用するしかない。

**表1.3●LIKE、GLOBによるパターンマッチ**

|  | LIKE | GLOB |
|---|---|---|
| 任意の1文字にマッチ | _ | ? |
| 任意の文字列にマッチ | % | * |
| 文字クラス | なし | [文字群指定] |

GLOBは、シェルのワイルドカード指定と同じパターンマッチング規則をLIKEと同じ文法で指定できる。文字クラスの指定が可能な分幅広い検索ができる。ただし、LIKEもGLOBも対象カラムの全走査が必要になるため、データサイズに比例した検索時間を要する。つまり、遅い。とはいえ、数MB単位の検索では一瞬で結果が返ってくるので最初はあまり気にせず使いつつ、検索対象カラムがGB単位になったら別手段を検討する必要があることを意識しておけばよいだろう。なお、6.2節「高速全文検索」でGB単位の全文検索でも高速処理できるFTSモジュールを紹介しているので気になる場合は先に参照するとよい。

もう1つ、正規表現はそんなに「賢い」だろうか。

たとえば、「Aは含まれるがBは含まれない」といった肯定と否定を同時指定できないし、数値の範囲を指定できるわけではない。たとえば「2005年から2012年の範囲」のような数値範囲は指定できない。もちろん文字列のまま無理矢理以下のように指定できなくはない。

```
$ egrep "20(0[5-9]|1[012])" files...
```

のようにすればよいのだが、これが数値の持つ連続性を全く活かせていない間に合わせのやり方であるのは理解できるだろうか。「1998 年から 2012 年」となったら縦棒で区切って、パターン指定文字列を追加しなければならない。SQL であれば年をカラムに保存しておいて

```
SELECT text FROM diary WHERE year BETWEEN 1998 AND 2012;
```

などのように条件の論理を正確に反映させた検索ができる。このように、本質的な条件指定が論理式として記述可能なのは SQL に限ったことではなく、構造化された他のフォーマットでも同じことである。正規表現は構造化されていないテキストから欲しい部分を欲しいときに探す事後アプローチに適しているが、SQL はテキスト以外の部分が事前に構造化された状態で格納されているところから何かを引き出すものであるため、文字列検索に高い表現力が必要な局面は限られる。「正規表現が欲しい」と思う場合のいくつかは、正規表現中毒の症状であり本質的な解決を取らずに済ませたいだけの可能性があることを考慮しなければならない。

　また、全文検索的な機能が必要な場合でも、極端に大きなテキスト集合でなければ SQLite からの出力を grep などで振り分けて利用するのでも十分実用的な速度は得られ、そうした「組み合わせ処理」はシェルスクリプトの得意分野である。以上のように正規表現検索関数がないことは多くの場合障害とならない。逆にいえば、正規表現などの道具を使って事前処理を終わらせた結果を RDB に入れるのであるから、ほとんどの出番が終わった状態ともいえる。

　実際のところ、SQLite3 に正規表現ライブラリを組み込んで、REGEXP 演算子を導入することもできるのでどうしても必要なら組み込み可能である。ただし、正規表現は文字列しか探せないわりには文法解析器が複雑で巨大である。PCRE ライブラリ[注4] が大きく、時おりセキュリティホールを生み出していることはこのことを顕著に表していると言ってよい。セキュリティが重視される場所では正規表現ライブラリを使わないという選択も重要である。

---

注4　Perl Compatible Regular Expressions。Perl で利用できる正規表現と同様のパターンが使えるライブラリ。いくつかのアプリケーションで PCRE を組み込んで正規表現利用している。「Perl 互換」にこだわらなければシステム標準ライブラリに安定した正規表現処理関数がある。

## 1.2.2　SQL によって得られるもの

　シェルスクリプトとテキストファイルだけで対処していた問題に SQL を導入すると何が変わるのだろう。「データがバイナリファイルになってしまう……」という不安感はやはり拭えないのではなかろうか。

　ある程度まとまった量を持つデータ処理を行なうスクリプトを作成した経験があれば、データをテキストファイルで保持することの優位性として以下のことを実感しているはずである。

- 特定のアプリケーションに依存しないこと
- 高速で信頼性の高いフィルタコマンドを利用できること

何物にも代えがたいメリットだが、以下のような点はテキストファイル処理では心もとない。

- データの頻繁な更新が必要な場合

　テキストファイルに同時更新が来た場合の排他処理を自前で作る必要がある。どんな環境にも依らない確実な排他ロジックを自前で作り込むのはそれなりに面倒で経験を要する。また、親子関係のある 2 つのデータを消すときに、親データを消したときに C-c を押して処理を停めても整合性を保つようにするのは難しい。慣れればできるかもしれないが、更新可能性のあるファイルに対する処理すべてにロジックを仕込んだり、それらすべてに負荷テストを掛けて安全性・完全性を確認するのは煩雑である。煩雑さは手抜きを誘発する。

- データの一部を更新する定式化された手法がない

　たとえばシステムのパスワードファイルは分かるだろうか。/etc/passwd を見れば分かるようにコロン区切りの単純な書式で、特定ユーザの特定フィールドを更新するのはテキストエディタで容易に行なえる。しかし、シェルスクリプトなどから更新するにはテキストエディタは適さないため、非対話的にフィールドを更新するための usermod コマンドが多くのシステムに用意されている[注5]。

　これを用いることでシェルスクリプトからも安心してデータの更新が行なえる。これが自分で設計した構造のテキストファイルならどうだろう。コロン区切りのフラットな設計でなく、親子関係を持つ構造の場合に、特定のフィールドを安全に更新できるコマンドがあ

---

注5　FreeBSD の場合は pw コマンド。

るか、というと、それは自分で設計するか、なんらかのデータ構造操作言語を利用するしかない。RDB の利用は、データの格納安全性が得られることだけでなく、値操作に定式化された言語が使えるのが大きなメリットである。

- データ間の不整合が起きてもテキストファイルは関知してくれない
  当たり前のことだが、たとえばパスワードファイルからあるユーザの登録行を消したらそのユーザは削除されるが、そのユーザが所有していたファイルがすべてのファイルシステムから消えるわけではない。別の例として、ある科目を履修している学生全員の平常成績を 1 つのテキストファイルに保存していたとする。そのうちの 1 人が履修解除をしたので履修者名簿ファイルから削除したとしてもその者に関する平常成績データが自動的に消えるわけではない。つまり、複数のデータ集合間で関連性を持つ値に変更が生じた場合の処理は、自前で行なわばならない。テキストファイルからの一括置換や一括削除はさほど難しくないが、整合性を保つ責任を、システム運用中にずっと負い続けなければならない。それが当たり前と感じていると気づかないものだが、RDB のテーブル設計を効果的に行なえば「マスターレコードの何かを削除・修正するとそれに関連するものをすべて自動的に削除・修正する」といった整合性保証をデータベース側で取ってくれるため、作成するスクリプトの行数を大幅に減らすことができ、その分バグのないシステムを構築しやすくなる。

以上のことを裏返すとそれが SQL 化して得られるメリットである。

- トランザクションと排他機構によるデータ破壊防止
- 標準的言語を用いることによるメインテナンスの継続性向上
- カラム制約・テーブル制約利用によるスクリプトのロジック簡略化

最後の制約利用は SQL でなければ得られない大きなメリットで、これを使うことでスクリプトの記述量が大幅に減り、結果としてバグの低減につながる。

### 1.2.3 シェルスクリプト + SQL で得られるもの

　SQL のメリットは分かったとして、それを何故わざわざシェルスクリプトで使うかという点について示したい。答は単純で、

　　　SQL の世界だけで考える癖がつく

からである。多くのスクリプト言語では、SQL 問い合わせ結果を配列やハッシュで受け取り、さまざまな繰り返し処理をきめ細かに書けるのだが、シェルスクリプトで同じことをやろうとすると記述が難解な上に書けたとしても処理速度が遅くなるのが関の山である。SQL の方で頑張るしかないのである。

　SQL ではなく手続型のプログラミング言語の世界で考えてしまう悪い例を示そう。次の例は手続型言語から SQL を扱う場合にダメ出しされる典型的なプログラムである（言語は筆者がこの場で適当にでっちあげたもので、必要な例外処理などは一切省略してある）。

```
db = DB.open("data.db");              /* ここから3月4月のものを探す処理 */
result = new(Array);                  /* 空の配列を作る */
list = db.query("SELECT * FROM tbl"); /* tblからすべての行を得る */
for row in list {                     /* 1行ずつ取り出す */
  month = row["month"];               /* month カラムの値を得る */
  if (Regexp.match(/[34]月/, month) { /* monthが 3月か4月なら */
    list.add(row["content"]);         /* list配列に content カラム追加 */
  }
}
/* 以後、list 配列の値で処理を続ける */
```

　このように「SELECT *」して後は適当に得意なプログラミング言語の世界で考えるものをしばしば見掛ける。「SELECT *」がよくないことはさまざまな文献に書かれているのでさすがにそれはないとしても、ある問い合わせで得られた結果を変数に代入し、その変数を用いて次の問い合わせを行なうような処理は SQL の世界で考えることができていないことの現れである。仮想的なコード例で示すと以下のようなものである。

**リスト1.1●細切れに問い合わせを行なうダメな例**

```
users  = db.query("SELECT userid FROM orders WHERE itemid = '?';", iid);
if (users != Null) {     /* 商品ID iid の購入者一覧が空でなければ */
  email = new(Array);    /* emailを入れる配列を初期化 */
  for uid in users {     /* 該当ユーザを1人ずつ uid に入れて繰り返す */
    e = db.query("SELECT email FROM customers WHERE userid = '?';", uid) {
    email.add(e);        /* uidをもつ顧客のemailをリストに追加 */
  }
}
sendKeppinMail(email)    /* 該当者全員に欠品のお詫びメイルを送信する */
```

最初の問い合わせで得られた結果を users 変数に入れて、それを次の問い合わせのループの種として利用している。SQL ライブラリを持つプログラミング言語からは容易なこの処理も、シェルスクリプトでは、問い合わせで一度取り出した文字列値を再度次の SQL に投入するには、文字列中のクォートのエスケープ処理をやりなおす処理が必要で神経を遣う（プレースホルダが使えない）。SQL とシェルの世界で値を出し入れせず、SQL の世界のまま JOIN 操作した方が断然楽で、結果として SQL のもつ集合論理の世界に慣れ親しむことになる。これは将来他の言語、他の RDBMS を使うときに役立つ経験となるだろう。ちなみに上記仮想コードの処理を「SQL で頑張るシェルスクリプト」で書くと以下のようになる。

```
iid=`echo "$iid" | sed "s/'/''/g"`       # ' があれば '' に置換（エスケープ処理）
sendKeppinMail $(sqlite3 -separator ' ' \
  "SELECT email FROM customers
   WHERE userid IN (SELECT userid FROM orders WHERE itemid='$iid');")
```

この SQL 文がシェルスクリプトでなければ書けないという訳ではもちろんなく、シェルスクリプトで「細切れ問い合わせ」のようなまずいプログラムを書くことがかなり困難、ということである。

余談だが、研究室でシェルスクリプトの有用性について雑談をしていて、ほとんどのことはシェルスクリプトで対処可能で CGI も作れると言ったところ、学生が「SNS サーバとかもできちゃいますか」と質問してきた。バイナリデータの受け取りができないので無理だろうと直感したのでその場では「さすがにそれは厳しい」と答えたのだが、本当に作れないのか試してみたくなった。そこで、POST されたバイナリデータの処理だけを別プログラムに任せてみた

ところ、案外スムーズにでき上がってしまった。それまでSQLはRubyから利用するのが主であったが、シェルスクリプトから利用することで、まさに上記のような発見が得られた。シェルスクリプトこそSQLを勉強するための優良な環境である。

# 第2章 簡単な投票システムの作成

### この章の目標

- 簡単なシェルスクリプトの流れを知る。
- テキストファイルでのデータの取り扱いに慣れる。
- データの整合性の取り方に慣れる。
- 基本的なSQLの文法を確認する。
- 基本的なシェル構文の使い方を確認する。
- 以上を総合してシェルスクリプトとSQLの組み合わせの威力を知る。

## 2.1 準備体操

まず始めにシェルスクリプト設計のウォーミングアップとして、単純なテキストファイルで表現できるものでありながら、重複データの排除や排他制御の必要を考えることで幅広い視野が得られる題材として簡単な電子投票システムを作ってみる。この章の目標としてはRDBを組み込んだシステムが前提となるが、まずはシェルスクリプトとフィルタコマンドのみでデータを管理する簡単な練習をしておく。

### 2.1.1 想定する投票操作

まずはどのような仕様で投票を集計するのかまとめておく。

#### ■ 集計仕様

- 投票者は1人1票持っている。
- 候補はあらかじめ何件（人）かに決まっている。
- 投票締切より前なら何回でも投票可能（上書きされる）。

実際の選挙は無記名投票が多いが、ここで設計する電子投票の場合は多重投票を防ぐために、投票者のIDを記録しておく。例として、投票者にはid001、id002、id003、……のような投票用IDを割り当てるものとする。また、投票対象となる候補は「赤」、「青」、「黄」の3つのうち1つであるとする。この条件で、「投票用ID」と「投票対象」を受け取り、どの候補がどれだけ得票したかを集計するシステムを作りたい。

#### ■ コマンドライン仕様

簡単なインタフェースで始める。コマンドラインで次のように投票者と候補を指定して起動することを想定する。

```
vote.sh 投票用ID 候補
```

## 2.1.2　テキストファイルによる集計スクリプト例

いきなり SQL に入る前に、仮にこの集計をテキストファイルのみでやったらどうなるか考えてみよう。多重投票を考慮しないのであれば、「投票者」、「投票対象」を列挙した CSV ファイルを作ればよい。

**リスト2.1●vote.csv**

```
id002,青
id004,赤
id001,赤
id007,黄
id005,青
```

これをシェルスクリプトで作るなら、たとえば

```
echo $voter,$cand >> vote.csv
```

のような 1 行スクリプトでデータベースができ上がる。ただしこれは多重投票が起きたときの上書きができない。つまり、id002 の投票者が再投票で「赤」に投票したときに、

**リスト2.2●vote-dup.csv**

```
id002,青
id004,赤
id001,赤
id007,黄
id005,青
id002,赤
```

となるのだが、1 行目の「id002, 青」を無効化しなければならない。これへの対処を異なる側面から考えてみる。

## ■ 先に除外してから CSV ファイルに追加

id002 からの 2 回目の投票を記録する前に、第 1 カラムが「id002」の行を削っておく。これには grep コマンドや sed が使える。シェル変数 voter に投票用 ID が入っているとすると、

```
grep -v "^$voter," vote.csv > vote-new.csv
```

と、grep の -v オプションで該当行を除外するか、

```
sed "/^$voter,/d" vote.csv > vote-new.csv
```

と、sed の d コマンドで該当行を削除するかいずれかの方法で、投票者の過去の投票が削除されたものが vote-new.csv に入る。このファイルに最新投票を追記すればよい。これらの手順をまとめると以下のようになる（sed コマンドを使用）。

```
{ sed "/^$voter,/d" vote.csv
  echo "$voter,$cand"; } > vote-new.csv
```

（以上いずれも変数 voter と cand が適切な値であることを確認済みとする）

vote-new.csv を元の vote.csv に書き戻せば処理は完了する。

## ■ テキストエディタで重複削除してから書き込む

sed は Stream Editor の略で、あくまでも入力ストリームに対する「編集」用であり、非対話的に用いるのに向いている。一方、ファイルそのものを編集する対話的エディタは自動処理用に非対話的に使えないかというとそうではない。Stream でないエディタ、つまり ed は標準入力にコマンドを流し込むことで非対話的にファイル編集ができる。

たとえば、ファイルがリスト 2.2 の vote-dup.csv のような状態のときに、voter="id002"、cand=" 黄 " の投票が来たとする。このときに ed を使って以下の手順で操作すると重複なき更新ができる。

(1) 行頭に「id002,」とある行をすべて削除

  ed コマンド：  g/^id002,/d

(2) ファイル末尾に「id002, 黄」を追加

  edコマンド：  a
         id002, 黄
         .

(3) 保存終了[注1]

  edコマンド：  wq

これをシェル変数 voter、cand で書き直すと次のようになる。

```
ed vote.csv<<EOF 2> /dev/null
g/^$voter,/d
a
$voter,$cand
.
wq
EOF
```

ed は保存終了時に、書き込みバイト数などの統計情報を標準エラー出力する。これを捨てるため「2>/dev/null」している[注2]。

冒頭のコマンドライン仕様に沿うよう以上の仕組みをまとめてスクリプト化する。

**リスト2.3●vote-text.sh**

```
#!/bin/sh
if [ -z "$1" -o -z "$2" ]; then    # 第1、第2引数ともにNULLでないことを確認
  cat<<-USAGE
        Usage: $0 "投票用ID" "候補"
        例: $0 id000 黒
        USAGE
  exit 1                            # 引数不備時にはUsageを出して終了
fi
voter=$1
```

---

注1 ed の種類によっては保存終了を wq で行なえず、w と q に分けなければならないものもある。

注2 ed -s オプションで統計情報出力を抑止できるものもある。

```
        cand=$2
        # 次の行：「-EOF」とすると行頭ののTABを除いたものが標準入力となる
        if ed vote.csv<<-EOF 2> /dev/null
                g/^$voter,/d
                a
                $voter,$cand
                .
                wq
                EOF
        then echo "投票処理完了"      # edコマンド正常終了
        else echo "投票処理失敗"      # edコマンド異常終了
        fi 1>&2                # if文内のecho（上記2つ）を標準エラー出力に向ける
```

ただし、このスクリプトには排他制御がないという問題点がある。このスクリプトを動かすのが1人だけであれば問題ない。複数人で、もしくは自動的に起動する仕組の一部として動くなら同時に2つのプロセスがファイル更新しないよう排他機構を付ける必要がある。edコマンドの代わりに、ロック機構を備えたex コマンドを用いることも可能で、その場合ファイルへの同時アクセスでは一瞬遅い方がエラーとなる。ただし、エラーとなっても投票を捨てるわけにはいかないので、再試行する処理などを盛り込まねばならない。

このような問題を抱えない形式のデータ管理方式を次で見てみよう。

### ■ 値の重複が起きないデータ形式の利用

単一ファイルにデータを記録するから重複登録が起きるのであって、最初から重複が起きないよう別ファイルに登録すればよい。投票用IDは英数字のみで構成されているためファイル名として利用できる。この性質を利用して、投票用IDと同名のファイルに投票対象を記録する。

```
[ -d ballotdir ] || mkdir ballotdir    # 投票箱ディレクトリ、なければ作る
echo "$cand" > ballotdir/$voter        # 票は投票者ごとの別ファイルに保存
```

このようにすることで、投票者が再投票を行なう度に票は上書きされ、1人1票は確実に保証できる。また、排他制御について、投票を保持するファイルは別々なので同時投票があっても問題は起きない。問題が起こるとすれば、1つの投票ファイルに複数プロセスが書き込む場合で、それは1人の人が2か所から同時に更新した場合であり、「本人投票」という常識から

は通常考えられず、起きたとしたらその世界での投票そのものを根本から見直す必要があり、それは処理スクリプトが面倒を見るべきレベルではない。

### 2.1.3　テキストファイル法の難しさ

テキストファイルでデータを管理するスクリプトを示したが、これらの作りには問題点がある。

- 値の正当性検査がない
  でたらめな ID と候補を指定しても空文字列でなければ何でも登録する。別途、投票用 ID 一覧、候補一覧を保持しておき、指定された引数がそれら一覧と完全一致するかを確認しなければならない。

- 排他機構の自前管理
  単一ファイルに書き込む場合は排他機構を自前構築する必要がある。

- ファイル数問題
  1 つの ID に対して 1 ファイルで票管理する場合、投票者数が巨大だとファイル数も膨れ上がる。昨今のシステムでは十分なディスク容量が確保できるため、気をつけていれば、容量溢れや i-node 枯渇的な問題には当たらないだろう。問題があるとすれば、ファイル数が増えると処理時間がそれに比例して増える周辺ツールを使っている場合で、たとえばバージョン管理ツールやバックアップツールは、対象ファイルのバイト使用量があまり多くなくとも、ディレクトリやファイル数が増えるとその分処理時間が長大化する。

いずれも、取り扱う集計の性質をしっかり考慮すればテキストファイル管理のままでも解決できる問題である。しかしここでは、規模の大小にかかわらず統一的に対処できる方法の 1 つとして SQLite を使った方法を示していく。

## 2.2 投票集計スクリプト

テキストファイルのみで構築した投票集計システムをRDBで作成してみよう。ただ単に投票集計するだけであれば、テキストファイルへのデータ記録でも事足りるが、スクリプト管理を進める目標は、多重同時更新などにも耐えうるものへと発展させるところにある。テキストファイルのみでの管理と比較しつつ構築を進めよう。

### 2.2.1 テーブルの作成

投票管理は、投票者（voter）と候補（cand）の組み合わせを多数保存できればよい。この2カラムのテーブルを作成しよう。1人1票の制約は**UNIQUE制約**で実現できる。sqlite3コマンドを利用して、以下のようにテーブル作成する。

**表2.1●投票箱のテーブル ballotbox**

| カラム | 型 | 用途 |
|---|---|---|
| voter | TEXT | 投票者 |
| cand | TEXT | 投票対象（候補のうちの1つ） |

実際のテーブル作成作業は以下のようにする。

```
$ sqlite3 vote.sq3
sqlite> CREATE TABLE ballotbox(voter TEXT UNIQUE, cand TEXT);
```

作成したテーブルは、.schemaコマンドで確認できる（.schまで省略可能）。

```
sqlite> .schema
CREATE TABLE ballotbox(voter TEXT UNIQUE, cand TEXT);
```

### 2.2.2 レコードの挿入

これにデータを入れていく。SQLのINSERT文にて1件分の新しいレコードを挿入するには以下のようにする。

```
INSERT INTO テーブル(カラム1, カラム2, ...)
       VALUES(カラム1の値, カラム2の値, ...);

INSERT INTO テーブル VALUES(カラム1の値, カラム2の値, ...);
```

　前者は値挿入するカラムを決めて値を指定する方法、後者はそのテーブルのすべてのカラムの値を指定する方法である。さほど複雑ではないが、のちのち多重同時実行での更新実験をすることをふまえてこれを補助するデータ挿入スクリプトを作成する。また、実際にはWebやメールなどのネットワークプロトコル経由で投票されることになるだろうが、最終的な処理は単純なスクリプトに落とし込むことができる。

　sqlite3コマンドではデータベースファイルの次の引数にSQL文を与えることができるので、そこにINSERT文を指定する。次のスクリプト例ではシェル関数query()を定義して、自身の引数に与えられたものをSQL文としてsqlite3に渡す手順としている。

#### リスト2.4●vote0.sh

```
#!/bin/sh

query() {                              # 関数化しておく
  sqlite3 vote.sq3 "$@"
}
if [ -z "$1" -o -z "$2" ]; then # 第1、第2引数ともにNULLでないことを確認
  cat<<-USAGE
        Usage: $0 "投票用ID" "候補"
        例: $0 id000 黒
        USAGE
  exit 1                               # 引数不備時にはUsageを出して終了
fi
query "REPLACE INTO ballotbox values('$1', '$2');"
```

　最後の部分でINSERT INTOをREPLACE INTOに変更した。これは、重複を許さない制約を持つテーブルにおいて、挿入する値が既に存在する場合は新しい値に置き換えるものであり、今後しばしば利用する。

　query関数で受けた引数をsqlite3コマンドに渡すときに$*ではなく$@を利用している。sqlite3はデータベースファイルの指定の次の引数があればそれをSQL文として解釈し、それ

以上引数を指定するとエラーとなる。であれば、SQL 文受け渡し部分に、位置パラメータと同一個数の引数に展開する $@ より、単一文字列に展開する $* の方がよさそうだが、$* はそこに該当する引数がなかったときに "" に展開される。すると、「echo *SQL 文* | query」としても、sqlite3 コマンドには "" が渡り、標準入力の SQL 文を無視される。標準入力からの SQL 文も処理させたいことから、引数処理は $@ を使用する。

実際にレコードを登録してみる。以下のような条件で投票を行なうことを想定する。

- 3 つのチームがあり投票者はその中から最もよいものを選ぶ
- 3 チームは「赤」、「青」、「黄」である
- 投票者は決められた ID を 1 つ持ちその ID につき 1 票を投じられる
- 締切内であれば投票者は上書き投票ができる

```
$ ./vote0.sh id001 赤
$ ./vote0.sh id002 赤
$ ./vote0.sh id003 青
$ ./vote0.sh id001 黄      # id001の再投票
$ ./vote0.sh id004 青
```

中味の確認は sqlite3 コマンドで行なう。

```
$ sqlite3 vote.sq3 "SELECT * FROM ballotbox;"
id002|赤
id003|青
id001|黄
id004|青
```

id001 が 2 回投票しているが、後から投票した「黄」だけになっていることを確認する。

### 2.2.3 集計の出力

入力されたレコードをもとに、得票集計をしてみる。集約関数 count() と GROUP BY 句を用いれば得られる。

```
$ sqlite3 vote.sq3 "SELECT cand, count(cand) FROM ballotbox GROUP BY cand;"
赤|1
```

```
青|2
黄|1
```

得票数で降順に並べるには ORDER BY を付加する。以下では得票の数え上げである count(cand) に cn という別名を付けている。

```
$ sqlite3 vote.sq3 "SELECT cand,count(cand) cn FROM ballotbox GROUP BY cand ORDER BY cn DESC;"
青|2
赤|1
黄|1
```

集計機能も包含するように管理スクリプトも以下のように変更してみる。

- 2つ引数が与えられたら「投票者」、「投票対象」として新規レコード挿入
- 第1引数が「-s」なら集計結果を出力
- 第1引数が「-l」なら登録レコード一覧を出力

シェルスクリプトに与えられた引数（オプション）によって処理を切り替えるように vote0.sh を修正したものを示す。

### リスト2.5●vote1.sh

```
#!/bin/sh

query() {
  sqlite3 vote.sq3 "$@"
}

if [ -n "$1" -a -n "$2" ]; then        # $1 と $2 ともに空でなければ
  query "REPLACE INTO ballotbox values('$1', '$2');"
elif [ x"$1" = x"-s" ]; then           # -s オプションは集計
  query "SELECT cand,count(cand) cn FROM ballotbox \
      GROUP BY cand ORDER BY cn DESC;"
elif [ x"$1" = x"-l" ]; then           # -l オプションは一覧出力
  query "SELECT * from ballotbox ORDER BY voter;"
else
  cat<<-EOF
```

```
        Usage:
          Add record:              $0 "Voter" OneOfCandidates
          List all records:        $0 -l
          Show summation of price: $0 -s
        EOF
fi
```

このように、よく使う SQL 問い合わせをシェルスクリプトに埋め込むことで手間が軽減できる。

## 2.2.4 登録レコードの検査

今回の投票システムの条件では、候補は赤・青・黄のどれかだがそれに当てはまらないでたらめな投票をしてもレコードに入る。当てはまった場合のみ有効投票としたい。データの保存先を CSV などのテキストファイルにする場合はスクリプト側で無効投票の検査を行わねばならないが、RDB を用いる場合は、データベース側で検査してくれる。

テーブルの作成時にカラム制約を与える。まず、既存のテーブルを別の名前（bb0）に変更しておく。これは後でレコードの再登録を省力化するためである。

```
$ sqlite3 vote.sq3
sqlite> ALTER TABLE ballotbox RENAME TO bb0;
```

続けて同じカラム構成でテーブルを作成するが、候補者カラム（cand）は候補者一覧に含まれるどれかでなければならないという制約を加える。このためにまず「候補者一覧」を登録するテーブル（candidates）を作成し、候補者を登録しておく。

```
sqlite> CREATE TABLE candidates(cand TEXT UNIQUE);
sqlite> INSERT INTO candidates VALUES('赤');
sqlite> INSERT INTO candidates VALUES('青');
sqlite> INSERT INTO candidates VALUES('黄');[注3]
```

---

注3 SQLite3 3.7.11 以降では以下のように複数のレコードを 1 回の INSERT で処理できる。

```
INSERT INTO candidates VALUES ('赤'),('青'),('黄');
```

投票箱となる ballotbox の再作成を行なう。この「候補者一覧」表の候補者 (cand) に「candidates テーブルの cand カラムの集合に含まれる」という制約を付加して CREATE TABLE する。

**表2.2●投票箱の制約つきテーブルballotbox**

| カラム | 型 | 用途 | 制約 |
|---|---|---|---|
| voter | TEXT | 投票者 | |
| cand | TEXT | 投票対象（候補のうちの1つ） | candidates テーブルの cand に含まれる |

このような制約を**外部キー制約**という。

```
sqlite> CREATE TABLE ballotbox
   ...> (voter TEXT UNIQUE, cand TEXT,
   ...>  FOREIGN KEY(cand) REFERENCES candidates(cand));
```

なお、SQLite3（3.6.19 以降）では制約つきのテーブルはつねに作れるが、標準状態では実際のレコード挿入では制約が無効化されている。明示的に有効化するには以下のようにする。

```
sqlite> PRAGMA foreign_keys = ON;
```

SQLite3 は起動直後はつねに OFF の状態なので、sqlite3 コマンド起動後に上記の文を発行するか、sqlite3 コマンドの -cmd オプションを利用して

```
$ sqlite3 -cmd 'PRAGMA foreign_keys=on' DBファイル...
```

のように起動する必要がある。

さて、実験的に ballotbox テーブルに制約違反となるレコードを入れてみよう。実際には候補者にはない「紫」に投票してみる。

```
sqlite> REPLACE INTO ballotbox VALUES('id005', '紫');
Error: FOREIGN KEY constraint failed
```

foreign_keys=ON になっている状態であればエラーが出てレコードの挿入には失敗する。もしエラーなしで挿入できてしまった場合は foreign_keys=OFF のままであるので状態を確認する。

```
sqlite> PRAGMA foreign_keys;
1
```

1 と返れば有効、0 と返れば無効である。

ところで、外部キー制約を付ける前のテーブルを bb0 として残してある。ここに入っているレコードをそのまま新しい ballotbox テーブルに入れてみよう。

```
sqlite> SELECT * FROM bb0;        -- 中味確認
id002|赤
id003|青
id001|黄
id004|青
sqlite> INSERT INTO ballotbox SELECT * FROM bb0;
sqlite> SELECT * FROM ballotbox;
id002|赤
id003|青
id001|黄
id004|青
```

もともと bb0 にあったレコードは、候補者のみに正しく投票されているものであるため制約つきの ballotbox テーブルにも挿入できる。

以上の流れを統合し、以下の 3 つの処理すべてに対応したシェルスクリプトを作成する。

- データベースファイルが無の状態から制約つきテーブルを作成する
- 投票処理を行なう
- 集計処理を行なう

これらのうち後者 2 つは先述の vote1.sh（リスト 2.5）で既に対応していた。これに -i オプションを追加して、初期化作業を行なうようにしてみよう。シェルスクリプトとしての構成を大幅に変え、シェル関数を用いて初期化・一覧表示・集計処理を分けるようにし、また、シェルスクリプト自身へのオプション解析に getopts を利用している。

### リスト2.6●vote2.sh

```sh
#!/bin/sh

dbfile=vote.sq3                     # データベースファイル
query() {
  sqlite3 -cmd 'PRAGMA foreign_keys=ON' $dbfile "$@"
}

usage() {                           # 使用法の説明出力
  cat<<-EOF
        Usage:
          Add record:                   $0 "Voter" OneOfCandidates
          Initialize Database:          $0 -i
          List all records:             $0 -l
          Show summation of price:      $0 -s
        EOF
}

init() {                            # 初期化
  rm -f $dbfile                     # ファイルを消せばゼロからの開始となる
  cat<<-EOF | query
        CREATE TABLE candidates(cand TEXT UNIQUE);
        INSERT INTO candidates VALUES('赤');
        INSERT INTO candidates VALUES('青');
        INSERT INTO candidates VALUES('黄');
        CREATE TABLE ballotbox
          (voter TEXT UNIQUE, cand TEXT,
           FOREIGN KEY(cand) REFERENCES candidates(cand));
        EOF
}
list() {
  query "SELECT * from ballotbox;"
}
summary() {
  query "SELECT cand,count(cand) cn FROM ballotbox
           GROUP BY cand ORDER BY cn DESC;"
}

while getopts hils i; do            # 有効なオプションは h i l s のどれか
  case "$i" in
```

```
        i)   init; exit    ;;
        l)   list    ;;
        s)   summary ;;
        *)   usage; exit    ;;       # 上記以外のオプション（-h含む）なら用法出力
    esac
done
shift $((OPTIND-1))                  # getoptsを抜けたら必ずこれで引数を調整する

if [ -n "$1" -a -n "$2" ]; then
    query "REPLACE INTO ballotbox values('$1', '$2');"
fi
```

また、init 関数中で query() を呼ぶときに引数を与えず、標準出力をパイプで送り込んでいる。関数内部で呼び出している sqlite3 の標準入力に渡っている。

## 2.2.5 練習問題：制約の徹底

「投票」に対する制約をより厳格化させたものを作成する。一般的な投票では、候補だけでなく投票権を持った人も有限集合になっている。そうでなければ投票者名義をランダムに発生させて無限投票ができることになる。

たとえば今回の投票において投票者と候補が以下のような集合に含まれなければならないという制約を課してみよう。

**図2.1●投票者の集合と候補の集合**

> **問題**
>
> vote2.sh を拡張し、「投票者と候補それぞれが決められた集合の要素である」という制約を課したデータベースを作成し、これにしたがった投票システム vote.sh を作成せよ。なお、投票者および候補の一覧はそれぞれ voters.csv、candidates.csv というテキストファイルに1行1レコードで列挙されているものとする。書式はそれぞれ「ID,氏名」（2カラム）、「候補」（1カラム）という形式でたとえば以下のような行の集まりである。
>
> voters.csv の例：　　　candidates.csv の例：
>
> 　id001,秋田杉三　　　　赤
> 　id002,大館童夢　　　　青
> 　id003,大曲花子　　　　黄
> 　id004,六郷湧子
> 　id005,能代把助
> 　id006,美郷羅弁太
> 　id007,雄勝小町

[ヒント] CSV ファイルを sqlite3 のテーブルに取り込むには、ドットコマンドの .mode csv でモードを CSV モードに切り替えてから .import で CSV ファイルを一括取り込みする。たとえば CSV ファイルである hogehoge.csv を hogehoge テーブルに取り込むには、あらかじめ hogehoge テーブルを CREATE TABLE したうえで、以下のように .import する（セミコロン不要）。

```
sqlite> .import hogehoge.csv hogehoge
```

## 2.2.6 練習問題：解答例

外部キー制約つきのテーブル関係を構築する部分が完成すれば集計や一覧処理は vote2.sh までと全く同様である。投票者一覧を voters.csv から得る部分は、foreign_key の設定に注意しつつ、以下のように init() 関数を書き換える。太字部分が vote2.sh からの変更部分である（リスト全体は実行例の後に示す）。

```
init() {                      # 初期化
  rm -f $dbfile               # ファイルを消せばゼロからの開始となる
  cat<<EOF | query
.mode csv
CREATE TABLE voters(id TEXT UNIQUE, name TEXT);
.import voters.csv voters
CREATE TABLE candidates(cand TEXT UNIQUE);
.import candidates.csv candidates
CREATE TABLE ballotbox
  (voter TEXT UNIQUE, cand TEXT,
   -- voterカラムの値は、votersテーブルのidの値である必要がある
   FOREIGN KEY(voter) REFERENCES voters(id),
   -- candカラムの値は、candidatesテーブルのcandの値である必要がある
   FOREIGN KEY(cand) REFERENCES candidates(cand));
EOF
}
```

問題文に例示した voters.csv と candidates.csv を与えて実際に処理を進めた実行例を示す。

```
: データベース初期化
$ ./vote.sh -i
: 有効票の投票と確認
$ ./vote.sh id001 赤
$ ./vote.sh id002 赤
$ ./vote.sh id003 青
$ ./vote.sh id001 黄
$ ./vote.sh id004 青
$ ./vote.sh -l
id002|赤
id003|青
id001|黄
id004|青
```

```
: 無効票の投票では票の内訳は変わらない
$ ./vote.sh id004 黒           # 「黒」などない
Error: FOREIGN KEY constraint failed
$ ./vote.sh -l
id002|赤
id003|青
id001|黄
id004|青
: 投票者一覧にないidでは投票できない
$ ./vote.sh id999 白           # id999は一覧にない
Error: FOREIGN KEY constraint failed
$ ./vote.sh -s
青|2
赤|1
黄|1
```

このように、データベースのテーブル設計を工夫することで、シェルスクリプト本体での条件判断が不要となる。

参考までに修正後の vote.sh を以下に示す。

## リスト2.7●vote.sh

```
#!/bin/sh

dbfile=vote.sq3               # データベースファイル
query() {
  sqlite3 -cmd 'PRAGMA foreign_keys=ON' $dbfile "$@"
}

usage() {                     # 使用法の説明出力
  cat<<-EOF
	Usage:
	  Add record:                 $0 "Voter" OneOfCandidates
	  Initialize Database:        $0 -i
	  List all records:           $0 -l
	  Show summation of price:    $0 -s
	EOF
}

init() {                      # 初期化
```

## 2 簡単な投票システムの作成

```
    rm -f $dbfile                # ファイルを消せばゼロからの開始となる
    cat<<-EOF | query
        .mode csv
        CREATE TABLE voters(id TEXT UNIQUE, name TEXT);
        .import voters.csv voters
        CREATE TABLE candidates(cand TEXT UNIQUE);
        .import candidates.csv candidates
        CREATE TABLE ballotbox
         (voter TEXT UNIQUE, cand TEXT,
           -- voterカラムの値は、votersテーブルのidの値である必要がある
           FOREIGN KEY(voter) REFERENCES voters(id),
           -- candカラムの値は、candidatesテーブルのcandの値である必要がある
           FOREIGN KEY(cand) REFERENCES candidates(cand));
        EOF
}
list() {
  query "SELECT * from ballotbox;"
}
summary() {
  query "SELECT cand,count(cand) cn FROM ballotbox
              GROUP BY cand ORDER BY cn DESC;"
}

while getopts hils i; do      # 有効なオプションは h i l s のどれか
  case "$i" in
    i)  init; exit       ;;
    l)  list             ;;
    s)  summary ;;
    *)  usage; exit      ;;    # 上記以外のオプション（-h含む）なら用法出力
  esac
done
shift $((OPTIND-1))           # getoptsを抜けたら必ずこれで引数を調整する

if [ -n "$1" -a -n "$2" ]; then
  query "REPLACE INTO ballotbox values('$1', '$2');"
fi
```

## 2.3 SQLの最低限の知識

　これまでSQLの説明なしにいくつか例を示したが、SQLの入門書の最初に出て来そうな範囲のものを使用した。このあたりで、「CSVファイルでのデータ受け渡しやgrepコマンドを用いた検索作業に慣れている」程度の知識を前提に、SQLで遊べる程度の知識を得ておく。

　もう1つ前提として、ここでの説明はリレーショナルモデルでのデータの正規化理論などの完全理解を後回しにしたいと考えているような状態に即したものとしている。もちろん最終的には正しい理解が不可欠だが、ある程度SQL操作に慣れた後で立ち戻ることで深い理解が得られるはずである。そのときには別途リレーショナルモデルの文献を参考にされたい。また、既にテーブル設計に慣れている場合はこの節は読み飛ばし、2.4節「シェルスクリプトの最低限の知識」に進んで構わない。

　なお、以下のテーブル設計例では、SQLiteの特性を活かしてカラムの型を積極的に無指定にしている。型なしが気になる場合もあるが、SQLiteとシェルスクリプトの組み合わせではほとんど問題にならない。

### 2.3.1　テキストファイル指向からRDBへの要点

　RDBを利用する場合はリレーショナルモデルに即したテーブルを設計することになるが、既にテキストファイル処理に心得があるのであれば以下の点に留意するだけで十分RDBの利用が開始できる。

（1）CSV構造に落として考える
（2）grep検索で十分な結果が得られるデータ構造にする
（3）項目の修正で不整合が出にくい設計にする

#### ■ 列と行を揃える

　「RDBを用いる」と考えた時点で無意識にできることかと思うが、表構造のデータにすることがまず必要である。「すべてのレコードにおいて、同じ列には同じ性質の値が定まる」ようなデータがRDBに適している。逆にいえば、システムログファイルのようにいろいろな種類

のデータが混在するようなものはそのままの形では RDB に入れられない。

たとえば、以下のような形式のデータはそのままでは RDB に入れられない。

| 氏名 | 住所 | 電話番号等 |
|---|---|---|
| 坂田公翔 | 山形県酒田市 | 090-9998-0001 |
| 飯森花子 | 山形県飽海郡遊佐町 | 090-9998-0002;0234-99-9998 |
| 由利鳥一<br>由利海二 | 山形県酒田市（帰省先：秋田県にかほ市） | アパートは2月まで |

　この例は見るからに列の意味を無視した混沌データだと分かる。ここまでひどくはなくても、実際のデータ記録ではこれに近いものを作りたい場合がある。たとえば上記の例の電話番号の格納で、自宅と携帯電話を入れるために列の定義を「氏名」、「住所」、「電話番号1」、「電話番号2」に変えたとする。慎重な設計者であればそれでは同じ問題が起こることが容易に想像できる。

- 3つ目の電話番号を持つ人が出たらどうするのか？
- そもそも電話を最大何個持つと決めてかかってよいのか？

　考えた始めた瞬間に表形式でデータを持つことをやめたくなったことはないだろうか。実際にはこのような場合もシェルスクリプトで対処する規模のデータであれば、あまりこだわらず「電話番号」列に「090-9998-0002;0234-99-9998」などと区切り文字ごと入れてしまう仕様にするのも設計者の自由である。ある程度 SQL に慣れれば、区切り文字なしで電話番号の個数制限のないきれいな表設計も取れるようになるので、最初は「列の揃った CSV にさえ直せればよし」程度の心構えから RDB 移行していくとよい。

### ■ 1行完結レコードにする

　grep で1行の結果を得たときに、それだけで把握できるようにする。

　ときおり次のようなデータをもらうことがある。

| 学生ID | 学生氏名 | 所属先教員 | 所属区分 | 教員email |
|---|---|---|---|---|
| C110123 | 公益太郎 | 酒田康一 | 専門演習1 | koichi@example.jp |
| C110134 | 飯森花子 | 〃 | 専門演習2 | 〃 |
| C110138 | 高見台一 | 鳥海三郎 | 専門演習2 | chokai@example.jp |
| C110140 | 緑智子 | 〃 | 専門演習2 | 〃 |
| C110144 | 海原月山 | 酒田康一朗 | 専門演習2 | ko16@example.jp |

印刷して目で見て理解してもらうことだけしか考えていないとこのような入力をされがちである。これがテキストファイルだと仮定してC110134にマッチするものをgrep検索したらどうなるだろう。

```
$ grep C110134 student-seminar.txt
C110134      飯森花子    〃      専門演習2    〃
```

これでは必要な情報が得られない。以下のようにすべきである。

| 学生ID | 学生氏名 | 所属先教員 | 所属区分 | 教員email |
|---|---|---|---|---|
| C110123 | 公益太郎 | 酒田康一 | 専門演習1 | koichi@example.jp |
| C110134 | 飯森花子 | 酒田康一 | 専門演習2 | koichi@example.jp |
| C110138 | 高見台一 | 鳥海三郎 | 専門演習2 | chokai@example.jp |
| C110140 | 緑智子 | 鳥海三郎 | 専門演習2 | chokai@example.jp |
| C110144 | 海原月山 | 酒田康一朗 | 専門演習2 | ko16@example.jp |

しかし、このようなデータ並びを見ると、ハッシュ（連想配列）でのデータ格納に慣れている場合は、同じ文字列の繰り返しが無駄に思えるのではないだろうか。次の説明と関連する。

### ■ 更新管理しやすいものにする

どれか1つの（キーでない）値を修正するとき、更新箇所が1か所で済むようにする。

直前の表形式データの例で、同じ値（の組）の繰り返しがあるが、これはデータ処理効率の点で好ましいとは言えない。データの一部を修正する必要が出たと仮定する。たとえば上記の例では「酒田康一」のメイルアドレス「koichi@example.jp」の変更が発生したとする。その場合、修正が必要となる箇所は「酒田康一」に所属する学生のレコードすべてとなる。

また、あるときに新たに配属された教員が同姓同名の「酒田康一」だったらどうなるだろう。

区別が付かなくなりデータそのものの価値が一気に下がることになる。

このような問題を防ぐには、以下の点に気をつければよい。

- 名前の変わる可能性のあるものはidを付けて管理する
- idとつねに結び付いている値は別の表に分ける
- 別の表に分けた（idでない）値は元の表から削除する

まず、教員を一意に特定できるような教員IDを付与し、元の表の氏名は教員IDに置き換える。

**表2.3●元の表**

| 学生ID | 学生氏名 | 所属先教員ID | 所属区分 | 教員email |
|---|---|---|---|---|
| C110123 | 公益太郎 | F10001 | 専門演習1 | koichi@example.jp |
| C110134 | 飯森花子 | F10001 | 専門演習2 | koichi@example.jp |
| C110138 | 高見台一 | F10014 | 専門演習2 | chokai@example.jp |
| C110140 | 緑智子 | F10014 | 専門演習2 | chokai@example.jp |
| C110144 | 海原月山 | F10002 | 専門演習2 | ko16@example.jp |

**表2.4●教員情報:**

| 教員ID | 教員氏名 | 教員email |
|---|---|---|
| F10001 | 酒田康一 | koichi@example.jp |
| F10014 | 鳥海三郎 | chokai@example.jp |
| F10002 | 酒田康一朗 | ko16@example.jp |

元の表には学生と教員それぞれのIDと、それにつねに結び付く値があるが、それは冗長なので除去する。学生データに関しては、学生IDと学生氏名の対応表を作る。

**表2.5●学生教員対応表**

| 学生ID | 所属先教員ID | 所属区分 |
|---|---|---|
| C110123 | F10001 | 専門演習1 |
| C110134 | F10001 | 専門演習2 |
| C110138 | F10014 | 専門演習2 |
| C110140 | F10014 | 専門演習2 |
| C110144 | F10002 | 専門演習2 |

**表2.6●学生ID表**

| 学生ID | 氏名 |
|---|---|
| C110123 | 公益太郎 |
| C110134 | 飯森花子 |
| C110138 | 高見台一 |
| C110140 | 緑智子 |
| C110144 | 海原月山 |

**表2.7● 教員ID + email表**

| 教員ID | 教員氏名 | 教員email |
|---|---|---|
| F10001 | 酒田康一 | koichi@example.jp |
| F10014 | 鳥海三郎 | chokai@example.jp |
| F10002 | 酒田康一朗 | ko16@example.jp |

　このように分割管理することで、キー以外のどの値を修正するときも更新は1か所で済むようになる。キーとなる値に修正の必要が生じた場合は1か所では済まないが、もともと一意に定まる値であるから、確実な置換は可能である。

## 2.3.2　テーブルの作成

　分割設計した3つの表を設計してみよう。3表それぞれのカラムについて以下のようにカラム定義してみる。

**表2.8● 3表のカラム定義**

| 表 | カラム | 用途 |
|---|---|---|
| 学生教員対応表<br>(members) | sid | 学生ID |
|  | kid | 教員ID |
|  | semi | 所属区分 |
| 学生ID表<br>(students) | sid | 学生ID |
|  | name | 氏名 |
| 教員ID + email表<br>(lectures) | kid | 教員ID |
|  | name | 氏名 |
|  | email | 教員email |

　それぞれの表のテーブル名をmembers、students、lecturersと決めると、テーブルとカラム名は以下のようにまとめられる。

　　表 2.5　　members(sid, kid, semi)
　　表 2.6　　students(sid, name)
　　表 2.7　　lecturers(kid, name, email)

## 2 簡単な投票システムの作成

データベースファイルを gakuji.sq3 として、そのなかに CREATE TABLE で実際に作成してみる。

```
$ sqlite3 gakuji.sq3
sqlite> CREATE TABLE members(sid, kid, semi);
sqlite> CREATE TABLE students(sid, name);
sqlite> CREATE TABLE lecturers(kid, name, email);
```

作成状態を確認する。

```
sqlite> .sch
CREATE TABLE members(sid, kid, semi);
CREATE TABLE students(sid, name);
CREATE TABLE lecturers(kid, name, email);
```

3つのテーブルにレコード挿入する。ここでは、全レコードを記入した CSV 形式のテキストファイルからのインポートの方法を示す。以下の3つのファイルを用意する。

### リスト2.8●members.csv

```
C110123,F10001,専門演習1
C110134,F10001,専門演習2
C110138,F10014,専門演習2
C110140,F10014,専門演習2
C110144,F10002,専門演習2
```

### リスト2.9●students.csv

```
C110123,公益太郎
C110134,飯森花子
C110138,高見台一
C110140,緑智子
C110144,海原月山
```

**リスト2.10 ● lecturers.csv**

```
F10001,酒田康一,koichi@example.jp
F10014,鳥海三郎,chokai@example.jp
F10002,酒田康一朗,ko16@example.jp
```

sqlite3の動作モードをCSVモードに切り替えてからCSVファイルをインポートする。いずれもドットコマンドで行ない、それぞれ .mode csv と .import を使用する。

```
sqlite> .mode csv
sqlite> .import members.csv members
sqlite> .import students.csv students
sqlite> .import lecturers.csv lecturers
```

インポートの結果を確認してみよう。

```
sqlite> SELECT * FROM members;
C110123,F10001,"専門演習1"
C110134,F10001,"専門演習2"
C110138,F10014,"専門演習2"
C110140,F10014,"専門演習2"
C110144,F10002,"専門演習2"
sqlite> SELECT * FROM students;
C110123,"公益太郎"
C110134,"飯森花子"
C110138,"高見台一"
C110140,"緑智子"
C110144,"海原月山"
sqlite> SELECT * FROM lecturers;
F10001,"酒田康一",koichi@example.jp
F10014,"鳥海三郎",chokai@example.jp
F10002,"酒田康一朗",ko16@example.jp
```

CSVモードになっているため、出力もCSV形式となる。現在の出力モードなどは .show で確認できる。

```
sqlite> .show
```

```
        echo: off
         eqp: off
     explain: off
     headers: off
        mode: csv
    nullvalue: ""
      output: stdout
 colseparator: ","
 rowseparator: "\r\n"
       stats: off
       width:
```

出力モードは sqlite3 コマンドを一度抜けると標準に戻る。

```
sqlite> .quit
$ sqlite3 gakuji.sq3
sqlite> .show
        echo: off
         eqp: off
     explain: off
     headers: off
        mode: list
    nullvalue: ""
      output: stdout
 colseparator: "|"
 rowseparator: "\n"
       stats: off
       width:
```

## 2.3.3　CREATE TABLE の詳細

　SQL でのテーブルの作成にかかわる要点を示す。要点などはさておき表の加工方法など先を急ぎたい場合は次のレコードの抽出以降を読んでからここに戻ってもよい。ここからの数節は SQLite3 のよく使う文法を集約した箇所となっている。

　テーブル作成は CREATE TABLE 文で行なう。CREATE TABLE の書式は以下のとおり。

> **CREATE TABLE** テーブル名(カラム定義並び [, テーブル制約並び])

「テーブル名」には ASCII の英字とアンダースコア、UTF 文字が指定でき、名前の先頭でなければ ASCII の数字が利用できる。ただし、SQL で定義された予約語 (KEYWORD) は利用できない。SQL の予約語は今後も増える可能性があるため、英語の単語を単独で使うことを避けておくのが安全である[注4]。なお、予約語や先頭に数字などを入れたい場合や記号をテーブル名に使いたい場合などは、それをダブルクォートでくくればよい。たとえば「10/3」のようなものはそのままではテーブル名に利用できないが "10/3" とすると利用できる。この規則はカラム名にも適用される（識別子規則）。

クォートが必要なほどの変わったカラム名を作る予定はないと思うかもしれないが、最終出力カラムに付ける「別名」は、HTML 出力の見出し行として採用されるため、ユーザの分かりやすい別名カラムをつけておくと視認性が上がる。その場合には、ダブルクォート括りが活用できる。

簡単に例を示す。sqlite3 の HTML 出力モードを利用して先述の students テーブルを出す場合に、

```
.mode html
.header ON
SELECT sid, name FROM students;
```

とすると、

| sid | name |
| --- | --- |
| C110123 | 公益太郎 |
| C110134 | 飯森花子 |
| C110138 | 高見台一 |
| C110140 | 緑智子 |
| C110144 | 海原月山 |

という結果が得られるが、カラム別名を利用すると以下のような見出しとなる。

---

注4　https://www.sqlite.org/lang_keywords.html 参照

```
.mode html
.header ON
SELECT sid "学生ID(1年生)", name "氏名" FROM students;
```

とすると、

| 学生ID(1年生) | 氏名 |
| --- | --- |
| C110123 | 公益太郎 |
| C110134 | 飯森花子 |
| C110138 | 高見台一 |
| C110140 | 緑智子 |
| C110144 | 海原月山 |

のように、英数字以外も自在に使える。

### ■ カラムの定義

「カラム定義並び」の部分には、「格納カラム名」または「格納カラムとカラム制約」の並びをカンマで区切って列挙する。多くのRDBではカラムの直後に型を指定する必要があるが、SQLiteでは指定を省略できる。型は指定してもしなくても、カラムに実際に値を入れるときに値に即した型に変換される。整数型を指定したカラムに文字列を入れることも可能である。

```
sqlite> CREATE TABLE inttable(x INTEGER);
sqlite> INSERT INTO inttable values(3);
sqlite> INSERT INTO inttable values(3.14);
sqlite> INSERT INTO inttable values("foo");
sqlite> .mode column
sqlite> .header 1
sqlite> SELECT x, typeof(x) FROM inttable;
x           typeof(x)
----------  ----------
3           integer
3.14        real
foo         text
```

SQLiteでは取り出した値の実際の型をtypeof関数で確認できる。

「型指定」というよりは、カラムの値の挿入時に起こる型変換のときに「優先される型」で、SQLiteではこれをType Affinityと呼ぶ。

## ■ TypeAffinity

SQLiteのテーブル定義で、カラム名に添えて型指定する場合に指定できる型には以下のものがある。

**表2.9●カラム名に添えて型指定する場合に指定できる型**

| 指定 | 見なされる型（Affinity） |
| --- | --- |
| INT<br>INTEGER<br>その他「INT」という文字列を含む任意の単語 | INTEGER |
| CHAR<br>TEXT<br>その他「CHAR」または「TEXT」または「CLOB」という文字列を含む任意の単語 | TEXT |
| BLOB<br>または無指定のとき | BLOB |
| REAL<br>DOUBLE<br>FLOAT<br>その他「REAL」または「FLOAT」または「DOUBLE」を含む任意の単語 | REAL |
| NUMERIC<br>DATE<br>DATETIME<br>BOOLEAN<br>その他いずれにも当てはまらないとき | NUMERIC |

SQLiteに慣れるまではこれを気持ち悪いと感じるかもしれないが、シェルスクリプトのように値に型を持たないものから利用する場合は、型の検査はスクリプトの責任と強く意識することにつながるため、整数型主キー以外のカラムであれば、型指定なしでの宣言を積極的に利用するのは賢明な選択のひとつである。

別の型に変換するには cast 関数を利用する（SQLite）。

```
cast(値 as 型)
```

数値のつもりが文字列で入れてしまった場合などは

```
sqlite> UPDATE inttable SET x=cast(x as integer);
```

のようにすることで修正できる（UPDATE 文に関しては 2.3.6 節「データの更新」参照）。

なお、SQLite では日付型は存在せず、日付も単なる TEXT として管理する。日付の書式は必ず以下のいずれかに揃えておく。

- YYYY-MM-DD（日付のみ）
- HH:MM:SS（時刻のみ）
- YYYY-MM-DD HH:MM:SS（日付と時刻）

これらは、SQLite ではそれぞれ

```
date('now', 'localtime')
time('now', 'localtime')
datetime('now', 'localtime')
```

で得られる。第 2 引数 `'localtime'` を省略すると UTC（協定世界時）での値となる。

### ■ カラム制約

「カラム制約」とは、当該カラムだけに課すべき制約の指定で、以下のいずれかが適用できる。[ ] 内は省略可能である。

表2.10●カラム制約

| 制約指定 | 意味 |
| --- | --- |
| NOT NULL | NULL 値を許さない。 |
| PRIMARY KEY [ AUTOINCREMENT ] | このテーブルにおける単独の主キーであることを示す。2つ以上の指定はできない。INTEGER PRIMARY KEY AUTOINCREMENT と INTEGER 型に制約指定すると、自動的に数え上げられる番号を付けられる。NULL 値を入れることは許されない。 |
| UNIQUE | 重複を許さない。PRIMARY KEY と違い複数のカラムに指定できる。 |
| CHECK | 値の満たすべき静的条件を指定する。 |
| DEFAULT | INSERT 時の値を省略したときのデフォルト値（通常は NULL）を指定する。 |
| COLLATE | 当該カラムの値でソートする場合の比較法を以下の3つから選択する。<br>● BINARY - 文字コードのまま memcmp() で比較<br>● NOCASE - ASCII の英大文字を小文字に変換してから比較<br>● RTRIM - BINARY と同じだが末尾に連続する空白抜きで比較 |

　シェルスクリプトからの利用に視点を絞ると、UNIQUE 制約は効果的に指定することで、スクリプトでのデータ構成の検査を省力化できる。本稿の例でも積極的に利用する。

### ■ rowid の活用

　複数の RDBMS を経験していると、「自動的に増える整数を持つカラム」の作り方が気になることが多い。その欲求には、SQLite ではカラムの型に INTEGER PRIMARY KEY AUTOINCREMENT を指定することで応えられるが、実際のところこれはほぼ不要である。SQLite には、すべてのテーブルにデフォルトで rowid カラムが暗黙のうちに付加される。rowid は行ごとに重複しない整数の ID を持つカラムで、SELECT * では出てこず、明示的に SELECT rowid,* のように指定しなければ得られない。行を一意に特定できるカラムであるため、行の更新を予定している問い合わせには rowid も取得するとよい。rowid の存在をうまく活用すれば、人工的な ID を無駄に増やすことなく設計できる。

### ■ テーブル制約の指定

カラム定義に続けて、必要なら**テーブル制約**を指定できる。既に述べたカラム制約もこの位置に書けるが、テーブル制約の位置には複数のカラムにまたがる制約も指定できる。カラム制約で説明したPRIMARY KEY、UNIQUE、CHECKの他に、2.2.4節で紹介した外部キー制約FOREIGN KEYを、任意個数のカラムについて設定できる。たとえば、以下のような表を考える。

**表2.11●出席集計用テーブル attpoints**

| カラム | 型 | 用途 |
|---|---|---|
| sid | TEXT | 学生ID |
| lect | INTEGER | 何回目の講義か |
| att | INTEGER | 出席課題の得点（5点満点） |

ある講義は全15回開講される。それぞれについて5点満点の出席課題を課していると想定する。講義完了後に、学生ごとの出席課題の合計点を出すことを想定した場合、値に関して以下の制約が考えられる。

(1) 学生IDは履修者一覧テーブル（students）にあるidカラムにあるものが正当なものである
(2) ある学生（sid）のある回（lect）の出席課題得点のレコード（行）は1つである（重複禁止）
(3) 講義回は1から15の整数である
(4) 出席課題点は $0 \leq \text{att} \leq 5$ を満たしていなければならない

これらを順に制約定義に書き下すとそれぞれ以下のようになる。

(1) FOREIGN KEY(sid) REFERENCES students(id)
(2) UNIQUE(sid, lect)
(3) CHECK(lect IN (1,2,3,4,5,6,7,8,9,10,11,12,13,14,15))
(4) CHECK(att BETWEEN 0 AND 5) あるいは CHECK(att>=0 and att<=5)

これをCREATE TABLE文にまとめると以下のようになる（studentsテーブルは既に作られているものと仮定する）。

**リスト2.11●出席集計テーブル定義例**

```
CREATE TABLE attpoints(
       sid TEXT, lect INT, att INT,
       -- ここまでがカラム定義、以下がテーブル制約
       FOREIGN KEY(sid) REFERENCES students(id),
       UNIQUE(sid, lect),
       CHECK(lect IN (1,2,3,4,5,6,7,8,9,10,11,12,13,14,15)),
       CHECK(att>=0 and att<=5));
```

登録される値の健全性を（スクリプトから見た）データ側が持つことで、プログラムの構造を単純化できる。

## 2.3.4　レコードの挿入

レコードの挿入には **INSERT** 文を用いる。ここでは値そのものを直接的に挿入する方法と、他の問い合わせ結果を挿入する 2 つの方法について説明する。

### ■ 値を指定しての代入

INSERT と VALUES の組み合わせで即値を代入する。

```
INSERT INTO テーブル VALUES(値₁, 値₂, ...);
```

テーブルのカラム数と、VALUES に与えた値の個数は一致させる。ただし、テーブルのカラムのうち一部のものだけ値を決めて挿入するには、以下のように代入したいカラムをテーブル名の後に指定する。

```
INSERT INTO テーブル(カラム₁, カラム₂, ...) VALUES(値₁, 値₂, ...);
```

この場合、値を挿入するカラム以外のカラムは、NULL が入るか、テーブル作成時に DEFAULT 指定された値が入る。

## ■ 問い合わせ結果による CREATE TABLE/INSERT INTO

　VALUES 指定の代わりに、別の SELECT 文を指定して、その問い合わせ結果を挿入することができる。テーブルの作り換えなどでよく使う。たとえば、出席集計テーブル定義例の attpoints テーブルで、講義回を保持する lect カラムの制約を変える必要が生じたとする。

```
CHECK(lect IN (1,2,3,4,5,6,7,8,9,10,11,12,13,14,15))
```

講義に「補講」ができて第 16 講目の値が必要になったら、

```
CHECK(lect IN (1,2,3,4,5,6,7,8,9,10,11,12,13,14,15,16))
```

にしなければならないが、後から CHECK 制約を変えられない。「別のテーブル名で attpoints テーブルを作り直し、元の attpoints から値を」という手順で行なう。

#### リスト2.12●テーブルの制約の変更

```
CREATE TABLE new_attpoints(
        sid TEXT, lect INT, att INT,
        FOREIGN KEY(sid) REFERENCES students(id),
        UNIQUE(sid, lect),
        CHECK(lect IN (1,2,3,4,5,6,7,8,9,10,11,12,13,14,15,16)),
        CHECK(att>=0 and att<=5));
INSERT INTO new_attpoints SELECT * FROM attpoints;    -- 値をコピー
DROP TABLE attpoints;                                  -- 元のテーブルを削除
ALTER TABLE new_attpoints RENAME TO attpoints;         -- 新テーブルをリネーム
```

　INSERT INTO の値供給の部分に SELECT 文を用い、その SELECT 結果を挿入行としている。CREATE TABLE でも使える。上記のテーブル変更手順は以下のように、既存テーブルのバックアップ用の一時テーブルを 1 文で作ってから書き戻す手順でも書ける（一部省略表記にしてある）。

```
/* 「SELECT * FROM attpoints」の結果で得られるテーブルを新規作成する。 */
CREATE TEMPORARY TABLE bak_attpoints AS SELECT * FROM attpoints;
DROP   TABLE attpoints;
CREATE TABLE attpoints( 新しい制約 );
```

```
INSERT INTO  attpoints SELECT * FROM bak_attpoints;      -- 値の書き戻し
/* TEMPORARY TABLE はsqlite3セッション終了すると自然に消える */
```

　SELECT の応用例をテーブルの再構築例を用いて 2 つ示したが、既に稼動しているデータベースでは、上記のような操作時に別のクライアントからアクセスがくると一時的にテーブルが見えない状態からエラーが発生する。テーブルそのものを変えるような重い操作は次で述べるトランザクションを利用する。

## ■ トランザクション

　テーブル再構築例の上記 2 手順では、一時的に attpoints テーブルが存在しない瞬間が発生する。一連の流れを不可分化し、すべてが正常終了したときのみ修正をデータに書き込むようにするには**トランザクション**を用いる。

　SQLite では BEGIN; …… COMMIT; で処理単位を挟んでトランザクションを実現する。

```
BEGIN [ { DEFERRED | IMMEDIATE | EXCLUSIVE } ] [ TRANSACTION ] ;
  ...
{ COMMIT | END } [ TRANSACTION ] ;
```

BEGIN に続けて、開始すべきトランザクションの種別を指定する（省略可）。

DEFERRED　　（デフォルト）ただちにはロック開始せず、実際に読み込み発生時に SHARED ロックを、書き込み発生時に RESERVED ロックを獲得する。
IMMEDIATE　　ただちに RESERVED ロックを獲得する。他のプロセスは、読み込みであれば同時アクセスできる。
EXCLUSIVE　　ただちに EXCLUSIVE ロックを獲得する。他のプロセスはアクセスできない。PRAGMA read_uncomment を有効化してあれば、コミット前の値を読むことができる。

トランザクションを用いてテーブル再構築を行なう記述例を示す。

```
BEGIN;
CREATE TEMPORARY TABLE bak_attpoints AS SELECT * FROM attpoints;
```

```
DROP    TABLE attpoints;
CREATE TABLE attpoints( 新しい制約でテーブルを再作成 );
INSERT INTO   attpoints SELECT * FROM bak_attpoints;
COMMIT;
```

他にも、複数のテーブルを更新するときに、すべてのテーブルの更新をひとまとめにしたいときにトランザクションを利用する。

また、SQLite3はデフォルトで自動コミットモードになっていて、1文ごとにコミットされる。そのため一度に大量のINSERT文を実行するとその度にトランザクションが発生し遅くなる。その場合は一連の問い合わせ文を「BEGIN;」と「COMMIT;」で挟み、明示的にトランザクション化するとよい。

### ■ UNIQUE制約とREPLACE

UNIQUE（またはPRIMARY KEY）制約のあるテーブルに、重複するレコードを挿入しようとした場合、通常はエラーとなるが、既存レコードの置き換えをさせることもできる。SQLiteでは「INSERT INTO テーブル ...」の代わりに「INSERT OR REPLACE INTO テーブル ...」とすることで、既存のものと一致するレコードがあった場合に、それを置き換えることができる。

何かの情報を保存するときに「変数＝値」という流儀で進める場合、ある変数の値を新しい値で置き換える場合には単純に「変数＝新しい値」とするのが自然で、この流儀と「UNIQUE制約とREPLACE」の組み合わせはよく馴染む。スクリプトプログラミングではREPLACEを効果的に利用するとよい。これについては、2.3.6節「データの更新」で実例を示す。

### ■ CHECK制約と外部キー制約

上記の制約再設定例で用いているCHECK制約はテーブル構築時に指定した静的な条件を使い続けなければならず状況の変化に対応できない。この使用が適しているのは曜日のようによほどのことがない限り変動しないものに限る。取りうる値が変化する可能性があるものは外部キー制約の使用を検討するのがよい。

```
     ⋮
  FOREIGN KEY(lect) REFERENCES ON lects(lect),
     ⋮
```

```
CREATE TABLE lects(lect PRIMARY KEY);
WITH RECURSIVE from1to16(x) AS ( -- 再帰問い合わせの定義
    SELECT 1                     -- SELECT 1 と再帰問い合わせをUNIONする
      UNION
    SELECT x+1 FROM from1to16 WHERE x<16
) INSERT INTO lects SELECT x FROM from1to16;
```

lects テーブルに 1 から 16 の連番を入れるのに再帰問い合わせを利用した。再帰問い合わせについては本稿では触れないが、木構造の追跡などが可能となる記法である。

### 2.3.5 レコードの抽出

「SELECT * FROM テーブル ;」とすることで、テーブルに登録された全レコードが得られる。すべてのレコード・カラムを引き出すことは実用上はまれで、実際には特定の条件に適合するレコードのうち、特定のカラムを選択抽出する。

#### ■ 条件指定例

先に、いくつかの選択例を簡単に示してから詳細に触れる。選択条件は WHERE 句で指定する。

```
SELECT カラム指定 テーブル WHERE 条件;
```

- students テーブルから、学生 ID が C110144 のもののみ選択する。等しいかどうかは = で比較する。

    ```
    sqlite> SELECT * FROM students WHERE sid='C110144';
    C110144,"海原月山"
    ```

- students テーブルから、学生 ID が C11013 で始まるもののみ選択する。文字列の部分一致の判定は LIKE を用いる。

    ```
    sqlite> SELECT * FROM students WHERE sid LIKE 'C11013%';
    C110134,"飯森花子"
    C110138,"高見台一"
    ```

%が任意の文字列にマッチさせるための特殊文字である。

- students テーブルから、学生 ID が C11013 または C11014 で始まるもののみ選択する。指定方法はいくつか考えられる。

```
sqlite> SELECT * FROM students WHERE sid LIKE 'C11013%' OR sid LIKE 'C11014%';
sqlite> SELECT * FROM students WHERE sid BETWEEN 'C110130' AND 'C110149';
sqlite> SELECT * FROM students WHERE sid GLOB 'C1101[34]*';
```

いずれも結果は

```
C110134,"飯森花子"
C110138,"高見台一"
C110140,"緑智子"
C110144,"海原月山"
```

となる。3つ目の GLOB は、SQLite 拡張で、シェルのファイル名マッチと同様の *、?、[ ]が利用できる。

- members テーブルから、「教員 ID が F10014」かつ「履修科目が専門演習2」のもののみ選択する。

```
sqlite> SELECT * FROM members WHERE kid='F10014' AND semi='専門演習2';
C110138|F10014|専門演習2
C110140|F10014|専門演習2
```

### ■ 条件指定で利用できる演算子

SQLite では、以下の二項演算子が利用できる[5]（優先順位の高い順）。

```
||  （文字列連結）
*   /   %
+   -
<<  >>  &   |   （ビット演算）
=   ==  !=  <>  IS  IS NOT  IN  LIKE  GLOB
AND
OR
```

---

注5 https://www.sqlite.org/lang_expr.html より抜粋。

このうち、IS と IS NOT は NULL との比較に用いる。
また単項演算子は

```
-    +    ~    NOT
```

が利用できる。

BETWEEN 演算子は、「x BETWEEN a AND b」の書式で用い、「x>=a AND x<=b」と同じ意味を持つ。

LIKE 演算子では、% 文字が任意の文字列（0 文字含む）にマッチし、_（アンダースコア）が任意の 1 字にマッチする。もし、% や _ 自身をマッチ対象にしたい場合は、ESCAPE 句でエスケープ文字を指定する。たとえば、「50% で始まる文字列」を選択したいとするときに、以下のようにすると / 文字で % や _ をエスケープできる。

```
... WHERE somecolumn LIKE '50/%%' ESCAPE '/';
```

また、LIKE と GLOB は関数形式で呼ぶこともできる。たとえば、「x LIKE pattern」は「LIKE(pattern,x)」とも表せる（GLOB も同様）。

## ■ ORDER BY 句

WHERE 句の来るべき位置に続いて ORDER BY 句で並べ換え条件を指定できる。ORDER BY の次に並べ換え規準となる式を 1 つ以上記述する（カンマ区切り）。降順指定はカラム指定の後に DESC と指定する（昇順は ASC）。たとえば、

```
... ORDER BY x DESC, y ASC;
```

は、並べ換えの第 1 規準 x で降順、第 2 規準 y で昇順に並べ換えを意味する。値の直後に COLLATE 指定が書ける。

| | |
|---|---|
| COLLATE BINARY | memcmp() 関数の結果で並べ換え。バイト列での並べ換えとなる。 |
| COLLATE NOCASE | BINARY と同じだが、ASCII 英字は大文字小文字を同一視する。 |
| COLLATE RTRIM | BINARY と同じだが末尾に連続する空白は無視する。 |

ORDER BY 句をつけない場合の出力順は保証されれない。

### ■ LIMIT/OFFSET 句

ORDER BY 句の来るべき位置に続けて LIMIT 句、または「LIMIT 句 + OFFSET 句」を書ける。LIMIT 数で取り出しの最大レコード数を、OFFSET 数で先頭から抜き取るレコード数を指定する。たとえば

```
... LIMIT 3 OFFSET 2;
```

を付加すると、付加しなかった場合の最初から 2 行を除外し、3 つ目に該当するものから最大 3 行を選択する。OFFSET だけ指定することはできない。もし「先頭から 3 つ除外した残り全部」を得たいときは

```
... LIMIT -1 OFFSET 3;
```

のように LIMIT に負数を指定する。負数はすべての取り出しを意味する。

## 2.3.6 データの更新

既存レコードの一部の値を更新するときは **UPDATE** 文を使う。

```
UPDATE テーブル SET カラム=値 【 条件指定 】;
```

条件指定を省略するとすべての行のカラムの値が更新される。「カラム = 値」のペアは、必要なカラムの分だけカンマ区切りで複数指定できる。

以下の例は、「ゼリー」という文字列で終わる商品の「○○ゼリー」という商品を「○○ゼリー (改)」という名前に変え、単価を 5 円増額する、という UPDATE 操作を行なう。

**表2.12●itemlist**

| 商品コード<br>code | 商品名<br>item | 単価<br>price |
|---|---|---|
| i001 | りんごゼリー | 80 |
| i002 | みかんゼリー | 81 |
| i003 | ポテトプリン | 90 |
| i004 | いちごゼリー | 82 |

```
UPDATE itemlist SET item=item||'(改)', price=price+5
 WHERE item LIKE '%ゼリー';
```

以下のように更新される（SETで用いた || は SQL の文字列結合演算子）。

**表2.13●itemlist（更新後）**

| 商品コード<br>code | 商品名<br>item | 単価<br>price |
|---|---|---|
| i001 | りんごゼリー(改) | 85 |
| i002 | みかんゼリー(改) | 86 |
| i003 | ポテトプリン | 90 |
| i004 | いちごゼリー(改) | 87 |

この例のように、1つのルールで複数箇所の更新を期待できる場合はUPDATE文が必要だが、置き換え前と置き換え後が1対1対応する場合は、INSERT OR REPLACE（省略形REPLACE）で更新する方がスクリプトの流れを単純化できる。

上記itemlistの例で、商品コード(code)をPRIMARY KEYで宣言し、初期データを入力する。

```
$ sqlite3 itemlist.sq3
sqlite> CREATE TABLE itemlist(code PRIMARY KEY, item, price);
sqlite> INSERT INTO itemlist VALUES('i001', 'りんごゼリー', 80);
sqlite> INSERT INTO itemlist VALUES('i002', 'みかんゼリー', 81);
sqlite> INSERT INTO itemlist VALUES('i003', 'ポテトプリン', 90);
sqlite> INSERT INTO itemlist VALUES('i004', 'いちごゼリー', 82);
```

この状態で、新しい商品リストが届き i003 の価格改定があった（以下はCSVによる更新データ例）。

```
i003,"ポテトプリン",93
```

これをUPDATE文で更新する場合、以下のような流れが必要になる。

- codeがi003のものが既にあるか調べる
- あるならUPDATE文を発行
- ないならINSERT文を発行

REPLACE であれば、既存レコードの有無にかかわらず 1 文で済む。

```
REPLACE INTO itemlist VALUES('i003', 'ポテトプリン', 93);
```

テーブルへの初期データの挿入も、INSERT INTO ではなくつねに REPLACE INTO で構わないケースは多々ある。

### 2.3.7 集約関数

複数の行にまたがるカラム値をまとめて 1 つの値にする働きを持つ関数を**集約関数**という。次のようなテーブル minitest があるとする。

**表2.14●minitestテーブル**

| student（生徒） | subj（科目） | n（回） | pt（得点） |
|---|---|---|---|
| taro | 英語 | 1 | 8 |
| hanako | 英語 | 1 | 9 |
| taro | 英語 | 2 | 9 |
| hanako | 英語 | 2 | 10 |
| taro | 数学 | 1 | 8 |
| hanako | 数学 | 1 | 8 |

6 件あるが、pt（得点）の合計値を求める sum 関数で集約する。

```
sqlite> SELECT sum(pt) FROM minitest;
52
```

6 行が 1 行にまとまる。集約する単位を GROUP BY 句で決められる。たとえば生徒(student)ごとに合計を求めたければ GROUP BY student を付加する。

```
sqlite> SELECT student,sum(pt) FROM minitest GROUP BY student;
hanako,27
taro,25
```

科目ごとにまとめたければ GROUP BY subj とする。

```
sqlite> SELECT subj,sum(pt) FROM minitest GROUP BY subj;
数学,16
英語,36
```

上記 2 例の "SELECT" 直後で指定しているように、集約関数抜きで選択できるのは GROUP BY で指定したカラムのみである。GROUP BY でのグループ化をしていないカラムを選択すると無意味な結果を返す。

```
sqlite> SELECT student,subj,sum(pt) FROM minitest GROUP BY subj;
hanako,数学,16
hanako,英語,36
 : ※結果は異なる場合がある
```

集約した結果に対する絞り込み条件は **HAVING 句**で指定できる。たとえば上記の例で「合計点が 30 点以上の科目」を取り出してみる。

```
$ SELECT subj,sum(pt) FROM minitest GROUP BY subj HAVING sum(pt)>30;
英語,36
```

先述のカラム別名を使うと見やすくなる。

```
$ SELECT subj,sum(pt) s FROM minitest GROUP BY subj HAVING s>30;
英語,36
```

ちなみに WHERE 句による絞り込みは集約前に行なわれるので次のような WHERE 指定はエラーとなる。

```
$ SELECT subj,sum(pt) FROM minitest WHERE sum(pt)>30 GROUP BY subj;
Error: misuse of aggregate: sum()
```

SQLite3 で利用できる集約関数は以下のとおりである。

**表2.15●SQLite3で利用できる集約関数**

| 関数 | 働き |
|---|---|
| avg(X) | 平均（必ず浮動小数点数になる）。 |
| count(X)<br>count(*) | NULLでないカラム値の数。「*」の場合は全行数を求める。 |
| group_concat(X)<br>group_concat(X, Y) | NULLでない値を文字列化して結合したもの。Yに結合するときの区切り記号を指定できる。 |
| max(X) | 最大値（すべてのカラムがNULLのときはNULL）。 |
| min(X) | 最小値（すべてのカラムがNULLのときはNULL）。 |
| sum(X)<br>total(X) | 合計（すべてのカラムがNULLのときsum()はNULLを返し、total()は0.0を返す）。 |

各関数の仕様の詳細は「SQL As Understood By SQLite」（https://www.sqlite.org/lang_aggfunc.html）に記述がある。

## 2.3.8　表の結合

学生情報を記録したmembersテーブルの例に戻る。たとえば、教員IDがF10001の教員の専門演習を履修する学生一覧を得たい場合を考える。履修関係はmembersテーブルにあるから以下のようなSQLを発行すると結果が得られる。

```
sqlite> SELECT * FROM members WHERE kid='F10001';
C110123|F10001|専門演習1
C110134|F10001|専門演習2
```

確かに分かるが、人間がこれを見る場合、該当者が誰なのか一瞥で分からない。「学生IDと氏名の関係」を持つstudentsテーブルと結合することで氏名も分かる。

## ■ JOIN 操作

表2.16●membersテーブル

| sid | kid | semi |
|---|---|---|
| C110123 | F10001 | 専門演習1 |
| C110134 | F10001 | 専門演習2 |
| C110138 | F10014 | 専門演習2 |
| C110140 | F10014 | 専門演習2 |
| C110144 | F10002 | 専門演習2 |

表2.17●studentsテーブル

| sid | name |
|---|---|
| C110123 | 公益太郎 |
| C110134 | 飯森花子 |
| C110138 | 高見台一 |
| C110140 | 緑智子 |
| C110144 | 海原月山 |

これには「membersのsidとstudentsのsidが同じであるレコードを結合」する操作（JOIN）を行なう。

```
sqlite> SELECT * FROM members JOIN students ON members.sid=students.sid;
C110123|F10001|専門演習1|C110123|公益太郎
C110134|F10001|専門演習2|C110134|飯森花子
C110138|F10014|専門演習2|C110138|高見台一
C110140|F10014|専門演習2|C110140|緑智子
C110144|F10002|専門演習2|C110144|海原月山
```

結合条件はONの後ろに指定する。2つのテーブルどちらにもsidカラムが含まれるので、「テーブル名.カラム名」の形式でどちらの表に含まれるカラムなのかを明示的に指定する。

USING句をONの代わりに指定して、「カラム名が同じものどうしが等しい」という条件を記述できる。上記の例の場合は以下のようになる。

```
sqlite> SELECT * FROM members JOIN students USING(sid);
C110123|F10001|専門演習1|公益太郎
C110134|F10001|専門演習2|飯森花子
C110138|F10014|専門演習2|高見台一
C110140|F10014|専門演習2|緑智子
C110144|F10002|専門演習2|海原月山
```

結合条件で用いたsidは1つにまとめられる。ただし、USINGは同名のカラムが「等しい」という条件でしか使えない。

### ■ テーブルへの一時的な別名付加

JOIN 操作は頻繁に用いる。結合条件の記述を簡略化するため結合元に一時的な短い別名を付けるとやりやすい。別名を利用した結合は以下のような流れで行なう。

(1) members テーブルを**仮に**「t1」、students テーブルを**仮に**「t2」とおく。
(2) t1 の sid と t2 の sid が等しいという条件で結合する。
(3) ただし、得たいカラムは以下のものに限る。
- t1 の sid（学生 ID）
- t2 の name（学生氏名）
- t1 の kid（教員 ID）
- t1 の semi（履修科目）

これを SQL に置き換えると以下のようになる。

```
sqlite> SELECT t1.sid, t2.name, t1.kid, t1.semi
   ...> FROM members t1 JOIN students t2 ON t1.sid=t2.sid;
C110123|公益太郎|F10001|専門演習1
C110134|飯森花子|F10001|専門演習2
C110138|高見台一|F10014|専門演習2
C110140|緑智子|F10014|専門演習2
C110144|海原月山|F10002|専門演習2
```

テーブル指定の直後に別名を書くと、カラム条件の指定も別名経由となる。これは別名を使わず以下のように書くのと同じ結果になる。

```
sqlite> SELECT members.sid, students.name, members.kid, members.semi
   ...> FROM members JOIN students ON members.sid=students.sid;
```

別名を付けると余計面倒では、と感じる場合もあるが、実際に SQL を組み立てるときには、別名にしておくことでテーブルの差し替えなどがやりやすくなるなどのメリットがある。

### ■ 抽出カラムへの別名付加

SQLite では出力結果にカラム名の見出しを付けることができる。直前の問い合わせを見出しつきで出してみる。見出し表示はドットコマンドの .head で行なう。

```
sqlite> .head ON
sqlite> SELECT members.sid, students.name, members.kid, members.semi
   ...> FROM members JOIN students ON members.sid=students.sid;
sid|name|kid|semi
C110123|公益太郎|F10001|専門演習1
C110134|飯森花子|F10001|専門演習2
C110138|高見台一|F10014|専門演習2
C110140|緑智子|F10014|専門演習2
C110144|海原月山|F10002|専門演習2
```

利用者に分かりやすい見出しに変えることもできる。抽出カラムに別名を付けるとそれが見出しにも利用される。

```
sqlite> .head ON
sqlite> SELECT members.sid 学生ID, students.name 学生氏名,
   ...>        members.kid 教員ID, members.semi 履修
   ...> FROM members JOIN students ON members.sid=students.sid;
学生ID|学生氏名|教員ID|履修
C110123|公益太郎|F10001|専門演習1
C110134|飯森花子|F10001|専門演習2
C110138|高見台一|F10014|専門演習2
C110140|緑智子|F10014|専門演習2
C110144|海原月山|F10002|専門演習2
```

シェルスクリプトでの利用を想定した場合、見出し表示は出力モードが HTML のときに非常に有用で、Web 出力時にスタイルシート（CSS）を工夫しておくことで、高度にデザインされたものを簡単に得られる。

## 2.3.9 ビュー

JOIN を使った出力は人間にとって分かりやすいものであるため、しばしば利用することが予想される。いくつかのテーブルに対してなんらかの操作をして得られた生成結果としてのテーブルは、**ビュー**という仮想的なテーブルとして定義できる。

上記の JOIN の例の SQL 文を、v_members というビューにする。VIEW の作成は CREATE VIEW で行なう。

```
sqlite> CREATE VIEW v_members AS
   ...>     SELECT t1.sid, t2.name, t1.kid, t1.semi
   ...>     FROM members t1 JOIN students t2 ON t1.sid=t2.sid;
```

定義した v_members はあたかも普通のテーブルのように振舞う。

```
sqlite> SELECT * from v_members;
sid|name|kid|semi
C110123|公益太郎|F10001|専門演習1
C110134|飯森花子|F10001|専門演習2
C110138|高見台一|F10014|専門演習2
C110140|緑智子|F10014|専門演習2
C110144|海原月山|F10002|専門演習2
```

WHERE による条件指定も利用できる。ただし SQLite におけるビューは読み取り専用テーブルで、VIEW に対する更新はできない。

```
sqlite> SELECT * FROM v_members WHERE kid='F10001';
sid|name|kid|semi
C110123|公益太郎|F10001|専門演習1
C110134|飯森花子|F10001|専門演習2
```

## 2.3.10 コメント

SQL のコメント文のは1行コメント（--）とブロックコメント（/* */）が使用できる。

```
SELECT x              -- ハイフン2個で行末までのコメントが書ける
  /* C言語と同様の方式で
     複数行可の
     コメントも書ける。
  */
FROM tbl;
```

他の RDBMS では /* */ の内部にまた /* */ をネストさせて書けるものもあるが、SQLite ではネストは許されない。

## 2.3.11　練習問題：情報をすべて含むビューの作成

この章で例に用いた gakuji データベースの表を改めて見てみよう。

**表2.18●学生・教員対応表（再掲）**

| 学生ID | 学生氏名 | 所属先教員 | 所属区分 | 教員 email |
|---|---|---|---|---|
| C110123 | 公益太郎 | 酒田康一 | 専門演習1 | koichi@example.jp |
| C110134 | 飯森花子 | 酒田康一 | 専門演習2 | koichi@example.jp |
| C110138 | 高見台一 | 鳥海三郎 | 専門演習2 | chokai@example.jp |
| C110140 | 緑智子 | 鳥海三郎 | 専門演習2 | chokai@example.jp |
| C110144 | 海原月山 | 酒田康一朗 | 専門演習2 | ko16@example.jp |

> **問題**
>
> members、students、lecturers の3つのテーブルをもとに上記の「学生・教員対応表」に相当するビュー v_all を定義せよ。HTML モードで「SELECT * FROM v_all;」したときに上記と同じ見出しが得られるように工夫せよ。

［ヒント1］3つの表の結合は「x JOIN y JOIN z」と続けて書けばよい。結合条件は AND でつないで書けばよい。

例として、以下のような3つの表からの結合例を示す。

| results（r） ||| 
|---|---|---|
| 学生ID | 科目コード | 得点 |
| s001 | 110 | 78 |
| s001 | 220 | 80 |
| s002 | 110 | 82 |
| s003 | 441 | 86 |

| sids（s） ||
|---|---|
| 学生ID | 氏名 |
| s001 | 岩手盛夫 |
| s002 | 宮城迫志 |
| s003 | 福島奥松 |

| lectcodes（l） ||
|---|---|
| 科目コード | 科目名 |
| 110 | 基礎もっけ論 |
| 220 | 応用もっけ論 |
| 441 | 基礎もっけ論 |

これらから以下の表を得たい。

| 学生ID | 氏名 | 科目名 | 得点 |
|---|---|---|---|
| s001 | 岩手盛夫 | 基礎もっけ論 | 78 |
| s001 | 岩手盛夫 | 応用もっけ論 | 80 |
| s002 | 宮城迫志 | 基礎もっけ論 | 82 |
| s003 | 福島奥松 | 基礎もっけ論 | 86 |

元となる3つのテーブルを左から順にr、s、lとおく。学生IDと氏名を結び付けるには「r.学生ID=s.学生ID」の条件で結合、科目コードと科目名を結び付けるには「r.科目コード=l.科目コード」の条件で結合すればよい。よって、次の問い合わせ文で結果が得られる。

```
sqlite> SELECT r.学生ID,s.氏名,l.科目名,r.得点
sqlite> FROM results r JOIN sids s JOIN lectcodes l
sqlite>     ON r.学生ID=s.学生ID AND r.科目コード=l.科目コード;
```

[ヒント2] 表の見出しの「学生ID」などは、元のテーブルのカラム名とは異なる。この場合は抽出カラム名の直後の別名指定でカラム名を付ければよい。

## 2.3.12 練習問題：解答例

gakujiデータベースに取り込んだ3つの表は以下のとおりとなっている。

members (t1)

| sid | kid | semi |
|---|---|---|
| C110123 | F10001 | 専門演習1 |
| C110134 | F10001 | 専門演習2 |
| C110138 | F10014 | 専門演習2 |
| C110140 | F10014 | 専門演習2 |
| C110144 | F10002 | 専門演習2 |

students (t2)

| sid | name |
|---|---|
| C110123 | 公益太郎 |
| C110134 | 飯森花子 |
| C110138 | 高見台一 |
| C110140 | 緑智子 |
| C110144 | 海原月山 |

lecturers (t3)

| kid | name | email |
|---|---|---|
| F10001 | 酒田康一 | koichi@example.jp |
| F10014 | 鳥海三郎 | chokai@example.jp |
| F10002 | 酒田康一朗 | ko16@example.jp |

それぞれの表を t1、t2、t3 とおくと、以下の 2 条件で結合すればよい。

- t1.sid=t2.sid
- t1.kid=t3.kid

また、結果として得たいカラムは以下の 5 つである。

(1) 学生 ID（t1.sid）
(2) 学生氏名（t2.name）
(3) 所属先教員（t3.name）
(4) 所属区分（t1.semi）
(5) 教員 email（t3.email）

カラムの別名を付けつつ結合条件を示すと以下の問い合わせ文になる。

```
SELECT t1.sid    学生ID,
       t2.name   学生氏名,
       t3.name   所属先教員,
       t1.semi   所属区分,
       t3.email  教員email
FROM   members t1 JOIN students t2 JOIN lecturers t3
       ON t1.sid=t2.sid AND t1.kid=t3.kid;
```

これをビュー定義すればよいので、解答の 1 つは以下のようになる。

```
CREATE VIEW v_all AS
SELECT t1.sid    学生ID,
       t2.name   学生氏名,
       t3.name   所属先教員,
       t1.semi   所属区分,
       t3.email  教員email
FROM   members t1 JOIN students t2 JOIN lecturers t3
       ON t1.sid=t2.sid AND t1.kid=t3.kid;
```

この表から HTML 出力を得るには以下のようなシェルスクリプトを作ればよい。

### リスト2.13 ● gakuji-tbl.sh

```sh
#!/bin/sh
db=gakuji.sq3

cat<<EOF
<!DOCTYPE html>
<html lang="ja">
<head><title>得点表</title></head>
<body>
<h1>得点表</h1>
<table border="1">
EOF

sqlite3 -header -html $db "SELECT * FROM v_all;"

cat<<EOF
</table>
</body>
</html>
EOF
```

　このスクリプトから分かるように、sqlite3 コマンドの -header オプションは見出しを出力し、-html オプションは出力形式を HTML にする。また、HTML 出力モードでは「<table>」と「</table>」は出力しないので、sqlite3 呼び出しの事前事後に補う必要がある。

### ■ 参考文献

（1）　SQLite Query Language: CRATE TABLE. https://sqlite.org/lang_createtable.html
（2）　SQLite Query Language: CRATE VIEW. https://sqlite.org/lang_createview.html
（3）　Datatypes in SQLite Version 3. https://sqlite.org/datatype3.html

## 2.4 シェルスクリプトの最低限の知識

シェルのインタプリタとしての文法をまとめておく。以下の説明は、The Open Group Base Specifications Issue 6 IEEE Std 1003.1, 2004 Edition（http://pubs.opengroup.org/onlinepubs/009695399/utilities/xcu_chap02.html）に準拠するシェルを想定したものとなっている。一部のシェルは仕様が異なる部分があることに注意する必要がある。

### 2.4.1 パラメータと変数

$記号にシンボルを続けると**パラメータ**として別の値に展開される。パラメータのうち、シンボルが英数字とアンダースコア（_）だけ（ただし先頭は数字以外）で構成されるものを**変数**という。

#### 特殊パラメータ

シェルには特別な意味を持つパラメータがある。

**表2.19●特殊パラメータ**

| パラメータ | 説明 |
| --- | --- |
| 1、2、3、…… | 1以上の整数は**位置パラメータ**といいシェルスクリプト起動時に与えられたコマンドライン引数の1番目、2番目、3番目、……の値が順に入る。 |
| * | 位置パラメータすべてに展開される。ダブルクォート内で用いた場合はそれらすべてを空白区切りで結合した単一文字列に展開される。空白区切りは変数IFSの1文字目で変更できる。 |
| @ | 位置パラメータすべてに展開される。ダブルクォート内で用いた場合は位置パラメータすべてを別々の文字列として展開される。 |
| # | 位置パラメータの個数に展開される。 |
| ? | 直前のパイプライン（後述）の終了コードに展開される。 |
| - | シェル自身に与えられたオプションフラグ文字に展開される。 |
| $ | シェル自身のプロセスID（PID）に展開される。 |
| ! | 直前に起動されたバックグラウンドプロセスのPIDに展開される。 |
| 0 | シェル自身、またはシェルスクリプトのパス名に展開される。 |

$@ と $* の違いについては次のシェルスクリプトを利用して確実に理解しておきたい。

**リスト2.14 ● args.sh**

```sh
#!/bin/sh
arginfo() {        # 関数（やコマンド）に与えた引数の状態を調べるための関数
  n=1
  for i; do        # 第1引数から最後の引数までを1つずつ取り出してprintfする
    printf "%2d: %s\n" $n "$i"
    n=$((n+1))
  done
}
echo '$* expansion'
arginfo $*
echo '"$*" expansion'
arginfo "$*"
echo '$@ expansion'
arginfo $@
echo '"$@" expansion'
arginfo "$@"
```

3つの引数「yes」、「Let's try」、「This is a pen.」を与えて起動してみた結果を示す。

```
$ ./args.sh yes "Let's try" This\ is" a pen."
$* expansion
 1: yes
 2: Let's
 3: try
 4: This
 5: is
 6: a
 7: pen.
"$*" expansion
 1: yes Let's try This is a pen.
$@ expansion
 1: yes
 2: Let's
 3: try
 4: This
```

```
 5: is
 6: a
 7: pen.
"$@" expansion
 1: yes
 2: Let's try
 3: This is a pen.
```

$* と $@ いずれもダブルクォート外では空白ごとに別々の文字列に展開されるが、ダブルクォート内では、位置パラメータごとに別々の引数に展開される。引数の個数を保ちたい場合は "$@" を利用する。

次の変数はシェルスクリプトの実行に重要である。

**表2.20●シェルスクリプトの実行に重要な変数**

| 変数 | 説明 |
| --- | --- |
| IFS | 単語（引数）区切りとみなす文字を列挙した値を格納する。デフォルトは空白（ASCII コード 0x20）、タブ(0x08)、改行(0x0a) の 3 文字の並びである。IFS が未定義のときはデフォルト値にしたがう。 |
| PATH | コマンド検索パス。入力されたコマンドにスラッシュが含まれない場合にどのディレクトリを探すかをコロン区切りで列挙しておく。シェルスクリプト起動時にはそれを起動したプロセスの $PATH が継承されているため予定外のコマンドが起動される可能性に注意する。必要ならスクリプトの先頭で PATH の値を定義しておく。 |
| PWD | 現在の作業ディレクトリをつねに保持している。 |

### ■ 変数への代入

変数への代入は

*変数=値*

の書式で行なう。イコールの前後に空白を入れない（変数の部分が実行コマンドと解釈されてしまうため）。

*変数=*

とすると、変数の値を空文字列にするが変数自体は存在する。変数定義そのものを抹消したい場合は unset 変数とする。

## ■ 位置パラメータの操作

位置パラメータは、シェルスクリプト起動時に自動的にセットされるがスクリプト起動途中にセットし直すこともできる。

```
set -- 引数並び...
```

とすると、任意個並んだ引数並びを順に位置パラメータにセットする。それまでの値は捨てられる。

shift コマンドは、先頭の位置パラメータの $1 を捨て、$2 を $1 に、$3 を $2 に、…、と順に前に詰める。shift N と自然数を指定するとその数だけ前に詰める。

## ■ パラメータ展開

$ 記号によりパラメータ展開がされる。パラメータ（変数）名の境界を明確化するために中括弧 { } を用いることができる。たとえば変数 foo の展開直後に文字列 "bar" を記したければ ${foo}bar と書けばよい。また、中括弧を用いた展開では展開結果を操作するためのフラグを利用できる。

**表2.21●パラメータ展開**

| 記述 | 説明 |
|---|---|
| ${*param*:-*str*}<br>${*param*-*str*} | デフォルト値の供給。*param* が未定義か空文字列なら *str* に、それ以外は変数の値に展開する。「:-」の部分をコロンなしの「-」にすると、変数が未定義の場合のみ *str* になる。以後、コロンの有無の違いは空文字列を未定義として扱うか、そのままで扱うかの違いである。 |
| ${*param*:=*str*}<br>${*param*=*str*} | デフォルト値の代入。*param* が未定義か空文字列なら変数に *str* を代入しその値に、それ以外は変数の値に展開する。位置パラメータなどの特殊パラメータには代入できない。変数へのデフォルト値の代入のみを行ないたい場合は<br>`: ${parameter:=initial}`<br>のように書く。コロンコマンドは必ず真を返し引数を受け流すだけのものである。 |
| ${*param*:?*str*}<br>${*param*?*str*} | 必須変数の検査。*param* が未定義か空文字列なら、エラーメッセージとして *str* を出力してシェルを exit する。それ以外は変数の値に展開する。*str* は省略でき、その場合はデフォルトのエラーメッセージとなる。 |

## 2.4 シェルスクリプトの最低限の知識

| 記述 | 説明 |
|---|---|
| ${*param*:+*str*}<br>${*param*+*str*} | 条件つき文字列展開。*param* が未定義か空文字列なら空文字列に展開し、それ以外は *str* に展開する。典型的には区切り文字を利用して複数の値を保持する変数の、区切り文字の必要性を場合分けするときに使用する。たとえば、PATH 変数はコロン区切りでコマンド検索パスを保持するが、これに何かの値を足そうとして<br>PATH=${PATH}:/usr/local/bin<br>とすると、元の PATH の値が空だったときに PATH=:/usr/local/bin となる。これを防ぐには「PATH が空文字列でない場合のみ : に展開する」ように、<br>PATH=${PATH}${PATH:+:}/usr/local/bin<br>とする。 |

上記の *str* の部分は、必要とされたときに初めて評価される。たとえば、

```
${foo:-`shutdown -h now`}
```

は、foo 変数に空でない文字列が入っていれば shutdown は実行されない。バッククォートはコマンド実行した標準出力を文字列化した値に展開する（後述）。

### ■ パラメータ置換時の部分文字列取得

パラメータの値展開のときに、定義されている値の一部を切り取ることができる。

### %%、% — 末尾切り取り（先頭残し）

```
${param%%pattern}
```
または
```
${param%pattern}
```

は、値の末尾から見てシェルパターン *pattern* にマッチする部分を除去した値に展開される。%% はパターンにマッチする最長部分を、% は最短部分を除去する。利用例を示す。

- ディレクトリ名の取り出し（最短マッチ % の利用）

```
$ x=/usr/local/bin/zsh
$ echo ${x%/*}
/usr/local/bin
```

- 代入の変数名の取り出し（最長マッチ %% の利用）

```
$ y=a=b=c=d
$ echo $y
a=b=c=d
$ echo ${y%%=*}
a
```

「=」が複数あった場合に、最初の「=」を代入とみなす場合の例である。

## ##、# — 先頭切り取り（末尾残し）

${param##pattern}
または
${param#pattern}

は、値の先頭から見てシェルパターン pattern にマッチする部分を除去した値に展開される。## は最長部分を、# は最短部分を除去する。

- ファイル名部分の取り出し（最長マッチ ## の利用）

```
x=/usr/local/bin/zsh
echo ${x##*/}
zsh
```

- 代入の値部分の取り出し（最短マッチ # の利用）

```
y=a=b=c=d
echo $y
a=b=c=d
echo ${y#*=}
b=c=d
```

## 2.4.2　シェルコマンド

コマンド起動は次のいずれかの形式を持つ。

**単コマンド**　　コマンド名と 0 個以上の引数指定を含む。
[例] somecommand -x a foo bar
すべてのコマンド起動の基本要素となる。コマンド起動の前に変数への代入を 0 個以上付加することもできる。

*変数=値　コマンド　[　引数並び　]*

**パイプライン**　1 個以上の単コマンド起動をパイプ記号（|）で結んだものである。

*[!]単コマンド1　[　|　単コマンド2　...　]*

各パイプの前に書いたコマンドの標準出力と、後ろに書いたコマンドの標準入力がつながれる。最後のコマンドの終了コードがパイプライン全体のものとなる。パイプラインの前に！記号を前置すると、終了コードの意味が反転される。

### ■ バックグラウンド実行

コマンド起動の最後に「&」をつけると、コマンド終了を待たずバックグラウンドで起動する。

*コマンド1　&　[　コマンド2　&　...　]*

### ■ 連続実行

コマンド起動の後ろに「;」(セミコロン) をつけて、同じ行に次のコマンド起動を記述できる。

## ■ グルーピング

複数のコマンドをまとめてグループ化できる。

**表2.22●グルーピング**

| 記述 | 説明 |
| --- | --- |
| ( コマンドリスト ) | コマンドリストをサブシェル環境で実行する。サブシェルは fork() した先の別プロセスで実行されるため、サブシェル内で設定した変数はサブシェル実行終了と同時に消え、元のシェルには伝播しない。 |
| { コマンドリスト ; } | コマンドリストを現行シェル環境で実行する。グループ内で設定した変数はグループ終了時も残る。ただし、グループをパイプの1要素としたときはサブシェル化されるので、変数値やカレントディレクトリを変更しても現行シェルに影響を与えない。 |

パイプラインの有無による挙動を例示する。

```
$ cd /
: パイプなし ( ) のグルーピング
$ (cd /tmp; echo yeah)
yeah
$ pwd
/
: パイプなし { } のグルーピング要空白と末尾セミコロン
$ { cd /tmp; echo yeah;}
yeah
: 現行シェル環境での実行なのでPWDが変わる
$ pwd
/tmp
: パイプあり { } のグルーピング
$ { cd /; echo yeah;} | cat
yeah
: サブシェル環境での実行なので現行シェルでは /tmp のまま
$ pwd
/tmp
```

複数のコマンド出力をまとめてファイルにリダイレクト(後述)するときに { } が利用できる。

```
{ echo "===== `date` ====="
  command1
  command2
} > output.txt
```

## ■ AND/OR

2つのコマンドを && や || でつなぐと条件つき連続実行となる。

*コマンド1 && コマンド2*

&& では、コマンド1 の実行が真（終了コードが 0）の場合に限ってコマンド2 を実行する。

*コマンド1 || コマンド2*

|| では、コマンド1 の実行が偽（終了コードが 0 以外）の場合に限ってコマンド2 を実行する。2 つのオペレータは同じ優先順位を持ち、左にある結合から順に評価されるため、

*A || B && C*

とした場合は、A || B が先に評価され && C に進む。

```
$ true || echo yes && echo YES
YES
$ false || echo yes && echo YES
yes
YES
```

## ■ 制御構造

if、while、case、for 文は制御構造でもあり、グループ化された文（複文）としても振る舞う。

## if

ifは条件分岐を記述できる。

```
if コマンド₁
then    ブロック₁  # コマンド₁が真のときに実行されるブロック
elif コマンド₂
then    ブロック₂  # コマンド₂が真のときに実行されるブロック
   :
else
    ブロックELSE  # 上記コマンドすべて偽のときに実行されるブロック
fi
```

コマンド₁などの部分は単コマンド、グループ化された文いずれも該当する。

```
$ if false || false || false || true; then
>     echo TRUE
> else
>     echo FALSE
> fi
TRUE
```

if文全体の終了コードは最後に実行されたコマンドの終了コードである。

## while、until

whileはループを記述できる。

```
while コマンド
do
  ...
done
```

コマンドが真を返したら内部ブロックを実行し、またwhileに戻る。偽を返したらwhile文を終了する。while文全体の終了コードは、内部ブロックが実行された場合はその最後の終了コード、一度も実行されなかった場合は0である。

until はコマンドが偽を返す間繰り返すという点以外は while と同じである。

### case

case はパターンマッチの利用できる値選択分岐を記述できる。

```
case 文字列 in
  パターン1) ブロック1 ;;
  パターン2) ブロック2 ;;
      :
esac
```

esac 直前の「;;」は省略可能である。パターンにはシェルのメタキャラクタを利用したワイルドカード規則が使える。

**表2.23●パターンで使えるワイルドカード規則**

| 記述 | 説明 |
| --- | --- |
| ? | 任意の1字にマッチ |
| * | 任意の文字列にマッチ |
| [ ... ] | 文字クラス |

　パターンは、f*|x* のように縦棒で区切って複数指定できる。また、パターンマッチはファイル名マッチと違い、スラッシュを特別扱いしない。たとえば、ファイル名マッチで s* としても subdir/file にはマッチしないが、case のパターンマッチの文字列が foo/bar だった場合、f* というパターンでもマッチする。

　文字クラス指定では、括弧内に列挙したどれか1字にマッチを意味する。[0123456789] は ASCII 数字のいずれか1字とのマッチを意味する。文字コードが連続するものはハイフンでまとめて [0-9] のように書ける。意味の反転、つまり「どれか1字にマッチしない」場合の指示は括弧内の先頭に！を指定する。たとえば、[!a-z] は小文字英字以外の1字にマッチ、を意味する。

　case 全体の終了コードは、どのパターンもマッチしなかった場合は 0、それ以外は最後に実行されたコマンドのものとなる。

## for

for は単語群に対する繰り返しを記述できる。

```
for i [ in 単語... ]
do
  ...
done
```

指定した単語が展開された結果すべてを1つ1つシェル変数 i に代入して内部ブロックを繰り返し実行する。単語を省略した場合はその時点で定義されている位置パラメータに対して繰り返す。

## break、continue

while、for のループは、break で中断、continue で次回繰り返しに飛ぶことができる。いずれも自然数 n を後置すると内側から数えて n 段階のループへの適用となる。たとえば「break 3」とするとその位置から数えて外側 3 つ目にあるループを抜ける。

## 制御構造も文であること

制御構造の判定部分に別の制御構造を入れたり、制御構造をパイプラインの一要素としても正しく実行される。いくつか例を示す。

```
while read x &&         # 標準入力から1行読み x に入れる
      case $x in        # read x が成功したら case に進む
          [Yy]*) true ;; # Yかyで始まる文字列なら true
          *) false    ;; # そうでなければ false
      esac
do                      # Yかyで始まる文字を入れ続ける限り
  echo はい!             #「はい!」と出し続ける
done
```

while の条件指定部分に && により連結されたコマンド実行を指定している。次の例は無意味だが、パイプの途中で起動するコマンドを切り替えている。

```
cal | { echo "行番号をつける=1、つけない=2" >&2  # 標準エラー出力へ
      read n < /dev/tty          # 標準入力はパイプなので端末は /dev/tty
      case $n in
        1) cat -n ;;
        *) cat ;;
      esac } | sed 's/^/]/'      # パイプの途中の { } はサブシェル

echo "n=[$n]"                    # 変数nは残らず "n=[]" とだけ出力される
```

## test コマンド

if や while の条件を指定するために test コマンドが多用される。

```
test 式
[ 式 ]
```

いずれかの書式で用いて式の部分を評価した結果を真（終了コード 0）、偽（終了コード 1）で返す。詳細はシステム付属のマニュアル test(1) に譲り、ここでは本書で多用するもの、それに関連するものを抜粋して示す。

**表2.24● testコマンドのオプション**

| オプション | 説明 |
| --- | --- |
| -d *file* | *file* が存在するディレクトリなら真 |
| -e *file* | *file* が存在するなら真（ファイルの種別問わず） |
| -f *file* | *file* が存在する通常ファイルなら真 |
| -r *file* | *file* が読み取り可能なら真 |
| -w *file* | *file* の書き込み属性があれば真（readonly マウントでも真を返す） |
| -x *file* | *file* の実行属性があれば真 |
| -s *file* | *file* が 1 バイト以上のファイルなら真 |
| -n *str* | *str* が空文字列でなければ真 |
| -z *str* | *str* が空文字列なら真 |
| *file1* -nt *file2* | （Newer Than）*file1* が *file2* より新しければ真 |
| *file1* -ot *file2* | （Older Than）*file1* が *file2* より古ければ真 |
| *str1* = *str2* | *str1* と *str2* が文字列として等しければ真 |
| *str1* != *str2* | *str1* と *str2* が文字列として異なっていれば真 |
| *n1* -eq *n2* | *n1* と *n2* が数値として等しければ真（整数限定、以下同様） |
| *n1* -ne *n2* | *n1* と *n2* が数値として異なれば真 |

| オプション | 説明 |
| --- | --- |
| n1 -gt n2 | n1 が n2 より数値的に大きければ真 |
| n1 -ge n2 | n1 が n2 より数値的に大きいか等しければ真 |
| n1 -lt n2 | n1 が n2 より数値的に小さければ真 |
| n1 -le n2 | n1 が n2 より数値的に小さいか等しければ真 |
| 式1 -a 式2 | 式1 と式2 がともに真なら真 |
| 式1 -o 式2 | 式1 と式2 のいずれかが真なら真 |
| ( 式 ) | 式が真なら真 |

　オプションさえ覚えれば文法的には難しくない test コマンドだが、使用時に注意しなければならない点がある。

### test コマンドの癖

　test コマンドはハイフンで始まるオプションで評価処理を切り替える。それゆえ評価対象の文字列がハイフンで始まるとオプションと誤判定される。たとえば、シェル変数 v の値が yes か否かを判定したい場合。自然に考えると

```
if [ $v = yes ]; then
  ...
fi
```

と書きたくなるが、v="no = no -o foo" と代入されていると上記の if は

```
if [ no = no -o foo = yes ]; then
```

となり、test コマンドは真を返す。$v が複数の引数に展開されないようクォートして

```
if [ "$v" = yes ]; then
```

と書き変えたとする。これも不十分で、v='!' でこれを実行すると test コマンドには

```
! = yes
```

という式が渡るので

```
test: argument expected
```

のようなエラーとなる。これらの問題を解決するには、文字列比較には、「オプション解釈されないダミー文字列を前置」し、「変数展開はダブルクォート」する。つまり以下のようにするのが定石である。

```
if [ x"$v" = x"yes" ]; then
```

yes はクォートの必要はないが、敢えて括ることでダミー文字列 x との違いを明確化できる。

## 2.4.3 クォート規則

特殊文字の持つ特別な意味を消したいときは、バックスラッシュ、シングルクォート、ダブルクォートのいずれかでクォートする。

### ■ バックスラッシュ

バックスラッシュの次の文字の特別な働きを消す。

```
$ echo a      b      c
a b c
$ echo a\ \ \ \ \ \ \ \ \ b      c
a        b c
```

スペースは通常引数を区切る働きを持ち、何個連ねても区切りの働きは 1 つである。

### ■ シングルクォート

2 つのシングルクォートの間の文字の持つすべての特別な働きを消す。

```
$ echo The value "of" HOME is    $HOME
The value of HOME is /home/yuuji
$ echo 'The value "of" HOME is    $HOME'
The value "of" HOME is    $HOME
```

シングルクォート文字そのものだけはシングルクォートでクォートできない。

### ■ ダブルクォート

2つのダブルクォートの間の文字のうち、$、`（バッククォート）、\（バックスラッシュ）以外の文字の持つ特殊な意味を消す。つまりダブルクォート内でも$によるパラメータ展開、バッククォートによるコマンド出力置換は機能する。

ダブルクォート内のバックスラッシュは、$、バッククォート、ダブルクォート、改行文字だけに作用する。

```
$ echo  1\2 \ 1\\2
12  1\2
$ echo "1\2 \ 1\\2"
1\2 \ 1\2
$ echo "ab
cd\
ef"
ab
cdef
```

## 2.4.4 コマンド置換

既に例に登場しているが、バッククォートは括られた文字列をコマンドとして**サブシェル環境で起動**し、得られた出力（標準出力に出されたもの）に置き換えられる。

```
: $SHELL が /bin/sh の場合
$ dirname $SHELL
/bin
$ cd `dirname $SHELL`
: → /bin に移動する
```

バッククォートによるコマンド置換は \` でネストできる。

```
: シェルスクリプトの存在する実ディレクトリを得る定石
: $0 にある起動スクリプト名のディレクトリ部分を利用する
$ mydir=`cd \`dirname $0\`; pwd -P`
: → cd `dirname $0` してから pwd -P した結果を mydir 変数に代入
```

## 2.4 シェルスクリプトの最低限の知識

コマンド置換は $( コマンド ) でも記述でき、この場合は任意にネストできる。

コマンド置換では出力文字列の**末尾が改行文字だった場合は 1 つだけ**削除される。

コマンド置換のフィールド分割の挙動を正確に把握することは重要である。コマンド置換を代入で用いたときは単一文字列のように振る舞うが、コマンド置換をダブルクォートせずに、コマンド引数位置に書くと、IFS 変数の値に応じて複数の引数に分割される。

```
: 代入の右辺は空白分割できない
$ x=a b c
b: not found
$ echo a b c
a b c
: コマンド置換では1つの文字列として代入できる
$ x=`echo a b c`
$ echo $x
a b c
: しかし引数として渡すと展開後が空白（$IFS）で引数分割される
$ test `echo a b c` = "a b c" && echo OK
test: b: unexpected operator
: これは test a b c = "a b c" と展開されるからである。
: 1引数にするにはダブルクォートで括る必要がある
$ test "`echo a b c`" = "a b c" && echo OK
OK
```

この性質を利用すると出力から改行文字を除去できる[注6]。

```
$ printf 'a\nb c'
a
b c
$ x=$(printf 'a\nb c')
: x自体には改行文字が含まれる。
$ echo 1:$x 2:"$x"
1:a b c 2:a
b c
: echo $x は改行文字を引数区切りとして処理するので3引数になるが、
: "$x" は改行と空白をまとめて1引数のままにする。
$ x=$(echo $(printf 'a\nb c'))
```

---

注6 zsh では setopt sh_word_split するか、$ 変数の部分を ${= 変数 } に置き換えると同じ結果が得られる。

```
: echoの引数になった時点で改行は引数分割として使われて消える。
$ echo 1:$x 2:"$x"
1:a b c 2:a b c
```

注意点をまとめておく。

- コマンド置換はサブシェル環境で実行される。
- コマンド置換をダブルクォートで括らないと引数分割され、改行、タブ、空白はフィールド分割のために消える。
- コマンド置換の値を変数に代入するときはダブルクォートなしでも単一文字列として扱われる。改行、タブ、空白はそのまま残る。

また、$(...) 内にサブシェルコマンドを書く場合は、

```
x=$( (command) )
```

と括弧の内側に空白をおいて、以下で述べる算術展開の記法と同じにならないように注意する必要がある。

## 2.4.5 算術展開

整数や、整数を値に持つ変数で整数範囲で計算した結果を得ることができる。

```
$ i=10
$ echo $(($i*2)) $((i*2)) $((i/3)) $((i%3))
20 20 3 1
```

$((...)) の内側の変数は $ なしでも値に展開される。

## 2.4.6 リダイレクト

### 入出力切り替え

ファイル記述子 n 番の入出力先を切り替えることができる。表中の括弧内の整数は n を省略したときの番号である。

**表2.25●リダイレクト**

| 記述 | 説明 |
|---|---|
| [n]> file | ファイル記述子 n の出力先を file にする (1)。 |
| [n]>\| file | ファイル記述子 n の出力先を file にする (1)。シェルの -C オプションが有効でもファイルを上書きする。 |
| [n]>> file | ファイル記述子 n の出力先を file にする (1)。内容はファイルの末尾に追記する。 |
| [n]< file | ファイル記述子 n の入力を file にする (0)。 |
| [n1]<&n2 | 入力用ファイル記述子 n1 に n2 を複写する (0)。 |
| [n1]>&n2 | 出力用ファイル記述子 n1 に n2 を複写する (1)。 |
| [n]<&- | 入力用ファイル記述子 n を閉じる (0)。 |
| [n]>&- | 出力用ファイル記述子 n を閉じる (1)。 |

これらの切り替えはコマンド行のどこにでも置ける。

```
> file echo foo bar
echo > file foo bar
echo foo > file bar
echo foo bar > file
```

上記いずれも "foo bar" が file に出力される。

入出力切り替えは同時に起動するコマンド環境のみの適用で、次のコマンドラインには影響が残らないものだが、シェル組込みコマンド exec を使うと恒久的な切り替えができる。exec は直後にコマンドを付けて呼ぶとシェルの現行プロセスをそのコマンドに置き換える（exec する）が、コマンドを付けずに入出力切り替えだけを行なうと、シェルにとっての恒久的なファイル記述子の切り替えを行なう。

```
exec > logfile
```

とすると以後そのシェルのすべての標準出力が logfile に書かれる。インタラクティブシェルでこれを行なうと以後の出力が画面に得られないので注意する。また、サブシェルでこの切り替えを行なうと、サブシェルが終了するまでの適用になる。たとえば、以下のようにするとサブシェルで起動するコマンドのログを取ることができる。

```
( exec > logfile
  date
  ls)
```

先頭の exec によりサブシェル環境の標準出力が logfile になり、date と ls いずれの出力もそのファイルに行く。

### ■ ヒアドキュメント

ヒアドキュメントはシェルスクリプトでは多用するので活用したい。

#### 基本書式

```
[n]<<WORD
```

とすると、次に WORD が現れる行までの内容をファイル記述子 $n$ の入力とする。$n$ を省略した場合は標準入力への内容となる。

```
wc -l<<EOF
The quick brown fox jumps over the lazy dog.
That's all.
EOF
```

は、太字部分の内容が wc -l に送られる。区切り単語に挟まれたデータ部分では、$ によるパラメータ展開と、コマンド置換が利用できるが、<< の直後に書く単語をクォートすると展開されずそのまま送られる。

```
$ cat<<EOF
> User=$USER, PWD=`pwd`
> EOF
User=yuuji, PWD=/home/yuuji
```

: (1)バックスラッシュでクォート
```
$ cat<<\EOF
> User=$USER, PWD=`pwd`
> EOF
User=$USER, PWD=`pwd`
```
: (2)ダブルクォートでクォート（シングルクォートでも同様）
```
$ cat<<"EOF"
> User=$USER, PWD=`pwd`
> EOF
User=$USER, PWD=`pwd`
```

## ヒアドキュメントの連続

1行にヒアドキュメント指定を2つ以上書くこともできる。1つ目のデータ記述が終わったらすぐ次のものを書けばよい。

```
cat<<EOM; cat<<EOM;
Hello,
EOM
World!
EOM
```

## ヒアドキュメントからの連続パイプ

SQLをシェルスクリプトから利用する場合は、問い合わせ文をヒアドキュメントでsqlite3コマンドに供給し、得られた問い合わせ結果をさらに別のフィルタコマンドに与える使い方を多用する。フィルタ処理がそれなりに長くなる場合は次のようにヒアドキュメント指定行をパイプ記号だけで終わらせておき、データ記述の次の行に続きを書くとよい。

```
sqlite3 database.sq3<<endSQL |
SELECT uid,uname,login,logout
FROM users u LEFT JOIN lastlog l USING uid;
endSQL
awk -F'|' ... | 次のフィルタ | さらに次のフィルタ
```

上記の例では、awkコマンドからのパイプラインはsqlite3からの出力を受け取って動く。

# 2　簡単な投票システムの作成

## ヒアドキュメントとソースのインデント

　ヒアドキュメントの区切りを示す単語をハイフン（-）で始めると、データ終端までの各行の先頭から連続するタブ文字を除去したデータになる。

```
# TAB 除去ありの場合
while true; do
  cat<<-eof
        おはよう！
        eof
done
```

```
# TAB 除去なしの場合
while true; do
  cat<<eof
おはよう！
eof
done
```

　終端にはハイフンを含めない。インデントしている行から始まる場合には便利である。先頭以外のタブや、スペースは削除されない。

## 2.4.7　シェル関数

　一連の処理を**関数**として名前つき手続きにできる。関数定義は以下の書式で行なう。

---

**関数名() 文**

---

　文は単文、またはグルーピングした複文が書ける。下記いずれも関数定義である[注7]。

```
sql()    sqlite3 -cmd ".timeout 3000" database.sq3 "$@"

args()   for i
         do echo "$i"
         done

japan() { unset LC_ALL; export LANG=ja_JP.UTF-8; }

sumcsv() (
```

---

注7　bash では関数本体定義に単文を書くことはできない。1 文だけでも { ...; } で括る必要がある。

```
    IFS=',' # フィールド区切り文字をいきなり変更。CSVを読むのでカンマにする。
    [ -n "$1" ] && exec < $1      # 引数あれば標準入力を置き換える
    while read id name point; do  # ID,氏名,得点   の並びを想定
        sum=$((${sum:-0} + point))  # ${sum:-0} は sum 未定義なら0
        n=$((${n:-0} + 1))
    done
    printf "%d人受験、合計=%d\t平均=%4.2f\n" $n $sum `echo "$sum/$n"|bc -l`
)
```

1つ目の sql() は、単コマンドを呼ぶ関数である。関数への引数は（その関数ローカルの）位置パラメータとして渡されるので、"$@" が、関数に渡されたすべての引数に展開される。

2つ目の args() は、構成物が for 文である。for はそれ全体で一かたまりの複文である。

3つ目の japan() は { } によるグルーピングであるから、呼び出し元がパイプやバッククォートなどのサブシェル起動でなければ、関数本体も現行シェルで実行されるので、設定したシェル変数は呼び出し元でも継続して利用できる。

最後の sumcsv() は、( ) によってサブシェル化された状態ですべての文が実行されるため、呼び出し方法に依らずつねにサブシェル環境で実行される。よって、関数内で代入されている IFS、id、name、point、sum、n 変数は呼び出し元には残らない。また、第1引数（$1）が与えられている場合に関数内の exec で標準入力をそのファイルに切り替えているが、これも大元のシェルには影響しない。

CPU の速度とメモリが十分な現在では、サブシェルを多用してもシステムに過重な負担を掛けることもなく、マルチコアを利用できる側面もあるので、サブシェルはうまく活用したい。

## 2.4.8 シグナル処理

シェルスクリプトは通常終了することもあれば、突然止められたりすることもある。たとえば処理中に作成した一時ファイルなどは、スクリプト終了時にはきれいに消すなど後片付けの必要があるが、C-c などで止められた場合にもしっかり消す必要がある。スクリプト実行時のシグナルハンドラを設定することでこれらのことが可能となる。シグナル捕捉処理の登録は trap で行なう。

```
trap アクション シグナル...
```

## 2.4.9 一時ファイル処理

一時ファイルを作り、終了時に後始末する流れを示す。一時ファイルを複数作る可能性も考えて、ファイルではなくディレクトリを作成して利用する。

```
tmpd=`TMPDIR=${TMPDIR:-/tmp} mktemp -d -t myname.XXXXXX` || exit 1
cleanup() {
  rm -fr $tmpd
  # その他もろもろの終了処理
}
trap cleanup EXIT INT HUP QUIT TERM
```

この例は cleanup 関数を呼び出す設定である。各シグナルの意味はそれぞれ以下のとおりである。

表2.26●シグナルの意味

| シグナル | 数値による指定 | 意味 |
| --- | --- | --- |
| EXIT | 0 | シェル（スクリプト）の終了時 |
| HUP | 1 | ハングアップ（端末が失われたとき） |
| INT | 2 | 割り込み（ C-c で止めたとき） |
| QUIT | 3 | 終了（ C-\ で止めたとき） |
| TERM | 15 | 中断（kill コマンドで送信するデフォルト） |

## 2.4.10 実行環境

その他、シェルの実行環境に影響を与えるコマンドについて列挙する。

### ■ exec

```
exec [ コマンド ]
```

exec(3) によってコマンドに現行プロセスを譲る。対話的利用ではシェルを切り替えるときに利用する。

```
$ exec zsh
zsh%
```

シェルスクリプトからの利用では、システムのログイン設定用スクリプトなどで、必要な設定をすべて済ませた後最後にデスクトップ環境やウィンドウマネージャプログラムを呼ぶときに利用される。

### ■ umask

現行シェルプロセスの umask(2) を設定する。親プロセスから子へと継承されるものであるため、シェルスクリプトを起動したプロセスの umask を引き継いで始まり、シェルスクリプトから起動するすべてのコマンドやサブシェルに伝播する。注意が必要なのはメイルシステムから起動した場合で、このとき umask は 0077 になっていて、このまま新規にファイル（ディレクトリ）作成すると他者に読めないファイル属性になる。

### ■ set

シェル変数の操作をする。引数なしで起動すると定義されているシェル変数一覧を出力する。シェルスクリプトからの利用では、位置パラメータの設定が主なところで、

```
set -- 引数...
```

とすると、引数... を位置パラメータに設定する。場合によっては配列代わりに使用できる。

### ■ export

変数に export 属性を付ける。シェル変数はシェル内だけのものでシェルから起動する他プロセスには伝わらないが、export 属性のある変数はいわゆる環境変数となり、起動する子プロセスに受け継がれる。

## 2.4.11　サブシェルとの戦い

パイプラインを利用するとパイプ先はサブシェルで実行される[注8]。入力を順次読み取り処理を進めるプログラムでは、パイプの先でデータを受け取りたい。そのような場合に、パイプの先で設定した変数を引続き利用したいことがある。たとえば次のような形式である。

```
count=0
cmd1 | cmd2 ... | while read x y z;
do if 条件; then
      count=$((count+1))
   fi
done
echo ${count}件処理しました
```

この結果は必ず「0件処理しました」となる。whileはサブシェルで動くので、内部で変更されているcount変数は現行シェル環境には影響しない。

多くの人がこの問題に苦しんでいるが、解決法はとても簡単で、「パイプの先を『文』でなく『複文』にする」だけでよい。

```
cmd1 | cmd2 ... | {
  count=0
  while read x y z;
  do if 条件; then
        count=$((count+1))
     fi
  done
  echo ${count}件処理しました
}
```

グルーピングから抜けたらcount変数は消滅するが、むしろグローバル変数が増えないことの方がメリットとして大きい。

関連して、ローカル変数を作るために一部のシェルではlocalコマンドで関数ローカルの変数宣言できる。しかし、これを多用するシェルスクリプトが可搬性を損ねて苦労することがあ

---

注8　kshやzshのようにパイプライン最後のコマンド列が現行シェル環境で実行されるものもあるが、シェルスクリプト化の際はそうでないシェルでも動くようにしたいため、つねに「パイプの先はサブシェル」と考えることにする。

る。可搬性の高いものを作りたければ、関数定義をサブシェル化すればよい。

```
func1() (
  # ここで使用した変数は関数を抜けるとすべて消える
)
```

「関数から抜けて現行環境に渡したい変数」を使いたいのだとしたら大抵悪い設計である。グローバル変数はそもそも極力避けるべきだし、どうしても必要だとしても関数を越えて持ち歩く行った先の関数で再定義するのはバグの温床である。もし、現行シェル環境に変数値を持ち帰りたいなら、変数の代入操作自体が呼び出し元になるようにする。そのための方法はいくつかある。

(1) 値が1つの場合

var=\`func1 ...\` のようにバッククォートで設定すべき値を受ける。

```
func1() {
  if some_condition blah blah blah...; then
    echo value-1
  else
    echo value-2
  fi
}
...
var=`func1`     # func1 で echo した値が入る
```

関数側で echo で返したものを代入できる。

(2) 値が複数の場合

グローバル変数ではなくテンポラリファイルなどの利用を検討する。

```
tmpdir=`mktemp -d -t mytmp.XXXXXX` || exit 1
trap "rm -r $tmpdir" EXIT INT HUP QUIT TERM
func2() {
  echo value1 > $tmpdir/var1
  echo value2 > $tmpdir/var2
  echo value3 > $tmpdir/var3
```

```
        }

        func2
        echo "var1 = `cat $tmpdir/var1`"
```

　(2) のテンポラリファイルもメモリディスク化された /tmp を利用することにより、速度上極端に不利にはならないだろう。もっともそこまで速度を重視する用途では最初から別の言語で書くだろう。程々の速度でよいシェルスクリプトであれば、SQLite データベースはテンポラリファイルの代替用途としても使える。第 3 章以降では一時的な値保存に SQLite を存分に使用して説明を進める。

# 第3章

## 簡単な自動集計システムの作成

### この章の目標

- 集計すべきデータをうまく保持するテーブル作成に慣れる。
- 頻繁に使うSQL文をシェルスクリプト化できるようになる。
- 電子メイルを自動化処理に活かすシンプルな方法を知る。
- SQLでの「縦持ち・横持ち変換」などの操作に慣れる。
- CGIの基本的なしくみを理解する。
- テンポラリファイルに関するさまざまな処理の流れを知る。
- 以上を総合してシェルスクリプト + SQLでCGIプログラムを作成できるようになる。

## 3.1 自動集計に適した処理

次に示す表で想起される類の集計処理をしたことはないだろうか。

(1) 回数の決まった講義の受講者の提出した課題の得点集計のようなもの：

**表3.1●出席課題集計表**

| 学生ID | 氏名 | 1 | 2 | 3 | … | 15 | 合計 |
|--------|------|---|---|---|---|----|------|
| C110123 | 公益太郎 | 10 | 10 | 8 | … | 10 | 140 |
| C110134 | 飯森花子 | 10 | 10 | 10 | … | 10 | 150 |
| C110138 | 高見台一 | 5 | 5 | 10 | … | 6 | 80 |
| C110140 | 緑智子 | 10 | 8 | 10 | … | 10 | 148 |

(2) イベントを行なう日程調整のための集計：

**表3.2●芋煮日程調整表**

| 氏名＼日程候補 | 10/3 | 10/4 | 10/10 | 10/11 | 10/17 | 10/18 |
|----------------|------|------|-------|-------|-------|-------|
| 庄内三十彦 | ○ | - | - | - | ○ | ○ |
| 山形醤二 | ○ | ○ | ○ | ○ | ○ | - |
| 比内芹音 | ○ | ○ | - | ○ | - | - |
| 中山祥一 | ○ | ○ | - | ○ | - | ○ |
| ○の合計 | 4 | 3 | 1 | 3 | 2 | 2 |

(3) アンケートの集計：

**表3.3●アンケート**

| SerialNo | 問1-1 | 問1-2 | 問1-3 | 問2-1 | 問2-2 | 自由記述欄 |
|----------|-------|-------|-------|-------|-------|------------|
| e0001 | A | B | A | C | D | 待ち時間が長かった |
| e0002 | A | A | A | A | A | とにかくサイコー |
| ⋮ | | | | | | |
| e0984 | A | C | C | C | A | スタッフは丁寧に対応してほしい |

### 3.1.1 集計表のRDB化

いずれも、Webや電子メールなどを介して自動的に入力するインタフェースさえ用意できれば、人力で管理しなくてもよくなり集計者の時間が節約できそうなものばかりである。

## 3.2 得点集計システムの構築

### 3.2.1 得点集計のためのテーブル設計

たとえばまず、出席課題集計表（表3.1）の例を見てみよう。表計算プログラムを使って手動でちまちま打ち込むのであれば、おそらくこのような見出し行を作って管理するだろう。

| 学生ID | 氏名 | 1 | 2 | 3 | 4 | 5 | 6 | 7 | 8 | 9 | 10 | 11 | 12 | 13 | 14 | 15 | 合計 |
|---|---|---|---|---|---|---|---|---|---|---|---|---|---|---|---|---|---|

そしてこれを念頭に置いて素直にRDBのテーブルを設計をすると以下のような定義をするかもしれない。

**リスト3.1●点数を横長に保持するテーブル設計**

```
CREATE TABLE scores(
  id TEXT PRIMARY KEY, name,
  s1, s2, s3, s4, s5, s6, s7, s8, s9, s10, s11, s12, s13, s14, s15
  -- 合計は計算で求めるのでカラムには含めない
);
```

しかしこのようなテーブル定義は間違いではないが柔軟な対応ができない。たとえば、15回で終わらず補習のような回が必要になった場合だとか、最初に決めた回数と異なる場合にどうすべきか困ることになる。SQLite3では既存テーブルの最後のカラムの後ろにさらにカラムを追加することはできるが、途中にはできない。

# 3 簡単な自動集計システムの作成

表計算用の見出し行（合計を除く）をよく観察すると、それぞれの見出しは以下の3群に分類できる。

| 主キー | 主キーとつねに結び付く値 | 講義の「回」という共通した属性 ||||||||||||||||
|---|---|---|---|---|---|---|---|---|---|---|---|---|---|---|---|
| 学生ID | 氏名 | 1 | 2 | 3 | 4 | 5 | 6 | 7 | 8 | 9 | 10 | 11 | 12 | 13 | 14 | 15 |

まず、2.3.1節の「更新管理しやすいものにする」項で述べたように、主キーとつねに結び付くものは別の表に分ける。

**表3.4 ● studentsテーブル**

| sid | name |
|---|---|
| C110123 | 公益太郎 |
| C110134 | 飯森花子 |
| C110138 | 高見台一 |
| C110140 | 緑智子 |

さて、講義の「回」については、いずれも同じ性質のカラムであるが、これは「講義の回」を表すカラムのみを作成し、その回に対応する得点を格納するカラムを作る。つまり、以下のような格納形式とする。

**表3.5 ● 出席課題得点表（lectptsテーブル）**

| 学生ID(sid) | 講義回 (nlec) | 得点 (pts) |
|---|---|---|
| C110123 | 1 | 10 |
| C110123 | 2 | 10 |
| ⋮ |||
| C110123 | 15 | 10 |
| C110134 | 1 | 10 |
| C110134 | 2 | 10 |
| ⋮ |||
| C110140 | 15 | 10 |

このようにすることで、合計得点を求めるなどの集計処理もしやすくなる。上記の表を以下

のようなテーブル定義で行なったとする。

```
CREATE TABLE students(sid PRIMARY KEY, name);
CREATE TABLE lectpts(sid, nlec, pts,
       FOREIGN KEY(sid) REFERENCES students(sid));
```

学生ごとの得点合計を得たければ、集約関数 sum() で、pts カラムの合計を sid ごとに求めればよい（GROUP BY sid）。

```
sqlite> SELECT sid,sum(pts) FROM lectpts GROUP BY sid;
C110123,140
C110134,150
C110138,80
C110140,148
sqlite> SELECT l.sid,s.name,sum(l.pts)
   ...> FROM lectpts l JOIN students s ON l.sid=s.sid -- 別名定義: l=lectpts s=students
   ...> GROUP BY l.sid;
C110123|公益太郎|140
C110134|飯森花子|150
C110138|高見台一|80
C110140|緑智子|148
```

もしこれが点数を横長に保持するテーブル設計（リスト 3.1）の scores テーブルのような設計だとしたら、学生ごとの合計点は以下のような問い合わせになる。

```
SELECT id,s1+s2+s3+s4+s5+s6+s7+s8+s9+s10+s11+s12+s13+s14+s15 FROM scores;
```

回数が 15 回だから何とかなるものの、さらに増えた場合を考えると拡張性に乏しいことが想像できる。

表計算プログラムに慣れていると同種の値の並びを横方向に並べがちだが、集約させたい場合は同じカラムに縦に並べる。

## 3.2.2　合計点自動集計システムのスクリプト化

前節をふまえて、得点集計システムを自動的に行なうシェルスクリプトシステムを構築しよう。課題の成績集計に限らず、1 つの主体が複数の得点的なものを持つような集計であれば同

様の手法で構築できる。

### ■ 操作インタフェースの設計

　SQLは慣れれば慣れるほどすばやく処理をこなせるようになるが、それでもlessやgrepコマンドを叩くときの手軽さには敵わない。そこで、頻繁に必要になるSQL問い合わせをシェルスクリプトに組み込んでコマンドラインでの処理を効率化できるようにする。また、シェルスクリプトを起動するだけで非対話的にデータの加除ができるようにしておくことで、WebやMailを利用した自動化もしやすくなる。

　ここでは、作成するシェルスクリプト名をscore.shとし、データベースに対する以下の処理への対応を考える。

**表3.6 ●データベースに対する処理への対応**

| 処理 | 対応 |
| --- | --- |
| 初期化 | -i オプションでテーブルの初期化 |
| 登録 | 「学生ID」「回」「得点」をデータベースに登録 |
| 削除 | -d「学生ID」「回」の記録を削除 |
| 集計表示 | -s オプションで学生ごとの得点集計を出力 |
| 特定学生の点数一覧表示 | -l「学生ID」で指定した学生の全得点を出力 |

　「初期化」では、studentsテーブルへの登録学生一覧の読み込みも行なうものとし、そのときの学生一覧はstudents.csvから読むものとする。以上5つの処理はそれぞれ以下のような挙動を想定している。

```
: 初期化
$ ./score.sh -i

: 登録→ C110123の3回目の得点を10点に
$ ./score.sh C110123 3 10

: 削除→ C110123の4回目の記録を削除
$ ./score.sh -d C110123 4

: 集計表示
$ ./score.sh -l
C110123|公益太郎|140
C110134|飯森花子|150
```

```
C110138|高見台一|80
C110140|緑智子|148

: 特定学生の点数一覧
$ ./score.sh -l C110123
sid      1 2 3  4 5 6 7 8  9 10 11 12 13 14 15
C110123  5 5 10 0 5 0 0 5 10  5  5 10  4 10  6

: 再度初期化
$ ./score.sh -i
$ ./score.sh -l
: 空になる
```

## ■ テーブル設計

3.1.1 節「集計表の RDB 化」で示した 2 つの表を定義する（再掲）。

**表3.7 ● students テーブル**

| sid | name |
|---|---|
| C110123 | 公益太郎 |
| C110134 | 飯森花子 |
| C110138 | 高見台一 |
| C110140 | 緑智子 |

**表3.8 ● lectpts テーブル**

| 学生 ID（sid） | 講義回（nlec） | 得点（pts） |
|---|---|---|
| C110123 | 1 | 10 |
| C110123 | 2 | 10 |
| ⋮ | | |

　ただし、シェルスクリプトからの得点情報の追加と修正が容易に行なえるよう lectpts テーブルに UNIQUE 制約を設定する。この件の場合、一人の学生がある特定の回（たとえば第 3 講）の得点は 1 つでなければならない。つまり、学生 ID（sid）と講義回（nlec）の同一の組み合わせが 2 つ以上記録されるべきではないという性質があるので、この 2 つのカラムの組み合わせで UNIQUE 制約を設定する。また、学生 ID は何でもいいというわけではなく、students テーブルに含まれるものでなければならない。まとめると、lectpts テーブルには以下の制約を付与する。

（1）学生 ID（sid）と講義回（nlec）の組み合わせは同一のものは複数登場しない（UNIQUE 制約）

（2）学生 ID（sid）は students テーブルの sid に含まれるどれかでなければならない（外部キー制約）

これを考慮して2つのテーブル定義を以下のように改める。

```
CREATE TABLE students(sid PRIMARY KEY, name);
CREATE TABLE lectpts(
  sid, nlec, pts,
  UNIQUE(sid, nlec),                          -- 制約1
  FOREIGN KEY(sid) REFERENCES students(sid)   -- 制約2
);
```

### ■ テーブル作成処理

成績を登録するときに、テーブルを作成していない状態ではINSERT文が使えない。INSERT文の問い合わせを行なう前に、もしテーブルがない場合にCREATE TABLEをする処理を入れる必要がある。このような場合、テーブルが存在しているか調べ、存在していなければCREATE TABLEする処理が必要となる。

なお、SQLite3で特定のテーブルが存在するかだけを調べたい場合は、SQLite3システム特殊テーブルのsqlite_masterを調べるとよい。sqlite_masterテーブルは以下のような構造である。

```
sqlite> .schema sqlite_master
CREATE TABLE sqlite_master (
  type text,
  name text,
  tbl_name text,
  rootpage integer,
  sql text
);
```

処理中のデータベースファイルに定義されているすべてのテーブル構造が格納されている。このうちnameカラムがテーブル名を保持している。たとえば上述のstudentsテーブルが定義されているかを調べたいときは「name='students'」という条件でsqlite_masterテーブルを引く。

```
: ヘッダ出力をONに
sqlite> .head on

: 存在しない場合は何も出ない
sqlite> SELECT * FROM sqlite_master WHERE name='students';
```

```
: 存在する場合は定義が出る
sqlite> SELECT * FROM sqlite_master WHERE name='students';
type|name|tbl_name|rootpage|sql
table|students|students|2|CREATE TABLE students(sid PRIMARY KEY, name)
```

sqlite_master テーブルには、実際に CREATE TABLE したときの SQL 文が、空白や改行、コメント文そのままで格納される。

このことを用いて、「students テーブルが定義されていなければ 2 つのテーブル作成を行ない、科目登録学生を students.csv ファイルからインポートする」という処理を書くと以下のようになる。

**リスト3.2●CREATE TABLEまでの処理**

```sh
#!/bin/sh
db=score.sq3
query() {
  sqlite3 -cmd 'PRAGMA foreign_keys=ON' $db "$@"
}


tbl=`query "SELECT name FROM sqlite_master WHERE name='students';"`
if [ -z "$tbl" ]; then          # $tbl が空文字列なら
  query<<EOF
CREATE TABLE students(sid PRIMARY KEY, name);
CREATE TABLE lectpts(
  sid, nlec, pts,
  UNIQUE(sid, nlec),
  FOREIGN KEY(sid) REFERENCES students(sid)
);
EOF
  if [ -s students.csv ]; then  # students.csv ファイルが空でなければ
    query<<EOF                   # CSVモードに切り替えてインポート
.mode csv
.import students.csv students
EOF
  fi
fi
```

なお、SQLite3 では「テーブルが定義されていなければ定義する」という処理を以下の 1 文で行なえる。

CREATE TABLE **IF NOT EXISTS** テーブル定義...

これまで使用した「CREATE TABLE」とテーブル名の間に IF NOT EXISTS を挟むことで、テーブルが存在しない場合のみ CREATE TABLE する。もし、これを用いて students、lectpts テーブルを作成するなら以下のように書くことになる。

```
CREATE TABLE IF NOT EXISTS students(sid PRIMARY KEY, name);
CREATE TABLE IF NOT EXISTS lectpts(
  sid, nlec, pts,
  UNIQUE(sid, nlec),
  FOREIGN KEY(sid) REFERENCES students(sid)
);
```

シェルスクリプト的にはこの方がコンパクトになる。

### ■ 1 人分の得点の登録

表 3.6 にあるように、得点登録のとき score.sh は 3 つの引数を、$1 =「学生 ID」、$2 =「回」、$3 =「得点」のように受けるので登録は以下のようなスクリプトとなる。

```
db=score.sq3
sqlite3 $db "REPLACE INTO lectpts VALUES('$1', $2, $3);"
```

lectpts テーブルの第 1 カラム（sid）と第 2 カラム（nlec）には UNIQUE 制約があるので、同じ学生同じ回の得点を繰り返し入力したときは REPLACE により上書きされる。

### ■ 指定した得点の削除

「./score.sh -d *学生ID 回*」としたときに、該当するものを削除するのは以下のようになる（シェル関数 query は前述のものを使用）。

```
query "DELETE FROM lectpts WHERE sid='$1' AND nlec=$2;"
```

該当する sid と nlec の組み合わせがデータベースに登録されていない場合は、削除が起きないだけでエラーにはならない。

## ■ 集計出力

3.2.1 節で学生ごとの得点合計を求めたときに用いた SQL 文を利用する。

```
SELECT l.sid,s.name,sum(l.pts)
FROM lectpts l JOIN students s ON l.sid=s.sid
GROUP BY l.sid;
```

ここまでの部分をシェルスクリプトにまとめると以下のようになる。

**リスト3.3●version0/score.sh**

```
#!/bin/sh
db=score.sq3
query() {
  sqlite3 -cmd 'PRAGMA foreign_keys=ON' $db "$@"
}
tbl=`query "SELECT name FROM sqlite_master WHERE name='students';"`
if [ -z "$tbl" ]; then                   # $tbl が空文字列ならテーブル未定義なので作成
  query<<EOF
CREATE TABLE students(sid PRIMARY KEY, name);
CREATE TABLE lectpts(
  sid, nlec, pts,
  UNIQUE(sid, nlec),
  FOREIGN KEY(sid) REFERENCES students(sid)
);
EOF
  if [ -s students.csv ]; then           # students.csv ファイルが空でなければ
    query<<EOF                           # CSVモードに切り替えてインポート
.mode csv
.import students.csv students
EOF
  fi
fi
if [ x"$1" = x"-d" -a -n "$2" ]; then    # -d オプションなら削除
  query "DELETE FROM lectpts WHERE sid='$1' AND nlec=$2;"
elif [ x"$1" = x"-l" ]; then             # -l オプションなら集計出力
```

```
    query<<-EOF
        SELECT l.sid,s.name,sum(l.pts)
        FROM lectpts l JOIN students s ON l.sid=s.sid
        GROUP BY l.sid;
        EOF
elif [ -n "$3" ]; then                    # 第3引数まで与えられたら登録
    sqlite3 $db "REPLACE INTO lectpts VALUES('$1', $2, $3);"
fi
```

### ■ 特定学生の点数一覧表示

点数一覧表示はすこし考察と工夫を要する。

まず、例としてデータベース初期化状態から、以下のように点数を登録した状態を考える。

```
$ ./score.sh C110123 1 10
$ ./score.sh C110138 1 5
$ ./score.sh C110123 2 10
$ ./score.sh C110138 2 5
$ ./score.sh C110123 3 8
$ ./score.sh C110138 3 10
$ ./score.sh C110123 4 10
$ ./score.sh C110123 5 8
$ ./score.sh C110138 5 5
```

下から2行目と3行目を見ると分かるが、C110138が第4講目を欠席し、得点が登録されていない状態となっている。つまり、次の表のような状態である。

表3.9●欠席して得点が登録されていない例

| 学生ID＼回 | 1 | 2 | 3 | 4 | 5 |
|---|---|---|---|---|---|
| C110123 | 10 | 10 | 8 | 10 | 8 |
| C110138 | 5 | 5 | 10 | NULL | 5 |

状況としては、「第5講まで進んだ状態で、C110123番は全提出、C110138は第4講を欠席した」という途中経過である。この状態から、欠席を含むC110138の得点一覧を

```
sid      1 2 3  4 5
C110138  5 5 10 0 5
```

のような形式で得るためには、第4講の欠席によってその回の得点が記録されていないことにうまく対処する必要がある。まず、C110138の得点一覧を得る問い合わせを行なってみる。

```
$ sqlite3 -header -column score.sq3
sqlite> SELECT * FROM lectpts WHERE sid='C110138';
sid         nlec        pts
----------  ----------  ----------
C110138     1           5
C110138     2           5
C110138     3           10
C110138     5           5
```

この学生の記録だけを調べたのでは第4講の値が得られない。「これまでに点数が記録された講義回すべて」を得るためには、sidを問わずにすべてのレコードからnlecを抽出する。nlecに格納されているすべての値を重複なしで取り出すにはDISTINCT句を用いる[注1]。

```
sqlite> SELECT DISTINCT nlec FROM lectpts ORDER BY nlec;
nlec
----------
1
2
3
4
5
```

この問い合わせで「講義回」のすべての値を得てから、該当学生のその回の得点を得ればよい。そのためにはシェルスクリプトで頑張るか、SQLで頑張るかいずれかとなる。

続く節では、シェル変数idに "C110138" が、nlecsに上記のSELECT文の結果が

```
nlecs=`sqlite3 score.sq3 "SELECT DISTINCT nlec FROM lectpts ORDER BY nlec;"`
```

のように代入されている状態、つまり 1、2、3、4、5 が改行区切りで代入されている状態から、4回目欠席学生 C110138 の得点リスト行を生成する方法2とおりを説明する。

---

注1　DISTINCTを付けない問い合わせも試してみよ。

## シェルスクリプトで頑張る方法

シェル変数 nlecs にある値を 1 つずつ取り出し、該当学生のその回の得点を取り出すループを書けばよい。得点が得られなければ（空文字列ならば）、0 点として処理する。

```
for n in $nlecs; do注2
  p=`sqlite3 score.sq3 "SELECT pts FROM lectpts WHERE sid='$id' AND nlec=$n";`
  printf ' %2d' ${p:-0}
done
```

ここで用いている printf は、C ライブラリの printf() 関数とほぼ同じ働きをするコマンドで、%2d は後続引数の整数を 2 桁幅で整形出力してくれる。後続引数 ${p:-0} は、シェル変数 p の値が空（または未定義）なら "0"、そうでなければ p の値に置換される表記（2.4.1 節の「パラメータ展開」項参照）なので、今回の場合第 4 講の得点問い合わせの結果が空になったときに "0" が出力される。このようにすることで、上記の for 文からは以下のような出力が得られる。

```
 5  5 10  0  5
```

## SQL で頑張る方法

先述のように、どこかの回を欠席した学生の得点一覧を得ようとしても、欠席回が抜けた状態になる。このような場合は、講義回だけを集めたテーブルと該当学生の講義回と得点を集めたテーブルを結合（JOIN）操作する。

**表3.10● 全講義回（t1）**

| 講義回（nlec） |
|---|
| 1 |
| 2 |
| 3 |
| 4 |
| 5 |

×

**表3.11● C110138の得点一覧（t2）**

| 講義回（nlec） | 得点（pts） |
|---|---|
| 1 | 5 |
| 2 | 5 |
| 3 | 10 |
| 5 | 5 |

---

注2　zsh のコマンドラインでこの for 文を試すときは、$nlecs の代わりに ${=nlecs} とする。zsh のデフォルトでは変数の値に空白文字を含む場合でも 1 単語として展開する。空白ごとに単語分解して欲しいときには変数展開時に「=」フラグを付加する。

左の表を t1、右の表を t2 としたときに、t1.nlec=t2.nlec という条件で結合すればよい。このとき、単なる JOIN では、右の表にない値での結合行は生成されないが、左結合（LEFT JOIN）を使うことで、左の表にある nlec がすべて選択される。

```
$ sqlite3 -header -column score.sq3
sqlite> SELECT t1.nlec, t2.pts
   ...> FROM (SELECT DISTINCT nlec FROM lectpts) t1  -- 講義回のみ抽出して t1 とする
   ...> LEFT JOIN
   ...>      -- 該当学生のnlec,ptsを抽出して t2 とする
   ...>      (SELECT nlec, pts FROM lectpts WHERE sid='C110138') t2
   ...> ON t1.nlec=t2.nlec
   ...> ORDER BY t1.nlec;
nlec        pts
----------  ----------
1           5
2           5
3           10
4
5           5
```

　nlec=4 に相当する pts の値は NULL である。今回は「NULL の場合は 0」で置き換えてもらいたいので、SQL の標準関数 **coalesce()** を使用する。coalesce 関数は任意個の引数を取り、初めて現れる NULL でない値を返す。上記の SQL 文 1 行目の t2.pts が NULL だった場合に備え、coalesce 経由に置き換える。

```
sqlite> SELECT t1.nlec, coalesce(t2.pts, 0)
   ...> FROM (SELECT DISTINCT nlec FROM lectpts) t1
   ...> LEFT JOIN
   ...>      (SELECT nlec, pts FROM lectpts WHERE sid='C110138') t2
   ...> ON t1.nlec=t2.nlec
   ...> ORDER BY t1.nlec;
nlec        coalesce(t2.pts, 0)
----------  ----------
1           5
2           5
3           10
4           0
5           5
```

この SQL 文であればどの学生に対しても、欠席により登録のない回の得点を 0 で返す。前項「シェルスクリプトで頑張る方法」で示したのと同じ出力を返すように変更してシェルスクリプト化すると、以下のようになる。

```
sqlite3 score.sq3 <<EOF | tr -d '\n'        # trで改行削除
SELECT printf(" %2d", coalesce(t2.pts, 0))
FROM (SELECT DISTINCT nlec FROM lectpts) t1
LEFT JOIN
     (SELECT nlec, pts FROM lectpts WHERE sid='C110138') t2
ON t1.nlec=t2.nlec
ORDER BY t1.nlec;
EOF
```

ここで新しく利用した SQLite3 の printf 関数について説明する。

SQLite3 の printf は、C ライブラリの printf とほぼ同じ働きをする関数である。カラムの値を printf 書式の %2d つまり 2 桁幅の 10 進数で出力する。この出力結果から tr コマンドにより改行文字（\n）を削除することで以下の出力が得られる[注3]。

```
 5  5 10  0  5
```

もうひとつ、SQLite 固有の集約関数 group_concat を利用する方法を紹介する。

```
group_concat(X)
group_concat(X, Y)
```

結果として得られるすべての X を文字列 Y を区切りとして単一文字列化する。第 2 引数を省略するとカンマ（,）で区切る。

これを用いて上記問い合わせ文を書き変えると以下のようになる。

```
sqlite3 score.sq3 <<EOF
SELECT group_concat(printf("%2d", coalesce(t2.pts, 0)), ' ')
```

---

注3  なお、sqlite3 3.8.6 で導入された -newline オプションで、SQL の問い合わせ結果の行区切り（デフォルトで改行文字）を変更できる。-newline "" とオプション指定して、改行区切りを空文字列に指定することで、tr を利用しなくても複数レコードの出力を 1 行内に展開できる。

```
FROM (SELECT DISTINCT nlec FROM lectpts) t1
LEFT JOIN
    (SELECT nlec, pts FROM lectpts WHERE sid='C110138') t2
ON t1.nlec=t2.nlec
ORDER BY t1.nlec;
EOF
```

### ■ テーブルの初期化

最後に、登録データを「ご破算」にする処理を作る。SQLite3 ではテーブルの有無を調べてテーブルの削除を行なえる IF EXISTS を利用すると単純化できる。

```
DROP TABLE IF EXISTS テーブル...;
```

テーブルが存在するときのみテーブル削除を行なう。したがって、以下のようにすればテーブルの有無にかかわらず 2 つのテーブルを確実に削除できる。

```
DROP TABLE IF EXISTS students;
DROP TABLE IF EXISTS lectpts;
```

## 3.2.3 課題点集計システムの完成

以上の考察をまとめて、仕様を満たすシェルスクリプト score.sh の完成例を示す。

### リスト3.4●score.sh

```
#!/bin/sh
db=score.sq3
query() {
  sqlite3 -cmd 'PRAGMA foreign_keys=ON' $db "$@"
}

create() {                      # テーブルの作成と初期データ登録を行なう関数
  tbl=`query "SELECT name FROM sqlite_master WHERE name='students';"`
  if [ -z "$tbl" ]; then        # $tbl が空文字列なら
    query<<-EOF
```

## 3 簡単な自動集計システムの作成

```
            CREATE TABLE students(sid PRIMARY KEY, name);
            CREATE TABLE lectpts(
              sid, nlec, pts,
              UNIQUE(sid, nlec),
              FOREIGN KEY(sid) REFERENCES students(sid)
            );
            EOF
      if [ -s students.csv ]; then        # students.csv ファイルが空でなければ
        query<<-EOF
            .mode csv
            .import students.csv students
            EOF
      fi
    fi
}

drop() {                                  # テーブル削除を行なう関数
  query<<-EOF
          -- 外部キー制約があるので子テーブルを先に削除
          DROP TABLE IF EXISTS lectpts;
          DROP TABLE IF EXISTS students;
          EOF
  create                                  # 再初期化
}

delete() {                                # レコードの削除を行なう関数
  query "DELETE FROM lectpts WHERE sid='$1' AND nlec=$2;"
}

summary() {                               # 集計表を出す関数
  query<<-EOF
          SELECT l.sid,s.name,sum(l.pts)
          FROM lectpts l JOIN students s ON l.sid=s.sid
          GROUP BY l.sid;
          EOF
}

list() {                                  # 指定した学生の得点リストを出す関数
  # ヘッダを出す
  printf "sid\t"
  query<<-EOF
```

```
            SELECT group_concat(printf('%2d', nlec), ' ')
            FROM (SELECT DISTINCT nlec FROM lectpts ORDER BY nlec);
            EOF
    # 続いて $1 に指定した学生の得点を横並びで出す
    printf "$1\t"
    query<<-EOF
            SELECT group_concat(printf('%2d', coalesce(b.pts,0)), ' ')
            FROM (SELECT DISTINCT nlec FROM lectpts ORDER BY nlec) a
            LEFT JOIN (SELECT nlec,pts FROM lectpts WHERE sid='$1') b
            ON a.nlec=b.nlec;
            EOF
}

while getopts ilsd i; do       # i l s d オプションが有効
  case "$i" in
    i)  job=drop ;;            # -i が指定されたら... 以下同様
    l)  job=list ;;
    s)  job=summary ;;
    d)  job=delete ;;
    \?) exit 1 ;;              # 無効なオプションは異常終了
  esac
done
shift $((OPTIND-1))            # オプション解析の終わった引数をずらす

case $job in
  "")                          # オプション指定なしの場合
    if [ -n "$3" ]; then       # 第3引数=点数 まで与えられたら登録処理
      query "REPLACE INTO lectpts VALUES('$1', $2, $3);"
    fi
    ;;
  *)
    $job "$@"
esac
```

簡単に実行例を示す。データベース中のレコードは以下の状態である。

```
$ sqlite3 score.sq3 'SELECT * FROM lectpts ORDER BY sid'
C110123|1|10
C110123|2|10
C110123|3|8
```

```
C110123|4|10
C110123|5|8
C110138|1|5
C110138|2|5
C110138|3|10
C110138|5|5
$ sqlite3 score.sq3 'SELECT * FROM students ORDER BY sid'
C110123|公益太郎
C110134|飯森花子
C110138|高見台一
C110140|緑智子
```

-s オプションでのサマリ出力：

```
$ ./score.sh -s
C110123|公益太郎|46
C110138|高見台一|25
```

-l オプションで学生 ID を指定してのリスト出力：

```
$ ./score.sh -l C110138
sid     1  2  3  4  5
C110138 5  5 10  0  5
```

## 3.2.4　練習問題：コマンドラインオプションの追加

getopts はしばしば利用するので、ここで練習しておこう。

> **問題**
>
> 前述の score.sh に -L オプションを追加し、-l と同じ横長の得点一覧を出せるようにしたスクリプト score2.sh を作成せよ。ただし、学生 ID の部分は氏名に置き換えて出力するものとする。なお、存在しない ID などのエラー処理は特にしなくてよい。

## 3.2.5 練習問題：解答例

まず -L オプションの追加から。getopts の引数解析に L を追加する。

```
while getopts iLlsd i; do        # i L l s d オプションが有効
  case "$i" in
    i)  job=drop ;;              # -i が指定されたら... 以下同様
    l)  job=list ;;
    L)  job=list2 ;;
    s)  job=summary ;;
    d)  job=delete ;;
    \?) exit 1 ;;                # 無効なオプションは異常終了
  esac
done
```

続いて、上のリストで名前を決めたシェル関数 list2 を考える。

ほぼ list 関数と同じで、学生 ID の部分を氏名に置き換える。これには score.sh の list 関数ほぼそのままで、見出しと引数出力の部分を変えればよい。

```
list2() {
  # ヘッダを出す
  printf "氏名\t"
  query<<-EOF
        SELECT group_concat(printf('%2d', nlec), ' ')
        FROM (SELECT DISTINCT nlec FROM lectpts ORDER BY nlec);
        EOF
  # $1 に指定した学生の氏名を取得
  sname=`query "SELECT name FROM students WHERE sid='$1';"`
  printf "$sname\t"
  query<<-EOF
        SELECT group_concat(printf('%2d', coalesce(b.pts,0)), ' ')
        FROM (SELECT DISTINCT nlec FROM lectpts ORDER BY nlec) a
        LEFT JOIN (SELECT nlec,pts FROM lectpts WHERE sid='$1') b
        ON a.nlec=b.nlec;
        EOF
}
```

この書き変えにより学生 ID の代わりに氏名が見出しに登場するようになる。実際に実行し

てみると結果は以下のようになる。

```
$ ./score2.sh -L C110138
氏名    1 2 3 4 5
高見台一    5 5 10 0 5
```

これは桁揃えをTABに任せている結果である。「printf " 氏名 \t"」の部分のTAB（\t）を2個にすればこの例（高見台一）では桁が揃うが、仮に「氏名\t\t」にしたとすると、逆に3文字の氏名の場合に以下のようにずれる。

```
氏名         1 2 3 4 5
緑智子 8 9 10 10 7
```

テキスト出力画面に対して根本的に桁を合わせるのはUTF-8をベースとしたシステムでは難しい。桁揃えが重要な場合はHTML出力モードにするなどの工夫が必要だろう。

## 3.3 得点集計システムの自動化（SMTP経由）

コマンドライン操作で主要なデータ操作ができるようになったシェルスクリプトを、電子メール経由で操作するようにして、ある程度の自動採点システムを構築する手法を考える。

### 3.3.1 作成システムの前提

今回作成するものは、以下のような流れで使用するものの一部とする。

(1) 解答者は所定のFromアドレスから指定したアドレスにメール送信する。
(2) 送信により自動受信スクリプトが動く。
(3) 受信スクリプトは採点プログラムを呼び得られた点数をデータベースに登録する。

このうち「採点プログラム」は統一的に決められるものではないので作らず、今回は宛先に

よって得点を決める単純なものとする。たとえば、解答者に出された条件は以下のようなものとする。

---

- 第 04 講の課題

    ★芋煮発祥の地と言われるのはどこか。以下の 6 つから選べ。

    a. 宮城県塩竈市　　b. 青森県八戸市　　c. 秋田県横手市
    d. 山形県中山町　　e. 福島県三春町　　f. 岩手県奥州市

    解答は taro-report-04-*[a-f]*@example.com 宛に氏名のみ書いて送信せよ。*[a-f]* の部分は選んだ選択肢 1 つに置き換えること。

---

　つまり、宛先によって処理を切り替えるようにする。このような方法であれば投票システムなどにも応用できる。ちなみにメイル本文で処理を切り替える方法は、送信形態の違い（テキストメイルか HTML メイルか）や、表記ゆれへの対応が必要で、精度の高いものを作ることは容易でない。
　このような条件で送られた課題提出メイルを自動受信スクリプトが受け取る。これは以下の条件で動くものとする。

- 送信者のアドレスは信用する。
    電子メイルは詐称が難しくなく、本人からの送信を保証するにはなんらかの認証機構を要し簡単な話でなくなる。これは本書の範疇を大きく外れるため、ここでは性善説に基づき送信者が正しく自分のメイルアドレスから送信しているものとする。

- 解答者はいつも決まったアドレスから送信する。
    解答者と解答者の ID は必ず 1 対 1 対応するものとする。解答者のメイルアドレスのローカルパート（@ より前の部分）も重複がなく、ローカルパートを集計用の ID として利用できるものとする。

この条件で、受信スクリプト receiver.sh を作成する。

## 3.3.2　受信スクリプト稼動に必要な準備

　軽量スクリプトで効率的に作業を進めるには、問題を単純化して簡単なアルゴリズムの短いプログラムで済むような環境を調えることをまず考える。今回の場合はメイルを自動的に解析してデータ登録をするというものだが、一般的にテキストの「解析処理」は簡単ではない。届いた電子メイルのストリームから差出人やサブジェクト、内容を正確に解析するのは複雑であるため、極力ストリームを見なくてよい形を考える。

　今回の場合は自動受信スクリプトが差出人などの情報を得るときにストリームではなく環境変数を参照するようにする。

### ■ メイルサーバの設定

　自動受信スクリプトを手軽に行なえるように、十分な情報を環境変数の形でスクリプトに渡す機能を備えたMTA[注4]はPostfixとqmailに限られる。現在では多くのLinuxディストリビューションの標準MTAがPostfixになっているので、それを利用する前提で必要な追加設定を説明する。使用しているメイルサーバのMTAがqmailの場合はすべての条件が揃っているので特に追加設定は必要ない。

　ここでは、Postfixを利用する場合の追加設定を示す。システムへのPostfixの導入とサービスの起動は済ませているものとする。サービスが正常に稼動していれば自分宛のメイルが以下の操作により届くのが確認できるはずである。

```
$ echo Hello | mail -s Test-Mail $USER
$ from
IIMORI Hanako          Test-Mail
```

　この例はユーザのgecos名[注5]がIIMORI Hanakoである場合を示している。もし、fromコマンドで自分宛のメッセージのSubjectが出てこないようであればシステムのメイル配送サービスが稼動していない。OSのマニュアルなどを参照して正常に設定する必要がある。

---

注4　Mail Transfer Agentの略で、メイルの送受信を受け持つソフトウェアのこと。
注5　パスワードファイルのアカウントの一般的な情報を記述するフィールドの値。通常は氏名などを記録する。

## ■ Postfix の拡張アドレス設定

Postfix では追加設定を行なうことにより、拡張メイルアドレス機能が使える。まず、現状の値を確認する。

```
$ postconf | grep '^recipient_delimiter'
```

何も出力されなければ未設定である。この場合は以下のようにして、拡張メイルアドレスの区切り文字をハイフン (-) に設定する。

```
$ sudo postconf -e recipient_delimiter=-
```

場合によっては、最初の grep 結果が以下の出力となるかもしれない。

```
recipient_delimiter = +
```

この場合は、既に拡張メイルアドレスの区切り文字が「+」の状態で設定されているが、Postfix のバージョンによって対処が異なる。

- Postfix 2.10 かそれより古いもの

    ```
    $ sudo postconf -e recipient_delimiter=-
    ```

    として区切り文字を「-」に変更するか、それができない場合は「+」のまま運用する。「+」のままの場合は以降の説明の区切り文字を適宜「+」に読み換える必要がある。

- Postfix 2.11 以降

    ```
    $ sudo postconf -e recipient_delimiter=+-
    ```

    として区切り文字にハイフンを追加する。

続いて、拡張アドレスの機能を拡充するスクリプト dot-qmail をインストールする[注6]。

---

注6　dotqmail は qmail に由来する便利な拡張アドレス機能を Postfix でも使えるようにするスクリプトである。詳細は http://www.gentei.org/~yuuji/software/dotqmail/ にある。また、wget コマンドがない場合は、「ftp」（BSD の場合）、「curl -O」で代替できる。

```
$ wget http://www.gentei.org/~yuuji/software/dotqmail/dotqmail
$ chmod +x dotqmail
```

dotqmail は zsh スクリプトなので、zsh もインストールする。

```
: Debian系(apt-get)の場合
$ sudo apt-get -y install zsh
: Arch Linuxの場合
$ sudo pacman -S zsh
: FreeBSDの場合
$ sudo pkg install zsh
```

dotqmail スクリプトは zsh が /usr/local/bin にインストールされる前提になっているが、そうではない（たとえば /bin/zsh）場合は dotqmail スクリプトの 1 行目（shbang 行）を、インストールされた zsh のパスに書き換える。

```
#!/usr/local/bin/zsh -f
```

以下に変更する（例）。

```
#!/bin/zsh -f
```

この先の説明は dotqmail をホームディレクトリにインストールした例で進めるが、別の場所に配置したのであればそれに置き換えて構わない。

~/.forward ファイルに dotqmail による拡張アドレス処理を記述する。ファイルを開き、以下の内容を書き込む。既に .forward ファイルがある場合は末尾の行に追加する。

```
"| ~/dotqmail"
```

これにより Postfix が受け取ったメイルアドレスが拡張アドレス形式になっていた場合に、拡張子部分に応じた別々の宛先（今回の場合はスクリプト）に配送されるようになる。

### 3.3.3　dot-qmail 拡張アドレス機構

　Postfix の場合は前項の設定を完了すれば、qmail の場合は標準状態で拡張アドレスに dot-qmail 機構が使えるようになっている。dot-qmail 機構は、一般ユーザ権限で任意個のメイルアドレスを自由に作成することができる。たとえば、あるユーザのメイルアドレスが user@example.com だとする。user が ~/.qmail-foo というファイルを作成して宛先設定を書くと、user-foo@example.com という拡張アドレスでメイルを受け取れるようになる。また、~/.qmail-default というファイルに宛先設定を書くと user-*@example.com の「*」の部分を任意の単語にしたアドレス（かつ他に適合する ~/.qmail-* ファイルのないもの）でメイルを受け取れるようになる。

　たとえば、ホームディレクトリに以下の dot-qmail ファイルがあったとする。

```
.qmail-abc      .qmail-abc-default      .qmail-xyz
```

　この場合、送信先アドレスと対応するファイルの関係は以下のようになる。

表3.12●送信先アドレスと対応するファイルの関係

| 送信先アドレス | 対応するファイル |
|---|---|
| user-abc | .qmail-abc の記述先に届く |
| user-xyz | .qmail-xyz の記述先に届く |
| user-foo | 該当ファイルがないのでエラーメイルが返る |
| user-abc-aaa | .qmail-abc-default の記述先に届く |

#### dot-qmail ファイルの書式

　dot-qmail ファイルはホームディレクトリに作成する .qmail あるいは .qmail-*単語* という名前のものであり、1 行に 1 つずつ配送先を定義する働きを持つ。その書式は以下のいずれかである。

表3.13●dot-qmailファイルの書式

| 行頭文字 | はたらき | 例 |
|---|---|---|
| # | コメント（無視される） | # あいうえお |
| \| | プログラムの起動 | \| ./program.sh arg |
| & | 転送アドレス | &user2@example.co.jp |

| 行頭文字 | はたらき | 例 |
| --- | --- | --- |
| . または / （スラッシュで終わらない） | mbox 形式のファイル | ./mbox |
| . または / （スラッシュで終わる） | maildir 形式のファイル | ./Maildir/ |

今回は 3 つ目の「行頭 |」の書式を用いて、メイル自動受信による自動採点システムの作成にあたる。

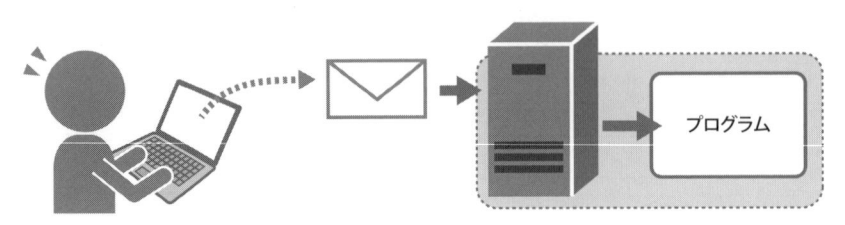

**図3.1●メイル自動受信による自動採点システム**

メイル受信によるプログラム起動では、以下の環境変数が自動的に設定され、起動プログラムに渡される。

**表3.14●設定される環境変数**

| 環境変数 | 値の意味 |
| --- | --- |
| SENDER | エンベロープ sender |
| RECIPIENT | 実受信者のアドレス |
| HOST | 受信アドレスのドメイン部 (@ の後ろ) |
| LOCAL | 受信アドレスのローカル部 (@ の前) |
| EXT | 受信アドレスの拡張子部分 |
| EXT2 | $EXT の 1 個目のハイフンより後ろの文字列 |
| EXT3 | $EXT の 2 個目のハイフンより後ろの文字列 |
| EXT4 | $EXT の 3 個目のハイフンより後ろの文字列 |
| DEFAULT | dot-qmail ファイルの "default" にマッチした文字列 |

この性質を利用すると、電子メイルによる課題提出では以下の環境変数が有効利用できる。

taro@example.net さんが hanako-report-01-a@example.com に送信した場合

$SENDER　　　taro@example.net

$EXT　　　　report-01-a

| | |
|---|---|
| $EXT2 | 01-a |
| $EXT3 | a |

$SENDERの「@」より前の部分を、提出者の学生ID、$EXT2の最初のハイフンより前の部分を講義の回に、$EXT3の値を選択肢の中から選んだ値として用いる。

### ■ 自動採点プログラム簡易版の作成

ここでは極端に簡略化した採点規準に基づいたプログラムを作る。プログラムから参照できる環境変数を利用して、以下のように採点する。

| 点を付ける学生ID | ${SENDER%%@*} |
|---|---|
| 講義回 | ${EXT2%%-*} |
| 選んだ選択肢 | $EXT3 |
| 得点 | dを選んだら10点、その他は8点 |

本当の採点処理であれば得点決定部分は重い意味を持つだろうが、今回は大胆に簡略化する。環境変数の加工で利用している「%%」と「%」は、後続するパターンにマッチする部分の削除で、「%%」は最長マッチ削除、「%」は最短マッチ削除である（2.4.1節の「パラメータ置換時の部分文字列取得」項参照）。たとえばSENDERの値がuser@example.comであるとき、${SENDER%%@*}は、文字列のうち「@*」にマッチする部分を最長で削除する。「@」が1個のときは最短マッチも最長マッチも同じ結果になるが、「@」が2個以上あるときは（通常ありえないが）最初の「@」以降を削除する。

${EXT2%%-*}も同様の文字列末尾パターン削除で、たとえばEXT2の値が02-aだったときに「-*」にマッチするパターンを削除するので${EXT2%%-*}は02となる。

以上の結果をデータベースに登録するにはscore.shを使えばよい。ここまでの工程をシェルスクリプト化すると以下のようになる（receiver.sh）。

#### リスト3.5●receiver.sh

```
#!/bin/sh
# EXT=report-01-a
# EXT2=01-a
# EXT3=a
```

```
PATH=/usr/local/sqlite3/bin:$PATH      # 最新版のSQLite3起動のための設定など
mydir=`dirname $0`                     # このスクリプト自身の格納ディレクトリ
cd $mydir                              # そこへcdしておく

nlec=${EXT2%%-*}                       # 講義回
who=${SENDER%%@*}                      # 送信者の学生ID

case $EXT3 in                          # 得点をPTに代入する
  d)    PT=10   ;;
  *)    PT=8    ;;
esac

# score.sh 学生ID 講義回 得点
./score.sh $who $nlec $PT
exit 0             # メイル経由で動くプログラムは exit 0 しないとキューに溜る
```

続いて、ここで作成した receiver.sh を起動する設定に進む。

## 3.3.4　課題提出用メイルアドレスの作成

　上記をふまえて提出用アドレスを決定し、それぞれの dot-qmail ファイルを作る。今回は受信者のユーザ名を hanako とし、課題提出用の拡張子を report- とする。意味は report-*講義回*-*選択肢の1*つとする。この場合に作成すべき dot-qmail ファイルは以下のとおりである。

```
.qmail-report-01-default      第 1 講の提出用
.qmail-report-02-default      第 2 講の提出用
.qmail-report-03-default      第 3 講の提出用
       ⋮
.qmail-report-15-default      第 15 講の提出用
```

　15 回分の提出課題をすべて吸い込むような .qmail-report-default を作成してもよいが、その場合提出者が宛先を間違えてあらぬ講義回の宛先に出してしまった場合などにもエラーなしで受信操作が行なわれ、提出者が間違ったことに気づかず終わることになる。これを好ましいとするならよいが、間違ったらエラーを返した方がよい場合は上記のようなものにする。また上

記の一覧では、選択肢部分を間違えても（たとえば report-01-x 宛に出しても）エラーなしで受信するが、そこは間違えても正解にならないだけで、提出したことに変わりはなく最低限の得点は与えるという判断である。

集計ディレクトリを ~/report と仮定して、必要な dot-qmail ファイルを作成する。以下に手順の例を示す。

```
$ cd                          # ホームディレクトリへ
$ echo "| report/receiver.sh" > .qmail-report-01-default
$ for n in 02 03 04 05 06 07 08 09 10 11 12 13 14 15; do
>   ln -s .qmail-report-01-default .qmail-report-$n-default
> done
```

### 3.3.5　集計ディレクトリの準備

■ 作成済ファイルの配置

先述のように ~/report/ に集計用ファイルをまとめる。mkdir ~/report してから以下のファイルを置く。

- score.sh
    修正後のデータベース操作シェルスクリプト

- students.csv
    学生 ID 一覧ファイル。このスクリプトの動作実験を行ないやすくするために、自分のメイルアドレスのローカル部をあらかじめ追加しておく。以下の例では、設置者（つまり得点集計者）のメイルアドレスが hanako@example.com で、テスト用 ID として hanako を足すために、以下の 1 行を students.csv に足した場合で説明を進める。

    hanako,葛斗花子

読者自身のものをテスト ID に足すためには以下のようにするとよいだろう（氏名の部分は自分の名前にする）。

```
$ echo "$USER,氏名" >> students.csv
```

上記2ファイルを置いてデータベースの初期化を行なう。

```
$ ./score.sh -i
```

実際に初期テーブルができているか確認する。

```
$ sqlite3 score.sq3
sqlite> .schema
CREATE TABLE students(sid PRIMARY KEY, name);
CREATE TABLE lectpts(
  sid, nlec, pts,
  UNIQUE(sid, nlec),
  FOREIGN KEY(sid) REFERENCES students(sid)
);
sqlite> SELECT * FROM students;
C110123|公益太郎
C110134|飯森花子
C110138|高見台一
C110140|緑智子
hanako|葛斗花子
```

実際に自分の環境で確かめる場合には、自分のログイン名をIDとする行がstudentsテーブルに含まれているか注意する。同様の状態が確認できたら実際にレポートアドレス宛に送信してみる。

```
$ echo dummy report | mail -s Report hanako-report-01-a
```

宛先は自分のものに変更したうえで起動してみて、~/report/score.sq3に得点が記録されていれば成功である。

```
$ ./score.sh -s
hanako|葛斗花子|8
:  (↑実際には自分のログイン名になる)
```

エラーの場合はシステムログ /var/log/mail.log（あるいはmaillogなど）にエラーメッセージが出るので確認する。

## 3.3.6　電子メイル自動応答データベースの要点

　今回作成したシステムは採点部分は仮のものだが、それ以外はほぼ実用に即したものである。データベースを操作するスクリプトとそれを呼び出すスクリプトを合わせても 100 行程度のものにすぎない。実際には異常入力への対処などで数倍の行数になるかもしれないが、それでもコンパクトである。シェルスクリプトの記述性の高さもさることながらデータの完全性は sqlite3 が保証してくれる点、データ操作記述の簡潔さは SQL がもたらしてくれる点が、スクリプトのサイズ低減に大きく寄与している。

　プログラムは短いほどバグを回避しやすくなる。メイル自動応答システムを簡潔化している要点をまとめておく。

- 分類しなければならないものはメイルアドレスの時点で分けておく

  メイルに書かれている Subject や本文の内容を見て振り分ける処理を考えがちだが、人間が書いたテキストはゆらぎが多く、その解析は元来難しい。課目名、講義回、選択肢など、変数 1 つで表現できそうな仕分けであれば、それぞれ別々メイルアドレスで受けるようにしておけば、複雑な解析処理の必要もなく、送信者の誤りは送信エラーの形で送信者自身に通知される。

- 環境変数を有効に活用する

  プログラムの挙動を変えるのにオプション指定などが利用されるが、オプション指定を解析する部分も少なからず行数が必要となる。動作に必要な値を環境変数から取得するようにすることで、文法チェックの必要がなくなり、スクリプトを大幅に短縮できる。ネットワークデーモンの子プロセスとして起動されるプロセスにはデーモンが必要な情報を環境変数に設定してくれていることがあるのでそれを無駄なく使いたい。ただしセキュリティの観点からいうと、環境変数の値にはクライアントが送って来た情報に基づくものもあるので、値を含む文字列を eval しないよう注意が必要である。基本的には eval なしで済むよう設計すべきである。

　"eval" はシェルの内部コマンドで、引数に指定した文字列をそのままシェルの実行文として評価するものであり、悪意を持ったユーザの入力した文字列を eval するとシステムを破壊するおそれにもつながる。よって本稿で設計するシェルスクリプトでは一切 eval を使用していない。

## 3.3.7　練習問題：メイルアドレス・ID 変換

　試作した得点集計システムでは、解答者が学生 ID と同じローカルパートを持つメイルアドレスから送信することを仮定したが、メイルアドレスは複数持てるものである。あらかじめ自分の ID に結び付くメイルアドレスを登録しておけば、そちらからも本人名義でレポート送信できるようになれば便利である。

---

**問題**

score.sh は得点登録時に第 1 引数をそのまま ID として利用したがこれを改良し、あらかじめ登録した文字列（送信者アドレス）に対応する ID があればそれに変換してから得点登録するように改良した score3.sh を作成せよ。なお、ID と送信者アドレスの対応表は以下の CSV ファイルのように与えているものとする。

**リスト3.6●emails.csv**

```
C110123,k.o.e.k.i.taroooooo@codomo.example.org
C110134,flower-o_o-hanahana@easywww.example.net
C110138,h1h2h3h4hx4x.ab1225@hardbank.example.com
```

---

［ヒント 1］登録メイルアドレスを格納する emails テーブルを作成し、ID に外部キー制約（students.id）を付けておく。

［ヒント 2］score.sh 得点登録時の第 1 引数（$1）が学生 ID、事前登録メイルアドレスどちらでも登録できるようにしたい。それには

　　$1 と emails テーブルの第 2（email）カラムを比較する。
　　→ 一致するものがあればその行の第 1（ID）カラムを使う。
　　→ 一致するものがなければ（NULL を返すなら）$1 をそのままを使う。

とすればよい。「A または、A が NULL なら B」としたいときは SQL の coalesce 関数を利用する。

## 3.3.8 練習問題：解答例

まずメイルアドレスと学生 ID の対応表を作り、続いて得点登録部分を変更するという流れで進める。

(1) emails テーブルの作成

外部キー制約を設定して以下のようにテーブル作成する。

```
CREATE TABLE emails(
      sid, email UNIQUE,
      FOREIGN KEY(sid) REFERENCES students(sid));
```

emails.csv からインポートする。

```
.mode csv
.import emails.csv emails
```

ここでは固定的に作成する例を示したが、emails テーブルの値更新も自動化する工夫を考えてみるとよい。

(2) 得点登録の第 1 引数にメイルアドレスからの逆変換を挟む

score.sh の元の得点登録部分は次のようなものであった。

```
query "REPLACE INTO lectpts VALUES('$1', $2, $3);"
```

この '$1' の部分に値の選択を入れる。$1 は receiver.sh によって渡される、メイルアドレスのローカルパートである。よって、emails テーブルからの参照はローカルパートでの比較を LIKE 演算子を用いて行なう。

```
query "REPLACE INTO lectpts VALUES(
       coalesce((SELECT sid FROM emails WHERE email LIKE '$1@%'),
              '$1'),
       $2, $3);"
```

以上 2 つの修正で個人アドレスからのレポート送信が可能となる。スクリプトの修正点がな

るべく少なくなるよう、receiver.sh からの score.sh の第 1 引数に送信者アドレスのローカルパートを渡す仕様のままにしたため、メイルアドレスから学生 ID への変換に LIKE 演算子を用いた。実際には全体表記のメイルアドレスでの比較をした方がよいだろう。

## 3.4 日程調整システムの構築

章の冒頭で示した 2 つ目の集計例、イベントを行なう日程調整のための集計（表3.2）を再度見てみよう。

**表3.15●芋煮日程調整表（再掲）**

| 氏名＼日程候補 | 10/3 | 10/4 | 10/10 | 10/11 | 10/17 | 10/18 |
|---|---|---|---|---|---|---|
| 庄内三十彦 | ○ | - | - | - | ○ | ○ |
| 山形醤二 | ○ | ○ | ○ | ○ | ○ | - |
| 比内芹音 | ○ | ○ | - | ○ | - | - |
| 中山祥一 | ○ | ○ | - | ○ | - | ○ |
| ○の合計 | 4 | 3 | 1 | 3 | 2 | 2 |

まずここで問題である。

　　上記の日程調整表を格納するテーブル sched を設計せよ。

CREATE TABLE 文を思い浮かべてから先に進もう。

### 3.4.1 日程調整表のテーブル設計

3.2.1 節「得点集計のためのテーブル設計」で述べたように、表計算的な見た目に惑わされず、同種の性質を持つフィールドは 1 つのカラムにまとめることを考慮してテーブルを設計すると以下のようになる。

**表3.16●日程調整のためのテーブルsched**

| カラム | 意味 |
|---|---|
| name | 氏名 |
| date | 日付 |
| okng | ○か否か |

　これを SQL に直す。点数集計と同様、特定の人の特定の日付に対する回答は必ず1つであるから、この組み合わせに対して UNIQUE 制約を付ける。

**リスト3.7●日程調整テーブル（暫定版）**

```
CREATE TABLE sched (
  name, date, okng,
  UNIQUE(name, date)
);
```

　日付（date）に関してはどうだろう。イベントごとの候補となる日付は決まっているので、点数集計時と同様日付候補を列挙したテーブルを作成し、それを外部キー制約指定すればよい。日付候補を格納するテーブルを datelist とし、外部キー制約を指定するように sched テーブルを改定する。

**リスト3.8●日程調整テーブル**

```
CREATE TABLE datelist (date PRIMARY KEY);
CREATE TABLE sched (
  name, date, okng,
  UNIQUE(name, date),
  FOREIGN KEY(date) REFERENCES datelist(date)
);
```

## 3.4.2　日程調整システムのスクリプト化

　シェルスクリプトから SQL 文を発行しデータベースに登録する手順を考えたい。3.2 節「得点集計システムの構築」で示した課題の点数集計の場合、課題の点数は課題提出が発生するたび、1 人 1 件ずつ得点が入力されていくのに対し、この日程調整は、ある 1 人が回答をするときにその人の予定がまとめて入力される。つまり 1 回のデータ入力に対し、複数の INSERT が発生するということである。

　ここでは、「まとめ入力」の処理を行ないやすくするために、データ読み込みに標準入力を利用する形でシェルスクリプトを構築する手法を示す。

### ■ テーブル設計と作成処理

　先述の CREATE TABLE の内容を基に、実際の処理関数を作成する。外部キー制約で参照する「候補日付一覧」は datelist.csv( 下記参照 ) から取得するものとする。

**リスト3.9●datelist.csv**

```
10/3
10/4
10/10
10/11
10/17
10/18
```

　テーブル初期化時に、自動的に datelist.csv を datelist テーブルに読み込むようにする。

### ■ データ入力書式とインタフェースの策定

　たとえば「庄内三十彦」さんが回答をするとき、本人は「10/3」、「10/17」、「10/18」に○をつけたいので、その 3 項目についてまとめて印を付けることになる。ここでは、標準入力から続けて値を読み取る形式を考える。たとえば今回作成するスクリプトを imoni.sh とし、以下のように入力を送り込むものを想定する。

```
$ ./imoni.sh -a 庄内三十彦        # データの追加
10/3=yes
```

```
10/4=no
10/10=no
10/11=no
10/17=yes
10/18=yes
```
`C-d`　EOF指示

　もちろん実際には手入力で送り込むのではなく、Web インタフェースなどから上記のような入力をシェルスクリプトに送り込むことを想定している。

## ■ 入力行の分割と DB 登録処理

　上記のように想定した入力行の並びから SQL 文を組み立てて INSERT 処理（実際には REPLACE 文使用）していく流れを作成する。

　シェルスクリプトで標準入力を読み取るには内部コマンド **read** を用いる。read の使用例を示す。

```
$ read a b c
The quick fox jumps over the lazy dog.
$ echo a=$a
The
$ echo b=$b
quick
$ echo c=$c
fox jumps over the lazy dog.
```

　変数を複数指定した場合、読み込んだ文字列を空白区切りで単語分割し、先頭の変数から順に代入する。最後に指定した変数には残りの文字列をすべて代入する。単語区切りは通常は空白文字だが、シェル変数 IFS に単語区切りにしたい文字を列挙することで区切りを変更できる。今回の場合は「10/3=yes」のような入力文字列を「10/3」と「yes」に分解したいので、IFS に「"="」を代入して read を呼ぶ。つまり、

```
while IFS="=" read date value; do
  case $value in
    [Yy][Ee][Ss])        val='○' ;;
    [Nn][Oo])            val='×' ;;
    *)                   val='-' ;;
```

```
    esac
    sqlite3 $db "REPLACE INTO sched VALUES('$who', '$date', '$val');"
done
```

のように処理すれば、「=」文字の前後の値を分解取得できる。

-aオプションに氏名を指定して、その人の予定を登録するところまでの処理をスクリプト化した暫定版を示す。

### リスト3.10●imoni0.sh（暫定版）

```
#!/bin/sh
db=${DB:-imoni.sq3}
query() {
  sqlite3 -cmd 'PRAGMA foreign_keys=ON' $db "$@"
}

create() {
  # sqlite_master から datelist テーブルを探す
  tbl=`query "SELECT name FROM sqlite_master WHERE name='datelist';"`
  if [ -z "$tbl" ]; then          # $tbl が空文字列ならテーブル未定義
    query<<-EOF
        CREATE TABLE datelist (date PRIMARY KEY);
        CREATE TABLE sched (
          name, date, okng,
          UNIQUE(name, date),    --nameとdateの同一組み合わせは重複不可
          -- date は dateliste テーブルの date に存在しなければならない
          FOREIGN KEY(date) REFERENCES datelist(date)
        );
        EOF
  fi
  if [ -s datelist.csv ]; then   # 外部キーの初期値をcsvファイルから取得
    query<<-EOF
        .mode csv
        .import datelist.csv datelist
        EOF
  fi
}

add() {                          # 1人分の予定回答を登録する関数
  who="$1"                       # 登録者の氏名
```

```
    while IFS="=" read date value; do    # 単語区切りを = にして2変数に読み込む
      case $value in
        [Yy][Ee][Ss])      val='○' ;;    # 右辺がyesであれば ○
        [Nn][Oo])          val='×' ;;    # 右辺が noであれば ×
        *)                 val='-' ;;    # それ以外はとりあえず - にしておく
      esac
      query "REPLACE INTO sched VALUES('$who', '$date', '$val');"
    done
}

while getopts a:i i; do
  case "$i" in
    a)  job=add
        who=$OPTARG ;;
    i)  job=create ;;
  esac
done
shift $((OPTIND-1))

case $job in
  add)              # 「-a 氏名」で起動した場合
    add $who ;;
  *)
    $job "$@" ;;
esac
```

## 3.4.3　記入結果一覧出力

集計した一覧表を出力し、日付ごとの「○」の数を出力する処理を作成する。まず、暫定版の imoni0.sh を用いて実験用のレコードを登録してみる。

```
$ ./imoni0.sh -i              # datelist.csvを用意してから！
$ ./imoni0.sh -a 庄内三十彦
10/3=yes
10/4=no
10/10=no
10/11=no
10/17=yes
```

```
10/18=yes
C-d
$ ./imoni0.sh -a 山形醤二
10/3=yes
10/4=yes
10/10=yes
10/11=yes
10/17=yes
10/18=no
C-d
```

これで登録された sched テーブルの中を確認してみる。

```
$ sqlite3 imoni.sq3
sqlite> SELECT * FROM sched;
庄内三十彦|10/3|○
庄内三十彦|10/4|×
庄内三十彦|10/10|×
庄内三十彦|10/11|×
庄内三十彦|10/17|○
庄内三十彦|10/18|○
山形醤二|10/3|○
山形醤二|10/4|○
山形醤二|10/10|○
山形醤二|10/11|○
山形醤二|10/17|○
山形醤二|10/18|×
```

今回は、このスクリプトを最終的に Web アプリケーション化したいので、上記の縦長出力を、以下のような横長出力に変えたい。

| 氏名 | 10/3 | 10/4 | 10/10 | 10/11 | 10/17 | 10/18 |
|---|---|---|---|---|---|---|
| 庄内三十彦 | ○ | × | × | × | ○ | ○ |

点数集計システムのときの 3.2.2 節の「特定学生の点数一覧表示」項で生成した横長の表の作成とは別のやり方を示す。

今回の候補日付は「10/3」から「10/18」の6つである。この程度の個数の属性を横長に展開するには以下のような熟語的な SQL 文があるのでこれを利用する。

**リスト3.11●予定表の縦持ちから横持ちへの変換SQL**

```
SELECT name,
       max(CASE date WHEN '10/3'  THEN okng END) "10/3",  --カラム別名を"10/3"に
       max(CASE date WHEN '10/4'  THEN okng END) "10/4",  --以下同様
       max(CASE date WHEN '10/10' THEN okng END) "10/10",
       max(CASE date WHEN '10/11' THEN okng END) "10/11",
       max(CASE date WHEN '10/17' THEN okng END) "10/17",
       max(CASE date WHEN '10/18' THEN okng END) "10/18"
FROM sched
GROUP BY name;
```

すこし長いSQL文だが、最終的にはシェルスクリプトで自動生成するのであまり長さは気にしなくてよい。さて、ここでSQLの**CASE**を使用する。CASEは以下の形式で記述する。

```
CASE 式 WHEN 比較値₁ THEN 返却値₁
        WHEN 比較値₂ THEN 返却値₂
                :
        WHEN 比較値ₙ THEN 返却値ₙ
        ELSE 返却値ₑ
END
```

これはSQLの**単純CASE**文と呼び、式の値を順に各比較値と比べ、一致した場合にそれに対応する返却値を返す。何も一致しなかった場合はELSE節の返却値を返す。ELSE節は省略可能である。

さて、例で示したSELECT文を解剖しよう。そのままよりは、この文に至るまでの流れを示すと分かりやすい。まず以下の問い合わせを発行した場合を考える

```
SELECT name,
       CASE date WHEN '10/3'  THEN okng END "10/3",  -- カラム別名を "10/3" に
       CASE date WHEN '10/4'  THEN okng END "10/4",
       CASE date WHEN '10/10' THEN okng END "10/10",
       CASE date WHEN '10/11' THEN okng END "10/11",
       CASE date WHEN '10/17' THEN okng END "10/17",
       CASE date WHEN '10/18' THEN okng END "10/18"
FROM sched;
```

これは以下のような結果を返す（擬似的に罫線つきの表で示す）。

表3.17●カラムを横に増やしただけの出力

| name | 10/3 | 10/4 | 10/10 | 10/11 | 10/17 | 10/18 |
|---|---|---|---|---|---|---|
| 庄内三十彦 | ○ | | | | | |
| 庄内三十彦 | | × | | | | |
| 庄内三十彦 | | | × | | | |
| 庄内三十彦 | | | | × | | |
| 庄内三十彦 | | | | | ○ | |
| 庄内三十彦 | | | | | | ○ |
| 山形醤二 | ○ | | | | | |
| 山形醤二 | | ○ | | | | |
| 山形醤二 | | | ○ | | | |
| 山形醤二 | | | | ○ | | |
| 山形醤二 | | | | | ○ | |
| 山形醤二 | | | | | | × |

空欄は NULL である。さて、「SELECT name」の次の行の

```
CASE date WHEN '10/3' THEN okng END "10/3"
```

は、CASE 文で、date カラムの値と '10/3' を比較する。'10/3' であった場合のみ okng カラムの値を返す。1 行目と 7 行目のレコードはどちらも date='10/3' なのでこれに該当するが、それ以外の行は該当しないので何も返さない（NULL）。END の次にある "10/3" はカラムに付けた別名定義で、ヘッダつきで出力する場合の見出し文字列にも使われる。以後同様ダブルクォートでくくった "10/3" は別名定義されたカラム名になる。次の行に進む。

```
CASE date WHEN '10/4'  THEN okng END "10/4"
```

今度は date カラムが '10/4' の場合のみ okng の値が選択される。これを繰り返すと、上記の表のような結果になる。

続いて、12 件あるこの出力を name ごとに分類する（GROUP BY name）。name 以外のカラムは、1 つの name に対して 1 つの値を取るように集約関数を用いる。たとえば表 3.17 の、「庄内三十彦」の「10/3」の 6 つの値に対して max() 関数を適用すると、唯一の非 NULL 値である

「○」が採用される。同様に、どのカラムも同一の name に対して 6 つの値があるが、非 NULL 値を持つのは 1 つだけなのでいずれも「○」か「×」が選択される。

よって、リスト 3.11 に示した SQL 文から得られる出力は以下の形式となる。

表3.18●横持ち集計表

| name | 10/3 | 10/4 | 10/10 | 10/11 | 10/17 | 10/18 |
|---|---|---|---|---|---|---|
| 山形醤二 | ○ | ○ | ○ | ○ | ○ | × |
| 庄内三十彦 | ○ | × | × | × | ○ | ○ |

結果の順番は保証されない点に注意する。

### 3.4.4 「○」の合計出力

予定決めでは○の一番多い日程を選びたい。単純化するため、表 3.18 に示した 2 人分で考える。この表の各日程の「○」を数えた以下のようなものを付加したい。

表3.19●「○」の数え上げ表

|  | 10/3 | 10/4 | 10/10 | 10/11 | 10/17 | 10/18 |
|---|---|---|---|---|---|---|
| ○の数 | 2 | 1 | 1 | 1 | 2 | 1 |

○×の集計表とこの数え上げ表は種類が違うものなので、1 つの表には格納できない。しかし、カラム数が同じ表は和集合の形でまとめることができる。今回の場合は UNION ALL で連続した表にできる。まず、数え上げ表を作成しよう。これは、表 3.18 の日程を表す各カラムの値が"○"を数えればよい。よって、以下のような問い合せで求められる（暫定版）。

リスト3.12●「○」を数える問い合わせ（暫定版）

```
SELECT '○の数',
       count(CASE date WHEN '10/3'  THEN okng END) "10/3",
       count(CASE date WHEN '10/4'  THEN okng END) "10/4",
       count(CASE date WHEN '10/10' THEN okng END) "10/10",
       count(CASE date WHEN '10/11' THEN okng END) "10/11",
       count(CASE date WHEN '10/17' THEN okng END) "10/17",
       count(CASE date WHEN '10/18' THEN okng END) "10/18"
FROM sched
```

```
WHERE CASE date WHEN '10/3'  THEN okng END='○'
   OR CASE date WHEN '10/4'  THEN okng END='○'
   OR CASE date WHEN '10/10' THEN okng END='○'
   OR CASE date WHEN '10/11' THEN okng END='○'
   OR CASE date WHEN '10/17' THEN okng END='○'
   OR CASE date WHEN '10/18' THEN okng END='○';
```

○×集計表を得る問い合わせで用いたmax関数をcount関数に変え、"○"だけをcountするようWHERE句に条件を指定した。この問い合わせと○×集計のための問い合わせをUNION ALLすれば求める結果が得られるが、同じようなCASE文並びが2つあり冗長である。何かよい書き方はないものだろうか。

### 3.4.5 WITH句

WITH句を用いると、問い合わせを行なうときの一瞬だけ利用できるビューのような仮想的な表を作成して問い合わせを分かりやすくできる。

```
WITH 名前 AS (副問い合わせ) 主問い合わせ;
```

の形式で用い、主問い合わせの中で、副問い合わせの結果によって生成される名前のテーブルを参照することができる。

今回の場合は、表3.17を得るための問い合わせが集計の基本表となる。この問い合わせにsched2と名付けて「○×集計」と「○の数え上げ」を1つの問い合わせにまとめると以下のようになる。

**リスト3.13● ○×表と数え上げ表の合体**

```
WITH sched2 AS (          -- 一時表 sched2 を定義する
   SELECT name,
        CASE date WHEN '10/3'  THEN okng END "10/3",
        CASE date WHEN '10/4'  THEN okng END "10/4",
        CASE date WHEN '10/10' THEN okng END "10/10",
        CASE date WHEN '10/11' THEN okng END "10/11",
```

```
            CASE date WHEN '10/17' THEN okng END "10/17",
            CASE date WHEN '10/18' THEN okng END "10/18"
    FROM sched
) SELECT name,            -- 「○×表」を生成するSELECT文
         max("10/3")  "10/3",  max("10/4")  "10/4",  max("10/10") "10/10",
         max("10/11") "10/11", max("10/17") "10/17", max("10/18") "10/18"
         -- カラム "10/3" の最大値をさらにカラム名を "10/3" としている
  FROM sched2
  GROUP BY name

  UNION ALL              -- 上と下の2つの表の和集合を取る

  SELECT '○の数',        -- 「数え上げ表」を生成するSELECT文
         count("10/3"),  count("10/4"),  count("10/10"),
         count("10/11"), count("10/17"), count("10/17")
  FROM sched2
  WHERE '○' IN ("10/3", "10/4", "10/10", "10/11", "10/17", "10/18");
```

最後に用いた条件

```
'○' IN ("10/3", "10/4", "10/10", "10/11", "10/17", "10/18")
```

は、IN の後ろに列挙した値のどれかに '○' が一致すれば真を返すというもので、

```
"10/3"='○' OR "10/4"='○' OR "10/10"='○'
OR "10/11"='○' OR "10/17"='○' OR "10/18"='○'
```

と同じ結果を得るための書き換えである。繰り返しになるが SQLite ではダブルクォートでくくられたものはまず識別子として認識されるので "10/3" などは、別名カラムの値に置き換えられる。これにより以下のような結果が得られる。

**表3.20●合体○×表**

| name | 10/3 | 10/4 | 10/10 | 10/11 | 10/17 | 10/18 |
|---|---|---|---|---|---|---|
| 山形醤二 | ○ | ○ | ○ | ○ | ○ | × |
| 庄内三十彦 | ○ | × | × | × | ○ | ○ |
| ○の数 | 2 | 1 | 1 | 1 | 2 | 1 |

## 3.4.6 候補日の追加と SQL 文の生成

さて、リスト 3.13 に示した問い合わせは、WITH を用いて効率的ではあるがけっこう長いと感じたかもしれない。しかしさらにそれに追い討ちをかける要望が来た。

「10/24 と 10/25 も候補日に加えてよ♪」

sched テーブルの date カラムの外部キー制約を満たすのは簡単で、datelist テーブルに新しい2 つの候補日を足せばよい。問題は合体○×表である。今後別の要望が来る可能性を考えると問い合わせ文をいちいち変更するのは避けたい。ということで、問い合わせ文を自動生成することを考える。

今回必要な問い合わせ文の骨子は以下のとおりである。

**リスト3.14●○×数え上げ問い合わせの骨子**

```
WITH sched2 AS (
  SELECT name,
      ここに日付候補の数だけCASE文などが並ぶ
  FROM sched
) SELECT name,
      ここにmaxの列挙
  FROM sched2 GROUP BY name

  UNION ALL

  SELECT '○の値',
      ここにcountの列挙
  FROM sched2
  WHERE '○' IN (ここにカラム別名の列挙)
```

以上 4 か所を、候補日のリスト、つまり datelist テーブルに登録された日付リストを基に生成すればよい。4 か所の問い合わせ断片をそれぞれシェル変数 sq1、sq2、sq3、sq4 に代入するものとする。

### リスト3.15●gensql.sh

```sh
#!/bin/sh
db=${DB:-imoni.sq3}
nlt="
        "                   # 改行文字+Tab
sqlite3 $db "SELECT date FROM datelist;" \
  | sort -n -t / \
  | { while read d; do
        # パイプの先の while 内で設定した変数を使いたいので
        # { } でグルーピング
        sq1=$sq1${sq1:+,$nlt}"CASE date WHEN '$d' THEN okng END \"$d\""
        sq2=$sq2${sq2:+,$nlt}"max(\"$d\") \"$d\""
        sq3=$sq3${sq3:+,$nlt}"count(\"$d\")"
        sq4=$sq4${sq4:+, }"\"$d\""
    done
    cat<<EOF
WITH sched2 AS (
  SELECT name,
      $sq1
  FROM sched
) SELECT name,
      $sq2
  FROM sched2 GROUP BY name

  UNION ALL

  SELECT '○の値',
      $sq3
  FROM sched2
  WHERE '○' IN ($sq4);
EOF
    }
```

簡単に説明する。最初の sqlite3 起動の

sqlite3 $db "SELECT date FROM datelist;"

で候補日程を取り出している。その結果をパイプで

```
sort -n -t /
```

に渡しているが、これは datelist テーブルから date 一覧を取り出すときに、必ずしも日付順に出てくるとは限らないので、sort コマンドの認識する区切り文字を / （スラッシュ）にして、「月 / 日」並びを数値的昇順に直している。

さらにそのパイプの先では

```
| { while文
     変数を利用した処理
  }
```

としている。パイプの先はサブシェルで実行されるため、もし

```
sql文 | sort文 | while ...
```

とすると、while 文のブロック内で設定された変数は while を抜けると失われる。そのため、while 文全体と while ブロック内で設定された変数を使用する処理を { } でグループ化して while を抜けた後でも変数を利用できるようにしている。

これを実行すると、リスト 3.13 で利用した問い合わせ文が得られる。コマンドラインから挙動を確かめるにはパイプの先で sqlite3 コマンドに送ればよい。

```
$ ./gensql.sh | sqlite3 imoni.sq3
山形醤二|○|○|○|○|○|×
庄内三十彦|○|×|×|×|○|○
○の値|2|1|1|1|2|1
```

なお、ここではシェルスクリプトで SQL 文を生成したが、場合によっては SQL で SQL 文を生成した方が明解なこともある。本節末尾の練習問題でこれを試みる。

## 3.4.7　一覧機能・削除機能の追加とコマンドライン版の完成

氏名を指定してのレコード削除機能を追加して、コマンドライン版のスクリプトを完成させよう。レコード削除は以下のように行なうものを想定する。

```
$ ./imoni.sh -d 山形醤二
```

　これを行なうシェル関数を作成する。第1引数に氏名をとってそれに合致するものを削除するものは以下のようになる（データベースに問い合わせを発行する query 関数は既出のものを利用する）。

```
delete() {
  who="$1"              # 第1引数 = 削除したい人
  query "DELETE FROM sched WHERE name='$who';"
}
```

　一覧機能は、○×合体表を HTML の table 形式で出力するよう、gensql.sh（リスト3.15）を利用する関数を追加する。
　これまでの機能をまとめて、コマンドライン利用のためのスクリプトの形にしたものを示す。

**リスト3.16●imoni.sh**

```
#!/bin/sh
db=${DB:-imoni.sq3}
query() {
  sqlite3 -cmd 'PRAGMA foreign_keys=ON' $db "$@"
}

create() {                    # テーブル作成と外部キーテーブル初期化
  tbl=`query "SELECT name FROM sqlite_master WHERE name='datelist';"`
  echo tbl="[$tbl]"
  if [ -z "$tbl" ]; then      # $tbl が空文字列なら
    query<<-EOF
        CREATE TABLE datelist (date PRIMARY KEY);
        CREATE TABLE sched (
          name, date, okng,
          UNIQUE(name, date),
          FOREIGN KEY(date) REFERENCES datelist(date)
        );
        EOF
  fi
  if [ -s datelist.csv ]; then
```

```
        query<<-EOF
            .mode csv
            .import datelist.csv datelist
            EOF
    fi
}

add() {                    # レコード登録機能
    who="$1"
    while IFS="=" read date value; do
        case $value in
            [Yy][Ee][Ss])      val='○' ;;
            [Nn][Oo])          val='×' ;;
            *)                 val='-' ;;
        esac
        query "REPLACE INTO sched VALUES('$who', '$date', '$val');"
    done
}

list() {                   # gensql.sh を利用してHTMLの表を出力
    echo '<table border="1">'
    ./gensql.sh | sqlite3 -header -html $db
    echo "</table>"
}

delete() {                 # 削除機能
    who="$1"               # 第1引数 = 削除したい人
    query "DELETE FROM sched WHERE name='$who';"
}

while getopts a:id:l i; do
    case "$i" in
        a)  job=add
            who=$OPTARG ;;
        i)  job=create ;;
        l)  job=list ;;
        d)  job=delete who=$OPTARG ;;
    esac
done
shift $((OPTIND-1))

case $job in
```

```
    add|delete)               # オプション指定なしの場合
      $job $who
      ;;
    *)
      $job "$@" ;;
  esac
```

## 3.4.8　排他制御と高速化の工夫

　ここで作成しているシステムは、最終的には Web インタフェースをつけて多人数での同時アクセスが来てもよいものにしたい。データベース管理に SQLite を用いているため、たとえ同時アクセスが起きてもデータベースファイルは破壊されない。ただ、1 つの処理が終わるより前に次のプロセスがデータベースにアクセスしようとするとデータベースの排他エラーが出て、2 つ目のプロセスは何もできずに終わる。これを回避するため、sqlite3 コマンドにロック解除の待ち時間を指定するとその時間だけ待つようになる。待ち時間は、sqlite3 のドットコマンド .timeout にミリ秒を指定する。query 関数を以下のように変えるのが簡単である。

```
db=${DB:-imoni.sh}
query() {
  sqlite3 -cmd 'PRAGMA foreign_keys=ON' -cmd '.timeout 3000' $db "$@"
}
```

　この例は最大 3 秒間の待ち時間を設定している。待ち時間を何ミリ秒に設定すればよいかは実際の使用状況によるしかない。これまで何度か sqlite3 コマンドを起動していると分かると思うが、ほぼ一瞬で SQL 処理が終わるため 3 秒は十分に長いといえる。
　複数のプロセスがほぼ同時にデータベースアクセスに来ることを考えると、シェルスクリプトから sqlite3 を呼び出す回数はできる限り減らした方がよい。前掲の imoni.sh（リスト 3.16）では、1 人分のデータ登録時に、標準入力を 1 行読むたびに query 関数で sqlite3 コマンドを呼び出している。これは、SQL 文をまとめて標準出力に書き出し、パイプの先の sqlite3 に処理させる形に変えることで、sqlite3 コマンド起動を 1 回に減らせる。

```
add() {
  who="$1"
```

```
    while IFS="=" read date value; do
      case $value in
        [Yy][Ee][Ss])      val='○' ;;
        [Nn][Oo])          val='×' ;;
        *)                 val='-' ;;
      esac
      echo "REPLACE INTO sched VALUES('$who', '$date', '$val');"
    done | query
}
```

さらにいえば、上記で起動された sqlite3 コマンドは、REPLACE 文を 1 つ実行するたびに書き込みを行なうので、そのつど待ち時間が発生する。複数の SQL 文をまとめて実行したい場合は**トランザクション**を利用する。SQLite3 では、

```
BEGIN;
    SQL文の並び
COMMIT;
```

とすることで、並び部分が 1 つの処理単位となる。これをふまえてさらに add 関数を書き換えると以下のようになる。

```
add() {
  who="$1"
  { echo "BEGIN;"
    while IFS="=" read date value; do
      case $value in
        [Yy][Ee][Ss])      val='○' ;;
        [Nn][Oo])          val='×' ;;
        *)                 val='-' ;;
      esac
      echo "REPLACE INTO sched VALUES('$who', '$date', '$val');"
    done
    echo "COMMIT;"
  } | query
}
```

「REPLACE ごとに毎回 sqlite3 を起動」、「sqlite3 は 1 回だが毎回 REPLACE」、「sqlite3 は 1 回でトランザクション利用」の 3 つでどの程度差が出るかについて、Opteron 3280 2300MHz

のマシンにて所要時間を大まかに計った結果を示しておく。約 4MB のデータベースファイルに約 12 万件のレコードが登録されているところに、10 件、100 件、1000 件、10000 件のレコードを追加した場合の処理時間（秒）である。

| SQL 問い合わせ方法 | 10 件 | 100 件 | 1000 件 | 10000 件 |
|---|---|---|---|---|
| 毎回 sqlite3 起動 | 0.14 | 1.44 | 14.39 | 145.98 |
| 毎回 REPLACE 実行 | 0.08 | 0.72 | 7.72 | 78.04 |
| トランザクション利用 | 0.01 | 0.02 | 0.03 | 0.16 |

多数の書き込みをともなうデータベース操作はトランザクションを明示的に指定することで、圧倒的に速くなるのが見て取れる。

imoni.sh をベースに、query 関数と add 関数に上記の修正をほどこしたものを imoni2.sh として以後の Web インタフェース化に用いる。

**リスト3.17 ● imoni2.sh**

```sh
#!/bin/sh
db=${DB:-imoni.sq3}
query() {
  sqlite3 -cmd 'PRAGMA foreign_keys=ON' -cmd '.timeout 3000' $db "$@"
}

create() {                    # テーブル作成と外部キーテーブル初期化
  tbl=`query "SELECT name FROM sqlite_master WHERE name='datelist';"`
  if [ -z "$tbl" ]; then      # $tbl が空文字列なら
    query<<-EOF
        CREATE TABLE datelist (date PRIMARY KEY);
        CREATE TABLE sched (
          name, date, okng,
          UNIQUE(name, date),
          FOREIGN KEY(date) REFERENCES datelist(date)
        );
        EOF
  fi
  ndate=`query "SELECT count(date) FROM datelist;"`
  if [ "$ndate" -eq 0 -a -s datelist.csv ]; then
    query<<-EOF
        .mode csv
```

```
                .import datelist.csv datelist
            EOF
    fi
}

add() {                    # レコード登録機能
    who="$1"
    { echo "BEGIN;"
      while IFS="=" read date value; do
        case $value in
            [Yy][Ee][Ss])    val='○' ;;
            [Nn][Oo])        val='×' ;;
            *)               val='-' ;;
        esac
        echo "REPLACE INTO sched VALUES('$who', '$date', '$val');"
      done
      echo "COMMIT;"
    } | query
}

list() {                   # gensql.sh を利用してHTMLの表を出力
    echo ''
    ./gensql.sh | sqlite3 -header -html $db
    echo "


"
}

delete() {              # 削除機能
    who="$1"            # 第1引数 = 削除したい人
    query "DELETE FROM sched WHERE name='$who';"
}

while getopts a:id:l i; do
    case "$i" in
        a)  job=add
            who=$OPTARG ;;
        i)  job=create ;;
        l)  job=list ;;
        d)  job=delete who=$OPTARG ;;
```

```
    esac
done
shift $((OPTIND-1))

case $job in
  add|delete)            # オプション指定なしの場合
    $job $who
    ;;
  *)
    $job "$@" ;;
esac
```

## 3.4.9　練習問題：日程候補の追加

調整が難航して日程候補を増やさねばならなくなったケースに応えよう。

> **問題**
>
> 日程候補を追加・削除するシェルスクリプト edit-date.sh を作成せよ。次のようなコマンドラインインタフェースで動くものとする。
> - -l オプションで日付一覧出力
> - -a *MM/DD* でその月日を datelist テーブルに追加
> - -d *MM/DD* でその月日を datelist テーブルから削除

特に新しいことはなく、getopts とシェル関数を利用した処理を淡々と書き連ねるのみである。

## 3.4.10 練習問題：解答例

追加指定された日付が日付としてありえるものかの判断を簡略化したものをまず示す。

**リスト3.18● edit-date.sh**

```sh
#!/bin/sh
PATH=/usr/local/sqlite3/bin:$PATH
db=${DB:-imoni.sq3}
query() {
  sqlite3 -cmd "PRAGMA foreign_keys=ON" $db "$@"
}

adddate() {
  case $1 in
    */*/*)      exit 1 ;;
    */*)        query "REPLACE INTO datelist VALUES('$1');" ;;
    *)          exit 1 ;;
  esac
}
listdate() {
  query "SELECT * FROM datelist;"
}
deldate() {
  query "DELETE FROM datelist WHERE date='$1';"
}

while getopts a:d:l f; do
  case $f in
    a)  adddate $OPTARG ;;
    d)  deldate $OPTARG ;;
    l)  listdate ;;
    \?) exit 1 ;;
  esac
done
shift $((OPTIND-1))
```

-aオプションに指定した日付チェックを行なっているのがadddate関数内の以下の部分である。

```
case $1 in
  */*/*)        exit 1 ;;
  */*)          query "REPLACE INTO datelist VALUES('$1');" ;;
  *)            exit 1 ;;
esac
```

　この簡略判定は、「スラッシュが1つあればよし」と判断している。これを若干改善しよう。シェルスクリプトなので外部コマンドの力を活用する。

　GNU date または NetBSD date コマンドでは、-d オプションに日付を指定して、日付出力する日時を決められる。たとえば次のようにすると日付文字列を正規化できる（GNU date コマンドを gdate として呼ぶ）。

```
$ gdate -d 09/0030 +%m/%d
09/30
$ gdate -d 09/300 +%m/%d
gdate: invalid date '09/300'
$ gdate -d 09/xyz +%m/%d
gdate: invalid date '09/xyz'
```

　これを利用して adddate 関数内部を書き変えるとしたら次のようなものが考えられる。

```
newdate=`gdate +%m/%d -d "$1"` || {
  echo Invalid date >&2; exit 1; }
query "REPLACE INTO datelist VALUES('$newdate');"
```

　date コマンドの %m からの出力の場合、1月から9月までは0が前置されたものとなる。0を付けたくない場合はシェル変数操作の # オペレータで消せばよい。

```
query "REPLACE INTO datelist VALUES('${newdate#0}');"
```

## 3.4.11　練習問題：SQL による繁雑な問い合わせ文の生成

　縦持ちテーブルを横持ちテーブルに直す問い合わせは熟語的ではあるが、横に伸ばすカラム数が可変だと面倒なのは確かである。gensql.sh（リスト 3.15）を用いた方法では、横に展開するカラムに関わる部分をシェルスクリプトで行なったが、これを SQL 自身で行なうことによ

り、SQL に閉じた明解な処理とすることができる。

> **問題**
>
> gensql.sh と同じ SQL 文を生成する SQL 文を作成し、gensql.sql というファイルに格納せよ。

[ヒント 1] datelist テーブルに、横軸に必要な日付がすべて格納されているので、これを取り出しながら、SQL 文を生成すればよい。生成には SQLite の printf 文を使うとよい。

[ヒント 2] SQL で文字列を print するには以下のように文字列定数を SELECT すればよい。

```
sqlite> SELECT 'Hello,
   ...>    World! It''s fine day.');
Hello,
   World! It's fine day.
```

SQL でクォート内で同じ種類のクォートを表すにはそれを 2 つ続けて書けばよい。

[ヒント 3] SQLite3 の SELECT 文で得られるカラム集合をカンマで区切って 1 つの文字列につなげるには group_concat( カラムからの値 , ','); のようにすればよい。

## 3.4.12 練習問題：解答例

まず、datelist から値を取り出すと以下のようになる。

```
sqlite> SELECT date FROM datelist;
10/3
10/4
10/10
10/11
10/17
10/18
```

この繰り返しを用いて、リスト 3.14 で必要な 4 か所の列挙部分を作り、その他の固定的な部分は SELECT 文で生成する。したがって、以下の問い合わせ文で○×数え上げ表を生成する問い合わせ文が得られる。

**リスト3.19●gensql.sql**

```
SELECT 'WITH sched2 AS (
 SELECT name,';
-- (1)↓日付候補の数だけのCASE文列挙
SELECT group_concat(
        printf('  CASE date WHEN ''%s'' THEN okng END "%s"', date, date),
        X'2c0a')              -- 「カンマ(0x2c)+改行(0x0a)」で連結する
FROM    datelist;

SELECT ' FROM sched
) SELECT name,';
-- (2)↓maxの列挙
SELECT group_concat(printf('   max("%s") "%s"', date, date), X'2c0a')
FROM    datelist;

SELECT ' FROM sched2
 GROUP BY name

 UNION ALL

 SELECT ''○の数'',';
-- (3)↓count関数の列挙
SELECT group_concat(printf('   count("%s")', date), X'2c0a')
FROM    datelist;
SELECT ' FROM sched2 WHERE ''○'' IN (';
-- (4)↓INに対する値の列挙
SELECT group_concat(printf('"%s"', date)) FROM datelist;

SELECT ');';
```

これは datelist テーブルの入っている imoni.sq3 データベースを開いた sqlite3 コマンドに送り込む。

# 3 簡単な自動集計システムの作成

```
$ sqlite3 imoni.sq3 < gensql.sql
WITH sched2 AS (
 SELECT name,
  CASE date WHEN '10/3' THEN okng END "10/3",
  CASE date WHEN '10/4' THEN okng END "10/4",
  CASE date WHEN '10/10' THEN okng END "10/10",
  CASE date WHEN '10/11' THEN okng END "10/11",
  CASE date WHEN '10/17' THEN okng END "10/17",
  CASE date WHEN '10/18' THEN okng END "10/18"
 FROM sched
) SELECT name,
    max("10/3") "10/3",
    max("10/4") "10/4",
    max("10/10") "10/10",
    max("10/11") "10/11",
    max("10/17") "10/17",
    max("10/18") "10/18"
 FROM sched2
 GROUP BY name

 UNION ALL

 SELECT '○の数',
    count("10/3"),
    count("10/4"),
    count("10/10"),
    count("10/11"),
    count("10/17"),
    count("10/18")
 FROM sched2 WHERE '○' IN (
"10/3","10/4","10/10","10/11","10/17","10/18"
);
```

この出力結果をさらに sqlite3 に送り込めばよい。

```
$ sqlite3 imoni.sq3 < gensql.sql | sqlite3 imoni.sq3
山形醤二|○|○|○|○|○|×
庄内三十彦|○|×|×|×|○|○
○の数|2|1|1|1|2|1
```

## 3.5 日程調整システムの自動化（HTTP経由）

Webインタフェースからのデータ操作を作成する。既にCGIプログラムの稼動に必要な設定は済ませてあるものとする。設定値は以下のとおりとする。

- CGIを配置するディレクトリは ~/public_html/sched/
- CGIとして起動されるファイルの拡張子は .cgi
- 使用文字コードはUTF-8

以上の条件で、文字列のみを処理するCGIシステムの設計手順について説明する。文字列のみでデータ中にNULL文字（ASCIIコード00のもの）を含まないものであれば、シェルスクリプトで処理を書ける。

ここでは、CGIからのデータの流れを処理するために重要なコマンドの説明をしたのちに、簡単なCGIスクリプトを作成を試みる。

### 3.5.1 CGI処理を補佐するコマンド

#### head

指定したバイト数のデータを読むために利用する。たとえば320バイトのデータを標準入力から読みたい場合は

```
head -c320
```

とする。

> **Note** 指定バイト数の読み込みであれば dd コマンドも適任であり、N バイトを読みたいなら
>
> ```
> $ dd bs=1 count=N 2> /dev/null
> ```
>
> によって取得できるが、N が大きい場合に遅すぎて使えない。bs=N count=1 とすると高速だが、N が巨大すぎると受けつけてもらえない。後続する章で画像などの大きなデータを読み取る処理でも用いることを考え本稿では head -c を利用する。もっとも、read システムコールを指定バイト数だけ行なえばよいので、自作のプログラムでも十分作成可能だといえる。

### ■ sed

Stream EDitor の略で、文字列の置換、選択出力などが行なえるフィルタ。本稿では主に文字列置換と指定した行数の出力のために利用する。文字列置換は

```
sed -e 's/置換前パターン/置換後文字列/'
sed -e 's/置換前パターン/置換後文字列/g'
```

の書式で利用する。パターンは正規表現で指定する。1 つ目は読み込んだ 1 行のうちパターンにマッチした部分を 1 個だけ置換する。2 つ目、g フラグを末尾に付したものはマッチした部分が複数あればすべて置換する。行数指定の出力は以下のような利用を想定する。

```
sed 10q         # 先頭10行のみ出力 (10行目でquitの意)
sed -n 2,4p     # 2行目から4行目のみ出力 (print)
sed 1,5d        # 先頭5行のみ削除 (delete)
```

sed はデフォルトでバッファにある行を出力するが、-n オプションはデフォルトでの出力を抑止する。このため p コマンド（print）と組み合わせて、特定の行のみ出力できる。

### ■ tr

文字単位の 1 対 1 置換を行なう。

```
tr '%+' '= '    # %を=に、+をスペースに置換する
tr a-z A-Z      # (文字クラス指定)小文字を大文字に置換する
tr -d '\n'      # 改行文字を削除する(-d オプションが該当文字削除)
```

なお、SystemV の tr で文字クラス指定するときは、大括弧で括る必要がある（tr '[a-z]' '[A-Z]' とする）。

### ■ nkf

Network Kanji Filter の略で元は漢字コードを変換するためのフィルタだが、現在では MIME エンコードなどの処理ができるよう拡張されている。CGI 経由で送られて来る値のうち非 ASCII 文字を含むものはパーセントエンコード（URL エンコード）される。これを元のバイト列に復元するときに sed と nkf を組み合わせて以下のように行なう（UTF-8 の場合）。

```
tr '%+' '= '|nkf -Ww -mQ
```

パーセントエンコードは、%16進2桁で符号化するが、% 文字を = に変えると quoted-printable となり、nkf -mQ で復号化できるようになる。また、パーセントエンコードではスペース（" "）を + 文字に変えるため、戻す場合は + をスペースに置換する。

## 3.5.2　シェルスクリプトによる簡単な CGI

### ■ CGI について

CGI そのものの解説は多くの文献があるので詳細はそちらに譲り、ここでは最も単純な CGI を例示するに留める。

CGI プログラムは通常、form 文を持つ HTML ページから起動される。以下のような HTML 文書があったとする。

**リスト3.20●cgi0.html**

```
<!DOCTYPE html>
<html lang="ja">
<head><title>CGI Example</title>
</head>

<body>
<h1>最も単純なCGI</h1>
<form action="./cgi0.cgi" method="POST">
 <label>お名前: <input name="onamae"></label><br>
```

```
    <label>ひとこと: <input name="hitokoto"></label><br>
    <input type="submit" value="OK">
    <input type="reset" value="Reset">
  </form>
  </body>
</html>
```

このHTML文書をブラウザで開くと以下のような入力画面が現れる。

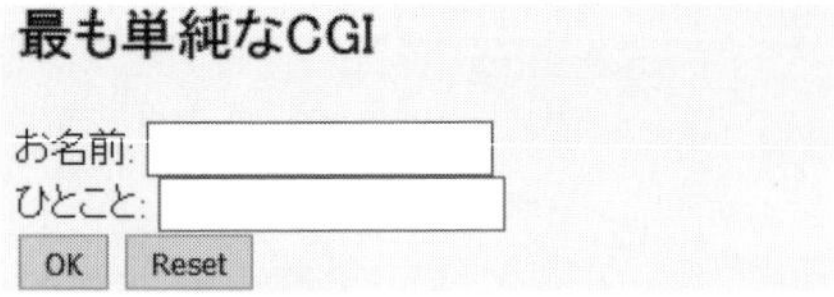

**図3.2●入力画面**

2つの入力窓と2つのボタンがある。これらを**コントロール**といい、CGIプログラムになんらかの値を渡すための機構になっている。実際に利用者が入力した値を保持するのは2つのinput要素で、それぞれname属性によって名前が付いている。起動されたCGIプログラムはこのname属性名を用いて値を取得できる。入力のためのinput要素に付けられたname属性値を、以後「入力名」と表すことにする。

## ■ CGIフォームの内訳

翻ってCGIスクリプト起動のために重要な行について説明する。

```
<form action="./cgi0.cgi" method="POST">
```

HTMLのform要素にてフォームの枠組みを指定する。action属性に起動したいプログラムをmethod属性にデータの送信方法を指定する。method属性について、本稿で利用するのは以下の2つである。

- GET
  
  CGIの場所を示すURLに受け渡すデータも埋め込む。ブラウザによって送れるパラメータ長に限りがある。また、URLに渡す値が見えるため、保護したい情報を送る場合には適さない。GETで渡されたパラメータをシェルスクリプトから受け取るには環境変数

QUERY_STRING の値を読み取ればよい。

- POST
  CGI プログラムの標準入力にデータを送り込む。POST で渡された値をシェルスクリプトから受け取るには標準入力を読めばよい。ただし読み取るバイト数は決まっていて、それは環境変数 CONTENT_LENGTH の値で取得する。

続いて input 要素の例を示す。

```
<label>お名前: <input name="onamae"></label><br>
<label>ひとこと: <input name="hitokoto"></label><br>
```

この 2 行では、2 つの入力フォームを出している。CGI スクリプトには onamae と hitokoto に入れられた値が渡される。

```
<input type="submit" value="OK">
<input type="reset" value="Reset">
```

2 つある input 要素の type=submit は送信ボタン、type=reset は入力値のリセットボタンである。いずれも 1 つの form 要素内に複数設置でき、どれを押しても送信・リセットの働きをする。

■ シェルスクリプトによるフォーム受信

このような入力フォームからの送信を受け取るシェルスクリプトの例を示す。

**リスト3.21 ●cgi0.cgi**

```
#!/bin/sh

parsepars() {
  oifs="$IFS"              # シェルの単語区切り文字を保存
  IFS='&'
  for unit in $1; do       # & で文字列を分割して unit に代入して繰り返す
    n=${unit%%=*}          # 入力名=値 の「入力名」を取り出す
    v=${unit#*=}           # 入力名=値 の「値」を取り出す
    echo "$n = $v"         # 「入力名 = 値」を出力するだけのプログラム
  done
```

```
    IFS="$oifs"                    # IFS変数を元に戻す
}

case "$REQUEST_METHOD" in
  get|GET)                         # GETの場合は環境変数から取得
    par="$QUERY_STRING" ;;
  post|POST)                       # POSTなら $CONTENT_LENGTH だけ標準入力を読む
    par=`head -c $CONTENT_LENGTH` ;;
esac

cat<<EOF                           # Content-type 行は必須。空行で終わる。
Content-type: text/plain; charset=utf-8

EOF
echo "実際のパラメータ文字列:"
echo "$par"
echo "分解結果:"
parsepars "$par"
```

注意すべきはパラメータを含む文字列の取得とその分解方法である。

```
case "$REQUEST_METHOD" in
```

環境変数 REQUEST_METHOD には HTML 文書の form 要素で指定した method が代入されているのでそれを基に処理を切り替える。POST の場合は標準入力を $CONTENT_LENGTH バイト読めばよい。指定バイト数だけ読むために head コマンドの -c オプション（バイト数指定）を利用している。

```
IFS='&'
for unit in $1; do
```

シェルの単語区切りの挙動を決定するシェル変数 IFS に & 文字のみを指定してから for 文による単語分割を利用している。

実際に入力フォームに文字列を以下のように入れた場合の結果を示す。

| 入力場所 | 入力名 (name 属性値) | 値 |
|---|---|---|
| お名前 | onamae | hanako |
| ひとこと | hitokoto | あい うえお |

CGI スクリプトからの出力は以下のようになる。

```
実際のパラメータ文字列:
onamae=hanako&hitokoto=%E3%81%82%E3%81%84+%E3%81%86%E3%81%88%E3%81%8A
分解結果:
onamae = hanako
hitokoto = %E3%81%82%E3%81%84+%E3%81%86%E3%81%88%E3%81%8A
```

入力文字列に含まれる空白文字（0x20）は + に、非 ASCII 文字はパーセントエンコードされているのが分かる。また、フォーム内での入力名すべてに対して

入力名$_1$=値$_1$&入力名$_2$=値$_2$……

のように、区切り文字 & で代入形式を列挙したものが渡される。なお、フォームでは同じ入力名を複数付けてもよく、その場合は同じ入力名に対する「入力名＝値」の並びが複数現れることになる。たとえば HTML フォームで、

```
<input name="foo">
<input name="bar">
<input name="foo">
```

のような 3 つの入力窓に対してそれぞれ a、b、c を入力した場合、cgi0.cgi スクリプトで得られたものを出力すると以下のようになる。

```
foo=a
bar=b
foo=c
```

必ずしも 1 つではない。

### ■ 非 ASCII 文字のデコード

パーセントエンコードされたものを戻す方法の1つとして tr と nkf を利用する方法を示した。これを先述の cgi0.cgi に組み込むには、以下の修正をすればよい。

```
v=${unit#*=}                    # 入力名=値 の「値」を取り出す
```

この行の部分を以下のように変える（下に1行追加）。

```
v=${unit#*=}                    # 入力名=値 の「値」を取り出す
v=`echo "$v" | tr '%+' '= ' | nkf -Ww -mQ`
```

これに対して前回同様以下のような入力値を与える。

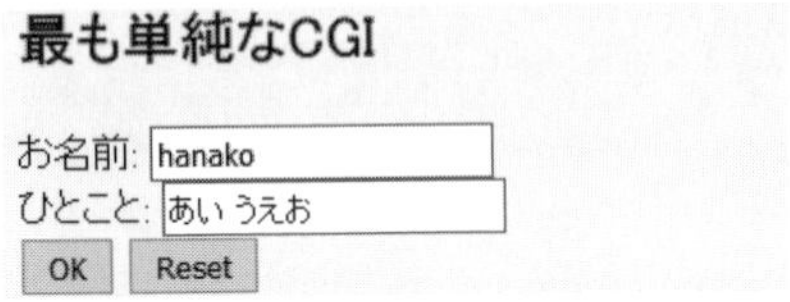

**最も単純なCGI**
お名前: hanako
ひとこと: あいうえお
OK  Reset

図3.3●入力値を与える

送信ボタンを押すと以下の結果が得られる。

```
実際のパラメータ文字列:
onamae=hanako&hitokoto=%E3%81%82%E3%81%84+%E3%81%86%E3%81%88%E3%81%8A
分解結果:
onamae = hanako
hitokoto = あい うえお
```

今度は日本語文字列を取り出せた。なお、input 要素などの name 属性に日本語を与えることもできるが、その場合は CGI スクリプトの方で入力名の方も値同様デコードすればよいだけである。

## 3.5.3　受信データの値の保存

cgi0.cgi スクリプトでは、送信されたデータから得た値をデコードしてすぐ echo で出力して終了している。実際には、渡されたデータから得た「入力名」と「値」を以後の処理で使うた

めに継続的に保持していなければならない。シェルスクリプトで値を保持するにはシェル変数にスカラ値を代入するしかない。zsh や bash にはハッシュ（連想配列）があり、CGI からの値の保持に適しているが、sh ではハッシュは使えない。sh ではスカラ変数しか使えないので、配列やハッシュをエミュレートするために変数名を工夫して eval を用いて代入操作をすることもあるが、eval の不用意な利用は潜在的なセキュリティリスクを含むため極力避けたい。

　本稿の目的の 1 つは RDB の操作に慣れることでもあるので、CGI から得た値を RDB に入れて保持する方法を採ることにし、その方法を述べる。変数代わりに RDB を利用するのは速度的に有利ではないが、シェルスクリプトで対処したい程度のデータ量とアクセス頻度であればさほど致命的ではない。

### ■ フォームから得た値を保存するスキーマ

　CGI スクリプトでは HTML フォームから得た値は「入力名 = 値」の集合として取得できる。ただし、「入力名」は HTML フォーム内で重複することがありえるため設計するテーブルの該当カラムには UNIQUE 制約を付けられない。これを考慮して、以下のようなテーブル設計が考えられる。

```
CREATE TABLE cgiparam(
  name text,
  value      text,
  UNIQUE(name, value)
);
```

　( 入力値, 値 ) の全く同じ組み合わせはあってもしかたないので UNIQUE(name, value) とした。さらにもう一点、CGI スクリプトは複数のクライアントによってほぼ同時に起動されることもある。それゆえ、別プロセスで起動した CGI スクリプト間で RDB に格納した値の取り合いをしないよう工夫する必要がある。

### ■ プロセスごとのフォームデータ分離

　CGI スクリプトは複数同時起動することがあるが、それぞれ異なる PID で動く。この性質を利用して、PID を用いて生成した文字列をタグとしてフォームデータを分離する識別子とする。つまり、( 入力名, 値 ) だけの組ではなく、( タグ, 入力名, 値 ) の 3 つ組で管理する。タグ情報を含んだテーブル設計は以下のようになる。

# 3 簡単な自動集計システムの作成

表3.21●タグ情報格納テーブルtags

| カラム | 型 | 用途 |
|---|---|---|
| id | TEXT | プロセス固有のタグ |
| expire | TEXT | タグの有効期限 |

表3.22●フォーム値格納テーブル（cgipars）

| カラム | 型 | 用途 |
|---|---|---|
| tag | TEXT | プロセス固有のタグ（tags.idのもの） |
| name | TEXT | 入力の名前 |
| val | TEXT | nameに対応する値 |

これをSQL文で表したものを以下に示す。

```
CREATE TABLE tags(id text PRIMARY KEY, expire TEXT);
CREATE TABLE cgipars(
  tag text, name text, val text,
  FOREIGN KEY(tag) REFERENCES tags(id) ON DELETE CASCADE
);
```

外部キー制約として「cgipars.tagはtags.idに含まれなければならない」という条件を指定した。また、「ON DELETE CASCADE」指定は、制約の親となるtags.idの値がDELETEされた場合に、その値を含むcgiparsテーブル内の行も残らず自動削除することを意味する。SQLite3では、制約に関係する親側テーブルの値に変更が起きたときに自動的にアクションを起こす設定ができる。

- ON DELETE アクション
  制約となっているキーの親側の値が削除されたときのアクションを設定する。

- ON UPDATE アクション
  制約となっているキーの親側の値が変更されたときのアクションを設定する。

「アクション」として指定できるのは以下のいずれかである[7]。

| | |
|---|---|
| NO ACTION | 何もしない。デフォルトがNO ACTIONである。 |
| RESTRICT | 即座にエラーを起こす。 |
| SET NULL | 親側のキーが削除（DELETE）されたり更新（UPDATE）されたときに、子側の対応するカラムの値をNULLにする。 |

---

注7　SQLite3の外部キー制約についての詳細は https://www.sqlite.org/foreignkeys.html 参照。

SET DEFAULT 　親側のキーが削除（DELETE）されたり更新（UPDATE）されたときに、子側の対応するカラムの値をデフォルト値にする。

CASCADE 　今回用いるのがこのCASCADEで、親側のキーが削除された場合は子テーブルの該当する行すべてを削除する。更新された場合は子側の対応カラムもすべて同じ値に更新される。

さらに、以下の点を考慮に加える。

- データベースファイルはhttpdプロセスによって書き込みを行なうので、書き込み可能なディレクトリを別に作りそこにファイルを置く。
- 入力フォームを出力するプログラムとフォームからの値を受け取るプログラムを統合する。
- CGIスクリプト起動ごとにそのプロセスIDを基にしたタグを生成し、データベースのtagsテーブルに格納する。
- タグの有効期限は1時間とし有効期限を過ぎたタグはテーブルから消去する。
- デコードしたフォーム値はタグといっしょにcgiparsテーブルに格納する。
- 出力をHTMLのtableモードにして読み取ったフォーム入力値を表出力する。

## 3.5.4　フォーム値をDBに保存するスクリプト

このような指針で作成したシェルスクリプトcgi2.cgiを示す。

**リスト3.22●cgi2.cgi**

```
#!/bin/sh
PATH=/usr/local/sqlite3/bin:$PATH
db=db/cgi.sq3                      # 【1】

query() {
  sqlite3 -cmd '.timeout 3000' -cmd 'PRAGMA foreign_keys=on' $db "$@"
}
# 【2】
tag=`date +%s`.$$                  # EPOCH秒とPID値の合成
exp='+1 hour'                      # 1時間後
```

```
storeparam() {
  oifs="$IFS"                    # シェルの単語区切り文字を保存
  IFS='&'
  { cat<<EOF
BEGIN;    -- 【3】
CREATE TABLE IF NOT EXISTS tags(id text PRIMARY KEY, expire TEXT);
CREATE TABLE IF NOT EXISTS cgipars(
  tag, name text, val text,
  FOREIGN KEY(tag) REFERENCES tags(id) ON DELETE CASCADE
);
-- 【2】
INSERT INTO tags VALUES('$tag', datetime('now', 'localtime', '$exp'));
DELETE FROM tags WHERE expire < datetime('now', 'localtime');
EOF
    for unit in $1; do          # & で文字列を分割して unit に代入して繰り返す
      n=${unit%%=*}             # 入力名=値 の「入力名」を取り出す
      v=${unit#*=}              # 入力名=値 の「値」を取り出す
      # SQLでは文字列中のシングルクォート(')は2つ重ねてエスケープ(sed部分)
      # 【4】
      n=`echo "$n" | tr '%+' '= ' | nkf -Ww -mQ | sed -e "s/'/''/g"`
      v=`echo "$v" | tr '%+' '= ' | nkf -Ww -mQ | sed -e "s/'/''/g"`
      cat<<EOF
REPLACE INTO cgipars VALUES('$tag', '$n', '$v');
EOF
    done
    echo "COMMIT;"
  } | query
  IFS="$oifs"                   # IFS変数を元に戻す
}

case "$REQUEST_METHOD" in
  get|GET)                      # GETの場合は環境変数から取得
    par="$QUERY_STRING" ;;
  post|POST)                    # POSTなら $CONTENT_LENGTH だけ標準入力を読む
    par=`head -c $CONTENT_LENGTH` ;;
esac

cat<<EOF                        # 【5】今回は text/html
Content-type: text/html; charset=utf-8
```

```
<!DOCTYPE html>
<html lang="ja">                    <!-- table開始行まで出力しておく -->
<head><title>CGI test</title></head>
<body>
<h1>CGI test</h1>
<table border="1">
EOF


storeparam "$par"                   # 受け取ったパラメータをDBに格納

query<<EOF                          # DBに入れた後HTMLのtable形式で取り出す
-- 【6】出力モードをHTML、ヘッダ出力をONに
.mode html
.head on
SELECT name,val FROM cgipars WHERE tag='$tag';

EOF
echo '</table></body></html>'
```

このスクリプトの要点について以下で説明を加える。

## ■ 有効期限つきタグ

【1】の部分

```
db=db/cgi.sq3
```

では、データベースファイルを別ディレクトリである db/ に置いている。SQLite では、データベースファイルに書き込みたい場合はファイルそのものだけでなく、ファイルを置くディレクトリも（httpd プロセスから）書き込み可能にしなければならない。かといって CGI スクリプトの存在するディレクトリを書き込み可能にしてはスクリプト本体も壊されかねないので、書き込み可能とするディレクトリは別に作成する。CGI 起動実験を行なう前に以下の操作をしておく。

```
$ mkdir -m 1777 db
$ ls -lFd db
drwxrwxrwt  2 hanako   users   3 Sep 26 09:54 db/
```

モード指定 1777 の最上位ビットの 1 は Sticky ビットで、このディレクトリに対してはモード 777（rwxrwxrwx）であるゆえ誰でもファイルの追加はできるが、ファイルの所有者以外は削除できないようにする働きを持つ。

また、このディレクトリのファイルを HTTP で取得されないようにする。Apache であれば db/.htaccess を作成し、以下のように書き込む。

```
<Files *>
  deny from All
</Files>
```

Apache 以外の場合、もしくは Apache 利用の場合でも CGI 公開ディレクトリ配下にデータベースファイルを置かないようにすれば、不慮のデータベースファイル漏洩は防げる。本稿では手近に実験する利便で db/ ディレクトリに格納する例を示すが、全く別のディレクトリを絶対パスで指定してもよい。たとえば

```
db=/some/other/path/where/httpd/cannot/access/to/cgi.sq3
```

のように Web 公開ファイルを置くツリーと違う場所にファイルを置くのもよい方法である。

【2】の部分（2 か所）

```
tag=`date +%s`.$$           # EPOCH秒とPID値の合成
exp='+1 hour'               # 1時間後
```

の date +%s は、UNIX 時間[注8] の秒数での出力である。タグの値は UNIX 時間とプロセス ID の結合値とし、同時に動いている他のプロセスの同じスクリプトと競合しないようにしている。この後読み取るフォームからの値をデータベース格納するときにタグと入力名、値を組にして INSERT する。

有効期限の 1 時間後の時刻を求めるときに、SQLite3 の datetime 関数を利用する。ここでは、

```
datetime('now', 'localtime', '+1 hour')
```

---

注8　1970 年 1 月 1 日 0 時 0 分（UTC）を起点とする経過時間で、コンピュータシステムでは内部でこの時間を保持している。エポック（Epoch）ともいう。

という関数呼び出しで、1時間後の時刻を表す文字列を得ている。これを挿入しているのが【2】の印のある下の方の部分である。

```
INSERT INTO tags VALUES('$tag', datetime('now', 'localtime', '$exp'));
DELETE FROM tags WHERE expire < datetime('now', 'localtime');
```

現行プロセス固有のタグを有効期限の時刻文字列と合わせて INSERT している。同時に、過去に起動されたプロセスにより挿入されたタグについて、そのときに設定した有効期限を過ぎていたらテーブルから削除するようにしている。

なお、datetime() の挙動を見るには sqlite3 コマンドでいくつか試すとよい。

```
$ sqlite3
sqlite> SELECT datetime('now');
2015-10-15 13:29:19
sqlite> SELECT datetime('now', 'localtime');
2015-10-15 22:29:04
sqlite> SELECT datetime('now', 'localtime', '+8 hours');
2015-10-16 06:29:44
```

【3】の部分では、「テーブルが存在しなければ CREATE TABLE」を IF NOT EXISTS 句を用いて発行している。このため、事前のテーブルの初期化はしなくても済むようにしている。

## ■ データベースへの値の文字列挿入

【4】の部分

```
n=`echo "$n" | tr '%+' '= ' | nkf -Ww -mQ | sed -e "s/'/''/g"`
v=`echo "$v" | tr '%+' '= ' | nkf -Ww -mQ | sed -e "s/'/''/g"`
```

は、nkf -Ww -mQ までのフィルタ処理で非 ASCII 文字も元の文字列に戻る。もしその文字列にシングルクォートが含まれていた場合は、続く REPLACE 文でエラーを引き起こすことになる。

```
REPLACE INTO cgipars VALUES('$tag', '$n', '$v');
```

たとえば v="Let's Go" だとすると、上記の REPLACE 文は以下のようになる。

```
REPLACE INTO cgipars VALUES('$tag', '$n', 'Let''s Go');
```

# 3 簡単な自動集計システムの作成

$v 内のシングルクォートにより、文字列を括るクォートが終わるため SQL 構文エラーとなる。スクリプト中のコメントにもあるように、文字列中にクォートを入れたい場合は 1 つのクォートを 2 つ連ねればよい。この変換を行なっているのが nkf 起動の後ろの

```
sed -e "s/'/''/g"
```

である。

## ■ HTML の出力

【5】の部分

```
cat<<EOF
Content-type: text/html; charset=utf-8

<!DOCTYPE html>
<html lang="ja">
    ⋮
EOF
```

では、今回は HTML 形式で出力するので、Content-type ヘッダを HTML 用にしている。sqlite3 での HTML 形式での出力は、tr 要素の内部のみであるからそれを包含する table 要素はシェルスクリプトで用意する。

```
<!DOCTYPE html>
<html lang="ja"gt;
<head><title>●×▲</title></head>             ── スクリプトが出力する部分
<body>
※◆○……
<table border="1">
  <tr>...</tr>
  <tr>...</tr>                               ── sqlite3が出力する部分
</table>
</body>                                      ── スクリプトが出力する部分
</html>
```

## 【6】の部分

```
.mode html
.head on
SELECT name,val FROM cgipars WHERE tag='$tag';
```

sqlite3への入力はこの3行で、最初の2行で出力形式をHTMLにしてヘッダ出力をONにしている。ヘッダ出力はカラム名をth要素で書き出すようになる。

### ■ 実行結果

以下のようにonamaeに対して「hanako」を、hitokotoに対して「<Let's えんじょい>」の入力値を与えてcgi2.cgiを呼び出してみる。

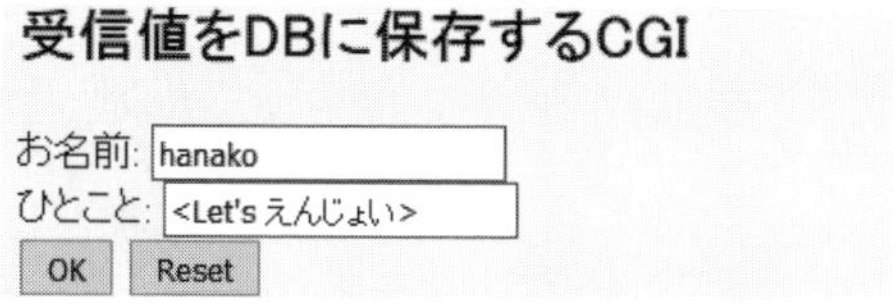

**受信値をDBに保存するCGI**

お名前：hanako
ひとこと：<Let's えんじょい>
 OK   Reset 

**図3.4●入力値を与えてcgi2.cgiを呼び出す**

結果は以下のようになる（table部分のみ示す）。

| name | val |
|---|---|
| onamae | hanako |
| hitokoto | <Let's えんじょい> |

**図3.5●結果**

この出力が得られた状態で、データベースファイルに直接アクセスして格納されている値を見ると以下のようになっている。

```
$ sqlite3 db/cgi.sq3
sqlite> SELECT name,val FROM cgipars;
onamae|hanako
hitokoto|<Let's えんじょい>
sqlite> .mode html
sqlite> SELECT name,val FROM cgipars;
<TR><TD>onamae</TD>
<TD>hanako</TD>
</TR>
```

```
<TR><TD>hitokoto</TD>
<TD>&lt;Let&#39;s えんじょい&gt;</TD>
</TR>
```

注目すべきは、hitokoto への入力に与えたクォートと不等号である。クォートは SQL の文字列括りであるが、sed による 2 連並びへの置換で正常に INSERT 処理できたことが分かる。また、不等号は HTML としてそのまま出力するとタグ開始と判定されて消えてしまうのだが、sqlite3 は HTML 出力モードに変えると、不等号記号などを HTML の実体参照[注9]に置き換える。これにより、シェルスクリプトで CGI プログラムを作る場合に記号類の実体参照化を sqlite3 にすべて任せることができる。

## 3.5.5　セキュリティに対する考察

コマンドラインで起動すること前提のスクリプトでは、引数に与えられた値をそのまま INSERT 文に渡していた。これは利用者がデータベースを破壊する意志がないことを前提としたからで、Web アプリケーションではその前提は置けない。cgi2.cgi で入力値を

```
v=`echo "$v" | tr '%+' '= ' | nkf -Ww -mQ | sed -e "s/'/''/g"`
```

と、最後の sed 置換でクォート変換したのはその対策の意味もある。データベースに対するありがちな攻撃として次のようなものがある。たとえば

```
INSERT INTO tbl VALUES('$k', '$v');
```

という SQL 文に対して、k と v の値に次のようなものを入れてみる。

```
k=foo
v="Akkanbeee!'); DROP TABLE tbl; SELECT ('Bomb!"
```

すると SQL 文は次のように展開される。

```
INSERT INTO tbl VALUES('foo', 'Akkanbeee!'); DROP TABLE tbl; SELECT ('Bomb!');
```

注9　HTML で特別な意味を持つ記号など、その文字自体を出力するための参照方法で、たとえば < は &lt; で表記する。

このように、入力値に副作用をもたらすSQL文を注入することを**SQLインジェクション**といい、入力値をデータベースに挿入する際には必ずそれが起きないよう注意する必要がある。

　SQLiteを含めたRDBMSの各種プログラミング言語のライブラリ（言語バインディング）では、INSERT文とそれに与える値を分離して処理（プレースホルダ利用）することで予期せぬSQL文実行を防げるが、シェルスクリプトではできない。このために次のような前処理を欠かさず行なう必要がある。

### ■ 文字列の場合

**方法 1**　クォートのエスケープ処理を行なう。

　先述のように値にクォートが含まれる場合に備え「| sed "s/'/''/g"」とフィルタ処理する。

**方法 2**　すべて 16 進化する

　得られた値を 16 進文字列化して挿入する。たとえば CGI パラメータからのエンコード値がシェル変数 v に入っている場合の取り出しを以下のようにする（hexize 関数は 4.1.3 節「バイナリデータのデータベース入出力」に記述）。

```
hex=`echo -n "$v" | tr '%+' '= ' | nkf -Ww -mQ | hexize`
```

そのうえで、INSERT 文を次のようにする。

```
INSERT INTO tbl VALUES('$k', cast(X'$hex' as text));
```

こうすることで、入力値が予期せぬ SQL 文の一部となる可能性が消える。

### ■ 数値の場合

　数値として読み込んでいる値であれば、数値として登場しえない文字を削る。たとえばシェル変数に入っている値が数値であるという仮定ならば、

```
v=${v%%[!-0-9Ee.]*}
```

とすると、数値以外の文字が 1 つでもあればそれ以降の文字がすべて削除される。自然数に限定できるのなら、

```
v=${v%%[!0-9]*}
```

とさらに厳しくでき、これらに続けて「$v が空文字列でなければ」（test -n "$v"）の条件分岐を足すことで不正 SQL は防げる。

### 3.5.6　ライブラリ化

　HTML 文書からのフォームデータを受け取り、データベースに格納する処理はすべての CGI スクリプトで必要になるのでライブラリ化しておくと以後作成するスクリプトで役に立つ。
　ここで定義している getpar 関数は

```
x=`getpar param`
```

として、param という name 属性の付いた値を取得する。また、フォーム送信時にパーセントエンコードされた文字列を元に戻す処理も頻繁に使うため関数化しておく。その他、有用な関数をまとめてファイル化しておく。

**リスト3.23●cgilib-sh**

```
#!/usr/bin/head -5
# -*- mode: shell-script -*-
# CGI Library for Shell Script
# Use this by source'ing.
#  . ../cgilib-sh

PATH=/usr/local/sqlite3/bin:$PATH
_db=db/cgi.sq3
query() {
  sqlite3 -cmd '.timeout 3000' -cmd 'PRAGMA foreign_keys=on' $_db "$@"
}
_tag=`date +%s`.$$          # CGIパラメータのタグをEPOCH秒とPID値から生成
_exp='+1 hours'             # 1時間後
pdecode() {
  tr '%+' ' =' | nkf -Ww -mQ
}
storeparam() {
  oifs="$IFS"               # シェルの単語区切り文字を保存
```

## 3.5 日程調整システムの自動化（HTTP 経由）

```
    IFS='&'
    { cat<<-EOF
        BEGIN;
        CREATE TABLE IF NOT EXISTS tags(id text PRIMARY KEY, expire TEXT);
        CREATE TABLE IF NOT EXISTS cgipars(
          tag, name text, val text,
          FOREIGN KEY(tag) REFERENCES tags(id) ON DELETE CASCADE
        );
        INSERT INTO tags
          VALUES('$_tag', datetime('now', '$_exp', 'localtime'));
        DELETE FROM tags WHERE expire < datetime('now', 'localtime');
        EOF
      for unit in $1; do         # & で文字列を分割して unit に代入して繰り返す
        n=${unit%%=*}            # 入力名=値 の「入力名」を取り出す
        v=${unit#*=}             # 入力名=値 の「値」を取り出す
        # SQLでは文字列中のシングルクォート(')は2つ重ねてエスケープ(sed部分)
        n=`echo "$n" | pdecode | sed -e "s/'/''/g"`
        v=`echo "$v" | pdecode | sed -e "s/'/''/g"`
        cat<<-EOF
          REPLACE INTO cgipars VALUES('$_tag', '$n', '$v');
          EOF
      done
      echo "COMMIT;"
    } | query
    IFS="$oifs"                  # IFS変数を元に戻す
}
getpar() {                       # 指定したパラメータの値を改行区切りで返す
  query<<-EOF
      SELECT val FROM cgipars WHERE name = '$1' AND tag='$_tag';
      EOF
}
contenttype() {
  echo "Content-type: ${1:-text/html; charset=utf-8}"
  contenttype() {}               # 一度出力したら不要になる
}
htmlhead() {                     # Content-type から HTML body要素開始まで
  contenttype; echo
  cat<<-EOF                      # $1=タイトル
      <!DOCTYPE html>
      <html lang="ja"><head><title>$1</title></head>
      <body>
```

```
            <h1>$1</h1>
            EOF
}

case "$REQUEST_METHOD" in
  get|GET)                          # GETの場合は環境変数から取得
    par="$QUERY_STRING" ;;
  post|POST)                        # POSTなら $CONTENT_LENGTH だけ標準入力を読む
    par=`head -c $CONTENT_LENGTH` ;;
esac

storeparam "$par"                   # 受け取ったパラメータをDBに格納
```

## 3.5.7 日程調整システムへの適用

　ここまで説明した CGI 処理を応用して日程調整システムの Web インタフェースを作成しよう。この段階では単純化してユーザ認証機能はないものとし、互いに信頼できる者どうしが本人を偽ることなく情報入力すると仮定が置けるものとする。

　処理スクリプトは以下の 3 つの機能を持つように設計する。

（1）　入力フォームの出力
（2）　入力値の登録処理
（3）　登録状態の表形式出力

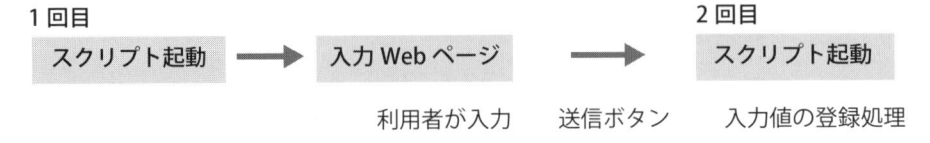

**図3.6●スクリプトの処理の流れ**

### ■ 入力フォームの生成

　日程調整スクリプトのコマンドラインでのデータ入力を振り返ってみる。

## 3.5 日程調整システムの自動化（HTTP 経由）

```
$ ./imoni.sh -a 飯森花子
10/3=yes
10/4=yes
10/10=no
10/11=no
10/17=no
10/18=no
```

ここで imoni.sh に与えているのは「氏名」と「日付ごとの yes/no」である。これらを読み取るための Web インタフェースを作ればよい。そのための入力フォームを以下のように設計してみる。

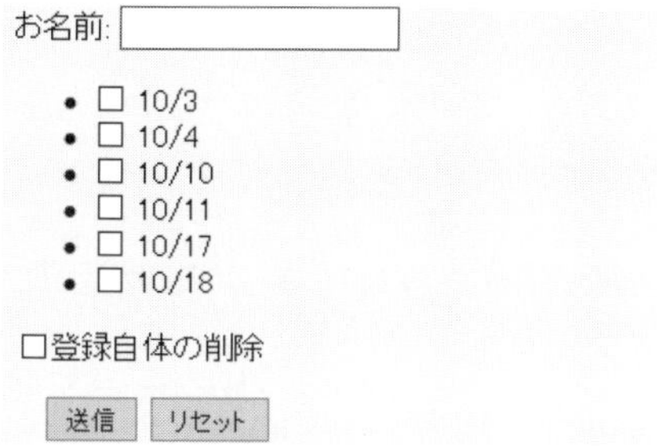

**図3.7●入力フォーム**

どのような HTML 文を生成すればよいか順に見ていく。

「お名前」の次の入力窓は type="text" の input 要素である。日付ごとのチェックボックスは type="checkbox" の input 要素である。この日付は一覧を納めたファイルが datelist.csv にあるのでそこから取得しつつ対応するチェックボックスを生成する。「登録自体の削除」もチェックボックスで生成する。

日付ごとのチェックボックス生成は、datelist.csv を読みながら以下のように行なう。

```
for d in `cat datelist.csv`; do
  cat<<EOF
<li><label><input type="checkbox" name="$d" value="yes">
$d</label></li>
EOF
done
```

## 3 簡単な自動集計システムの作成

### ■ 値の受け取りとデータベースへの登録

フォームに値が入力されて起動された CGI スクリプトからは、入力値は cgilib-sh 内の getpar 関数を呼ぶことで得られる。たとえば氏名の入力されている onamae 欄の値は x=`getpar onamae` などとすることで得られる。また、日付ごとの参加 yes/no の回答は getpar 日付で得られる。日付一覧を datelist.csv から取得するとすれば、次のようにするとすべての参加可否が得られる。

```
for d in `cat datelist.csv`; do
  case `getpar $d` in
    yes)       ans="yes" ;;
    *)         ans="no" ;;
  esac
  echo $d=$ans
done
```

これによって、「10/3=yes」、「10/4=no」……などの文字列が生成される（のちに練習問題で改良）。

以上の設計を反映させた日程調整 Web インタフェース提供スクリプトの例 imoniweb0.cgi を以下に示す。

#### リスト3.24● imoniweb0.cgi

```
#!/bin/sh
cd `dirname $0`                         # カレントディレクトリを合わせる
. ../cgilib-sh
DB=db/cgi.sq3; export DB                # データベースファイルを cgi.sq3 に統合
./imoni2.sh -i                          # 関連テーブル初期化関数を呼んでおく

htmlhead "芋煮予定調整表"                 # ヘッダの出力(cgilib内の関数)

###
## 入力フォームの生成
###
cat<<EOF
<p>参加できる日程をチェックして[送信]ボタンを押してください。</p>
<form action="./imoniweb0.cgi" method="POST">
  お名前: <input name="onamae">
```

## 3.5 日程調整システムの自動化（HTTP 経由）

```
    <ul>
EOF
for d in `cat datelist.csv`; do
  cat<<EOF
  <li><label><input type="checkbox" name="$d" value="yes">
      $d</label></li>
EOF
done
cat<<EOF
  </ul>
  <input type="checkbox" name="delete" value="yes">登録自体の削除<br>
  <input type="submit" value="送信">
  <input type="reset" value="リセット">
</form>
EOF

###
## 入力された値がもしあればデータベースに登録
###
name=`getpar onamae`
if [ -n "$name" ]; then              # 氏名が記入されていたら登録
  delete=`getpar delete`
  if [ x"$delete" = x"yes" ]; then
    ./imoni2.sh -d "$name"           # 削除
  else
    for d in `cat datelist.csv`; do  # これを imoni2.sh -a のstdinに渡す
      case `getpar $d` in
        yes)    ans="yes" ;;
        *)      ans="no"  ;;
      esac
      echo $d=$ans                   # 日付=yes/noの出力
    done | ./imoni2.sh -a "$name"
  fi
fi

###
## 登録状況を表形式で出力
###
./imoni2.sh -l                       # 登録後の○×数え上げ表を出力

echo "</body></html>"
```

## 3 簡単な自動集計システムの作成

　このCGIスクリプトを配置し、Webブラウザから開いた画面は以下のようになる（入力中の様子を示す）。

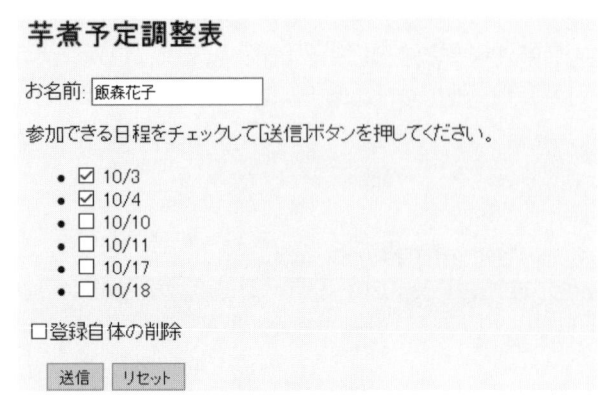

**図3.8●Webブラウザから入力中の様子**

　この状態で［送信］ボタンを押すと「10/3」と「10/4」に○が付くようデータベースが更新される。

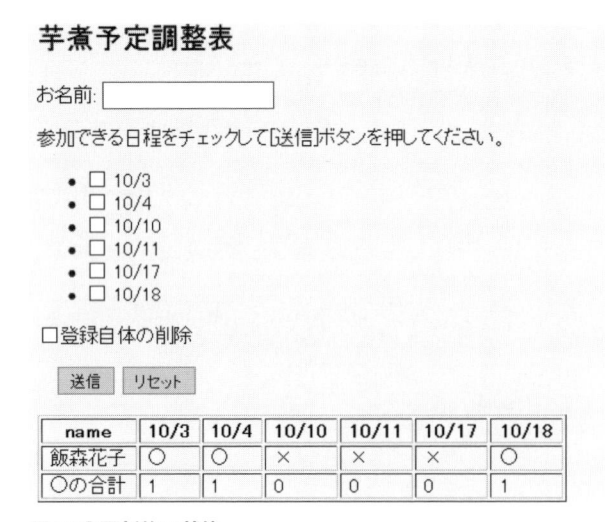

**図3.9●更新後の状態**

　わずか50行足らずのスクリプトだが、SQLiteの力を借りているためデータの頻繁な更新に耐えうる堅牢なWebアプリケーションとして振る舞える。

## 3.5.8　練習問題：シェルでのループの回避

imoniweb0.cgi では、HTML フォームから日付ごとにチェックされた値を imoni.sh -a に送り込む部分を for 文で行なっている。

```
for d in `cat datelist.csv`; do      # これを imoni2.sh -a のstdinに渡す
  case `getpar $d` in
    ...
done
```

ここでは、日付文字列 1 つ 1 つに対し、for 文によるループで毎回 getpar を呼んでいる。getpar は内部で sqlite3 コマンドをその都度呼ぶものであるから、入力変数の個数増加に比例して呼び出し回数が増える。この程度の規模のデータ入力操作では問題にならないが、シェルスクリプトのループそのものをなくしたり、sqlite3 コマンドの呼び出しを極力減らすことで効率化をはかれる。

---

**問題**

予定調整の imoniweb0.cgi では、imoni2.sh -a に渡す文字列の生成を for ループを用いていた。これを改良し、SQL 文 1 つで文字列生成を行なえるようにせよ。

---

［ヒント 1］たとえば予定調整の入力画面に

お名前：たろう
参加できる日程をチェックして[送信]ボタンを押してください。
- ☑ 10/3
- ☑ 10/4
- ☐ 10/10
- ☐ 10/11
- ☐ 10/17
- ☑ 10/18

と入力されて送信された場合、db/cgi.sq3 データベース内の cgipars にはたとえば以下のような値が入る。

# 3 簡単な自動集計システムの作成

```
tag                name       val
----------------   --------   --------
1453590689.18424   onamae     taro
1453590689.18424   10/3       yes
1453590689.18424   10/4       yes
1453590689.18424   10/18      yes
```

タグはシェルスクリプト内では $_tag で参照できる。この状態から、

```
10/3=yes
10/4=yes
10/10=no
10/11=no
10/17=no
10/18=yes
```

という文字列を生成できればよい。

[ヒント2] datelist に登録されている全日付に対して、出欠可否の値を得るには datelist テーブルと cgiparms テーブルの LEFT JOIN を使う。いま、あるユーザが送信ボタンを押して起動した直後の入力パラメータだけを取り出す SQL 文を考える。過去に入力されたパラメータもすべて cgipars テーブルに入っているが、現在のものはタグの値が $_tag と等しいもので絞り込める。したがって、このときの日付ごとの出欠可否値は次のようにして得られる。

```
query<<EOF
SELECT *
FROM datelist d LEFT JOIN cgipars c
     ON d.date=c.name AND c.tag='$_tag';
EOF
```

このときの $_tag が '1453600391.21177' だとすると得られる値は以下のとおりである（sqlite3 の出力モード column、ヘッダ出力 ON のもの）。

```
date         tag                 name       val
----------   ----------------    --------   --------
10/3         1453600391.21177    10/3       yes
10/4         1453600391.21177    10/4       yes
10/10
```

```
10/11
10/17
10/18          1453600391.21177    10/18          yes
```

空欄部分は NULL である。それは cgipars テーブルに対応する値がないことによる。

[ヒント 3] NULL のときに別の値を選択するときには coalesce 関数（SQL）を利用する。

## 3.5.9　練習問題：解答例

datelist テーブルと sched テーブルで LEFT JOIN をした結果を「日付」＝「yes または no」の書式で出力すればよい。取り出したいカラムは datelist.date と cgipars.val であるから、SQL 文を次のように組み立てる（$_tag の部分はそのCGI セッションタグに置き換えられるものとする）。

```
SELECT d.date, c.val
FROM datelist d LEFT JOIN cgipars c
     ON d.date=c.name AND c.tag='$_tag';
```

このままだと NULL が空欄になるため、coalesce で 'no' に置き換える。

```
SELECT d.date, coalesce(c.val, 'no')
FROM datelist d LEFT JOIN cgipars c
     ON d.date=c.name AND c.tag='$_tag';
```

最後に「日付」＝「yes または no」にするために、SQL の文字列結合 || で出力を整形する。

```
SELECT d.date || '=' || coalesce(c.val, 'no')
FROM datelist d LEFT JOIN cgipars c
     ON d.date=c.name AND c.tag='$_tag';
```

以上により出力は次のようになる。

```
10/3=yes
10/4=yes
10/10=no
```

```
10/11=no
10/17=no
10/18=yes
```

printf愛好家であれば、SELECTの直後を以下のように書き変えてもよい。

```
printf('%s=%s', d.date, coalesce(c.val, 'no'))
```

以上をまとめると、imoniweb0.cgiの最後のforを次のように修正すればよいことになる。

```
for d in `cat datelist.csv`; do
  case `getpar $d` in
       yes)   ans="yes" ;;
       *)     ans="no"  ;;
  esac
  echo $d=$ans
done | ./imoni2.sh -a "$name"
```

```
query<<EOF | ./imoni2.sh -a "$name"
SELECT d.date || '=' || coalesce(c.val, 'no')
FROM datelist d LEFT JOIN cgipars c
     ON d.date=c.name AND c.tag='$_tag';
EOF
```

なお、この修正を終えてもまだ改良すべき点は残る。データベース内で解決できるデータのやりとりなのにimoni2.shを介している点である。SELECT文の組み立てをもう一工夫して、schedテーブルにそのまま入力可能な表形式とすることで、シェルスクリプトを介することなくすべての更新処理が可能となる。

以下に、cgiparsから直接schedに反映させるSQL文の例を示しておくので、これをシェルスクリプトにうまく組み込んでみてほしい。

```
REPLACE INTO sched
  SELECT (SELECT val FROM cgipars
          WHERE tag='$_tag' AND name='onamae') name,
       d.date,
       CASE c.val
       WHEN 'yes' THEN '○'
       ELSE '×'
       END okng
  FROM datelist d LEFT JOIN cgipars c
       ON d.date=c.name AND c.tag='$_tag';
```

# 第4章
## 写真日記システムの作成

**この章の目標**

- SQLite でのバイナリファイルの出し入れ方法を理解する。
- CGI でのバイナリデータの送受信のしくみを理解する。
- CGI での Cookie のしくみを理解する。
- HTTP でのマルチメディアデータの送信方法を理解する。
- SQLite 出力と sed による高速な HTML 出力の要点を知る。
- Unix システムでのパスワードとソルトの概念を理解する。
- Web アプリケーションでのセッションキーのしくみを理解する。
- 汎用マクロプロセッサ m4 の威力と安全な使い方を知る。
- 以上を総合してシェルスクリプト + SQL による簡単なブログサイトを作れるようになる。

# 4 写真日記システムの作成

## 4.1 SQLite3によるバイナリデータの出し入れ

写真に限らずバイナリデータの格納もSQLite3 + シェルスクリプトで可能である。Web 利用による写真日記システムの設計の前に、SQLite3 データベースへのバイナリデータの出し入れの方法を説明する。

### 4.1.1 バイナリデータの16進クォート

データ中に ASCII の NULL 文字（0x00）を含むデータは、16 進文字列にエンコードすることで SQLite3 データベースに挿入することができる。簡単なテーブルを作成してデータ挿入を行なってみる。

```
$ sqlite3 binary.sq3
sqlite> CREATE TABLE files(filename PRIMARY KEY, content);
sqlite> INSERT INTO files VALUES('foo', X'414243');
sqlite> INSERT INTO files VALUES('bar', X'41004243');
```

INSERT 文にある「X'...'」という表記はクォート内の文字列を1バイトごとの16進表記の並びとみなし、それらをその文字コードに直したバイト列に変換される。1つ目の X'414243' は文字コード 0x41、0x42、0x43 の並びの ABC であり、2つ目の X'41004243' は ABC の A と B の間に 0x00（NULL 文字）を挟むバイト列になる。

NULL 文字は通常の SELECT では取り出せないため、hex 関数で 16 進化して取り出す。

```
sqlite> SELECT filename, content FROM files;
foo|ABC
bar|A
sqlite> SELECT filename, hex(content) FROM files;
foo|414243
bar|41004243
```

また、quote 関数を用いると、結果を別の SQL 文への入力に使えるクォート形式で得られる。

```
sqlite> SELECT filename, quote(content) FROM files;
foo|X'414243'
bar|X'41004243'
```

## 4.1.2　16進クォート文字列の変換

　バイナリファイルをデータベースに出し入れするスクリプトを作る。バイナリファイルを読み込んで16進文字列を作成するには様々な方法がある。標準入出力を介することのできる3つの方法を示す。

- hexdump -ve '1/1 "%.2x"'
- perl -ne 'print unpack("H*", $_)'
- xxd -p

　逆に、16進文字列をバイナリデータに戻す方法を2つ示す。

- perl -n -e 's/([0-9a-f]{2})/print chr hex $1/gie'
- xxd -r -p

　このうち xxd はテキストエディタ vim に添付されるコマンドである。オプションだけで操作できるのでコマンドラインで使うには重宝する。本稿では既に Perl の使用を前提としているので Perl を利用するシェル関数を作成する。Perl が利用できない場合は他の選択肢で置き換えればよい。

## 4.1.3　バイナリデータのデータベース入出力

　以上をふまえてバイナリファイルをデータベースに出し入れする場合に有用なシェル関数を作成する。

**リスト4.1●hexize/unhexize関数**

```
hexize() {
  perl -ne 'print unpack("H*", $_)'
```

```
  # hexdump -ve '1/1 "%.2x"'
  # xxd -p
}
unhexize() {
  perl -n -e 's/([0-9a-f]{2})/print chr hex $1/gie'
  # xxd -r -p
}
```

このシェル関数を利用して、上記 binary.sq3 ファイルに入れた 2 つ目のデータを取り出す例を示す。

```
$ sqlite3 binary.sq3 "SELECT quote(content) FROM files
WHERE filename='bar'" | unhexize > out.bin
$ od -t x1 -c out.bin
0000000    41  00  42  43
            A  \0   B   C
0000004
```

また、バイナリファイルをデータベースに挿入する場合はシェル関数 hexize を用いると以下のように行なえる。

```
jpgfile=hoge.jpg
    ⋮
sqlite3 binary.sq3<<EOF
REPLACE INTO files VALUES('$jpgfile', X'`hexize < $jpgfile`');
EOF
```

コマンドラインに指定する引数には長さ制限があり、長大な SQL 文はコマンドラインには入り切らない場合がある。長くなりそうな SQL 文は sqlite3 コマンドの標準入力に送り込む形を取るのが望ましい。

## 4.1.4　練習問題：バイナリファイルの出し入れ

バイナリ/テキスト種別を問わず、データベースファイルに複数のファイルを格納でき、ファイル名指定で取り出せるようなものを作ってみよう。

---

**問題**

任意のファイルを SQLite データベースに格納・取り出しするためのインタフェースとなるスクリプト sqlar.sh を作成せよ。コマンドラインインタフェースは以下のようなものとする。

```
sqlar.sh サブコマンド DBファイル [ 対象ファイル... ]
```

サブコマンドの働きは以下のとおりである。

| サブコマンド | 働き |
| --- | --- |
| a *DB ファイル Files...* | *Files...* で指定したファイル（群）をデータベースに追加 |
| d *DB ファイル Files...* | データベースから指定したファイル群を削除 |
| l *DB ファイル* | データベース内に格納されているファイル一覧を出力 |
| x *DB ファイル Files...* | データベースから指定したファイル群を取り出す（既存ファイルは上書きする） |

格納するファイルはファイル名のみで識別するものとする。

---

［ヒント 1］すべての格納ファイルをバイナリ扱いしてよい。つまり、本文中で定義した hexize/unhexize 関数経由でテーブルにファイルの中味を挿入する。

［ヒント 2］作成するテーブルは、たとえば以下のようにするとよい。

```
CREATE TABLE IF NOT EXISTS files(
  filename text PRIMARY KEY, mtime, data blob
);
```

mtime カラムは格納ファイルの修正時刻を格納するためのものである。ファイルの修

正時刻を保存しておいて、ファイルを取り出したときにその修正時刻に復元する。このとき touch コマンドを用いるので、mtime には touch -t オプションにそのまま与えられる CCYYMMDDhhmm.SS の書式を格納しておく。ファイルの修正時刻をこの書式に変換するには Perl を用いた以下のシェル関数を利用してよい。

```
mtime() {
  perl<<-EOF
        use POSIX "strftime";
        use File::stat;
        print strftime "%Y%m%d%H%M.%S", localtime(stat("$1")->mtime);
        EOF
}
```

[ヒント3] ファイルの取り出し時には、取り出しファイルの書き込み先のディレクトリがあるか確認しておく必要がある。格納ファイルのファイル名が fn に入っているとしたら、mkdir -p `dirname $fn` するとよい。

### 4.1.5　練習問題：解答例

サブコマンドに応じたシェル関数を作成し、第1引数に応じて処理を切り替えるように作成した。エラー処理などはほとんど省略したものを示す。

**リスト4.2●sqlar.sh**

```
#!/bin/sh
PATH=/usr/local/sqlite3/bin:$PATH

if [ -z "$2" ]; then         # $2=DBファイル がなければUsageを出して終了
  cat<<-EOF >&2
        Usage: $0 SUBcommand SQLarchive [ Files... ]
        SUBcommands are as follows:
            a     Add Files... to SQLarchive.
            d     Delete Files... from SQLarchive.
            l     List files in SQLarchive.
            x     Extract files from SQLarchive.
        EOF
  exit 1
```

```
  fi
cmd=$1; shift     # 第1引数はサブコマンド
db=$1;  shift     # 第2引数はDBファイル
query() {
  sqlite3 $db "$@"
}
mtime() {         # ファイルの修正時刻を touch -t の書式に変換する
  perl<<-EOF
        use POSIX "strftime";
        use File::stat;
        print strftime "%Y%m%d%H%M.%S", localtime(stat("$1")->mtime);
        EOF
}
hexize() {
  perl -ne 'print unpack("H*", $_)'
}
unhexize() {
  perl -n -e 's/([0-9a-f]{2})/print chr hex $1/gie'
}
query<<EOF        # アーカイブ用テーブルがなければ作成する
CREATE TABLE IF NOT EXISTS files(
  filename text PRIMARY KEY, mtime, data blob
);
EOF

addfiles() {      # ファイル追加
  for f; do       # 引数すべてをファイルとみなして繰り返す
    if [ ! -s $f ]; then       # ファイルがなければスキップ
      echo Empty or nonexistent file $f skipped >&2
      continue
    fi
    mt=`mtime $f`
    fn=`echo "$f" | sed "s/'/''/g"` # ファイル名のクォートをクォート
    query<<-EOF
        REPLACE INTO files VALUES(
          '$fn',
          '$mt',
          X'`hexize < $f`');
        EOF
  done
}
```

```
delfiles() {        # ファイル削除
  for f; do
    fn=`echo "$f" | sed "s/'/''/g"` # ファイル名のクォートをクォート
    echo "DELETE FROM files WHERE filename='$fn';"
  done | query
}
listfiles() {       # 格納ファイル一覧
  query<<-EOF
        .mode column
        .head on
        SELECT filename, mtime, length(data) size FROM files
        ORDER BY filename;
        EOF
}
extractfiles() { # ファイル抽出(絶対パスは相対パスに変換)
  for f; do
    fn=`echo "$f" | sed "s/'/''/g"`      # クォートをクォート
    cond="WHERE filename='$fn'"
    outfile=`echo "$f" | sed 's,^//*,,'` # 先頭からの / を除去
    dir=`dirname $outfile`
    test -d $dir || mkdir -p $dir
    query "SELECT hex(data) FROM files $cond;" \
        | unhexize > $outfile
    touch -t `query "SELECT mtime FROM files $cond;"` $outfile
  done
}
case $cmd in
  a)    addfiles "$@" ;;
  d)    delfiles "$@" ;;
  l)    listfiles ;;
  x)    extractfiles "$@" ;;
esac
```

## 4.2 バイナリデータの送信処理

　ここでは、HTMLによるフォーム入力で、添付ファイルを処理する方法を示す。ここで説明する方法はCGIの仕組みに即した一例に過ぎないので、紹介する処理内容の細部には立ち入らず、まずは最後に提示したcgilib2-shを組み込んで使用する表面的な方法だけ理解し、より込み入った機能を実装したくなったときに細部の検討をするために読み直すという立場で構わない。

### 4.2.1 CGIによるファイル送信

　まずHTMLフォーム入力でファイルを送信してCGIスクリプトで受け取るときにやりとりするデータの仕組みを見よう。CGIでファイル送信を行なうにはform要素の属性指定にenctype="multipart/form-data"を追加する。実際に動かしてみてデータの流れを確認する。CGIスクリプトを設置する予定のディレクトリに移動してから

```
$ mkdir -m 1777 tmp
```

としてhttpdプロセスに書き込みできるtmp/を作成してから実行してみる[注1]。

**リスト4.3 ● filepost0.cgi**

```sh
#!/bin/sh

title=ファイル投稿
tmp=${TMPDIR:-tmp}
cat<<EOF
Content-type: text/html; charset=utf-8

<!DOCTYPE html>
<html lang="ja">
<head><title>$title</title></head>
```

---

注1　3.5.4節の「有効期限つきタグ」項に記したように、このtmp/ディレクトリ内のファイルもhttpdに取得されない設定をしておくのが望ましい。

```
<body>
<h1>$title</h1>

<form action="filepost0.cgi" method="POST" enctype="multipart/form-data">
 <label>ファイルを添付してください:
  <input type="file" name="image"></label><br>
  一言:<br>
 <textarea name="hitokoto" rows="5" cols="40"></textarea>
 <input type="submit" value="POST">
 <input type="reset" value="Reset">
</form>
EOF

if [ -n "$CONTENT_LENGTH" ]; then
  ofile=$tmp/filepost-stream
  head -c $CONTENT_LENGTH > $ofile
  echo "<p>CONTENT_TYPE=$CONTENT_TYPE</p>"
  echo "<p>$ofile にPOST結果を出力しました。</p>"
fi

cat<<EOF
</body></html>
EOF
```

このスクリプトの URL を開くと以下のような入力フォームが現れる。

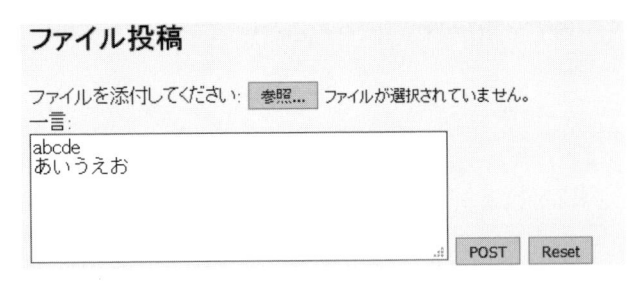

図4.1●入力フォーム

ファイル添付の部分には \0 を含むバイナリデータを添付する。特に手持ちファイルがなければ以下のようにすることでテストデータファイルを作成できる。

```
$ printf "foo\000\001bar" > /tmp/file.bin
```

文字列 foo と bar の間に文字コード 0x00 と 0x01 の並びを入れたものである。このファイルを添付データとして先述の入力フォームに入れ、POST ボタンを押すと以下のような出力が得られる。

```
CONTENT_TYPE=multipart/form-data; boundary=---------------------------8048465413907165462049879955
tmp/filepost-stream にPOST結果を出力しました。
```

と出るのでコマンドラインから中味を確認する。cat コマンドに制御文字を見える形にして表示する -v オプションをつけて出力した例を示す。

```
$ cat -v tmp/filepost-stream
-----------------------------8048465413907165462049879955^M
Content-Disposition: form-data; name="image"; filename="file.bin"^M
Content-Type: application/octet-stream^M
^M
foo^@^Abar^M
-----------------------------8048465413907165462049879955^M
Content-Disposition: form-data; name="hitokoto"^M
^M
abcde^M
M-cM-^AM-^BM-cM-^AM-^DM-cM-^AM-^FM-cM-^AM-^HM-cM-^AM-^J^M
-----------------------------8048465413907165462049879955--^M
```

以下の点を確認したい。

- すべての値は Multipart 形式で区切られて 1 つのストリームに入る。
- 環境変数CONTENT_TYPE に multipart/form-data 指定と境界文字列の値が代入されている。
- input 名は Content-Disposition 行の name="..." に入る。
- 送信ファイル名は、同 filename="..." に入る。
- foo と bar の間には、0x00 と 0x01 がそのまま入っている。
- すべての行の行末は CR+LF（改行＋復帰）になっている。

　enctype="multipart/form-data" に設定すると、すべてのフォームの値は Multipart 形式のストリームに詰め込まれる。このため、このストリームから各 part を切り出して、文字列は文字列として、添付ファイルは添付ファイルとして取り出すシェル関数を作成する必要がある。

結論から述べるとNULL文字（0x0）を含むデータをシェル変数に代入して正確に処理することは汎用的なシェルの機能だけではできない。したがって、Multipartのデータストリームを分解し、以下のような出力を行なう部分だけ別のスクリプト言語の力を借りる。

- 取り出したpartの種別が普通の文字列ならその文字列を標準出力に書き出す。
- ファイルならそのデータをファイルに書き出し、ファイル名を標準出力に書き出す。

Perlで作成したMultipart分割スクリプトを示し、以後で利用する。

### リスト4.4●mpsplit.pl

```perl
#!/usr/bin/env perl
$sep = "--" . $ARGV[0];
$dir = ($ARGV[1] || "tmp");
($dir =~ /^([^<>\;\&]*)$/) and $dir = $1;

$/ = undef;
@slices = split($sep, <STDIN>);
@rv = ();
shift(@slices);
pop(@slices);
foreach $item (@slices) {
  $item =~ s/^\n//;
  ($header = $item) =~ s/\r\n\r\n.*//s;
  ($body = $item) =~ s/.*?\r\n\r\n//s;
  $body =~ s/\r\n$//;
  unless ($header =~ /\bname=([\"']?)(.*?)\1/) {
    next;
  }
  $name = $2;
  if ($header =~ /filename=(['\"]?)(.*?)\1/ && $2 gt "") {
    $fn=$2;
    if ($fn =~ /^([^\/]*)$/) {
      $fn = $1;
    }
    open(OUT, ">$dir/$fn");
      print OUT $body;
    close(OUT);
    $var = sprintf("%s:filename", $name);
```

```perl
      $val = $fn;
    } else {
      $var = $name;
      $val = $body;
    }
    $var =~ s/([^\w ])/'%' . unpack('H2', $1)/eg; $var =~ tr/ /+/;
    $val =~ s/([^\w ])/'%' . unpack('H2', $1)/eg; $val =~ tr/ /+/;
    push(@rv, sprintf("%s=%s", $var, $val));
}
print join('&', @rv);
```

このスクリプトは

mpsplit.pl *境界文字列 ファイル書き出しディレクトリ*

のようにして起動する。今回の例の Multipart ストリームに対しては以下のような結果をもたらす。

```
$ cat tmp/filepost-stream \
   | ./mpsplit.pl ---------------------------8048465413907165462049879955 tmp
image%3afilename=file%2ebinhitokoto=abcde%0d%0a%e3%81%82%e3%81%84%e3%81%86%e3%81%88%e3%8
1%8a%
```

出力結果の仕様は以下のように定めた。

（1）input が文字列の場合は *input 名 = 値のパーセントエンコード*
（2）input がファイルの場合は *input 名 :filename= 出力ファイル名のパーセントエンコード*

「:filename」の部分の「:」はパーセントエンコードを経ると %3a に変換されるため「%3afilename」となる。

## 4.2.2 mpsplit を用いたフォーム値の取得

フォームの送信方法が Multipart の場合も、そうでない場合にもシェルスクリプトで値を取得できるようにしよう。

## ■ 受信データ保存用テーブルの拡張

3.5.3 節の「フォームから得た値を保存するスキーマ」項では、HTML フォームからの値を後の処理で利用するためのテーブルを作成した。これを拡張し、値が文字列の場合だけでなく、ファイル送信された場合のファイル名を格納できるようにする。以下のようなスキーマとする。

**表4.1 ● 送信ファイルも受け取れるCGIパラメータ用テーブルcgipars**

| カラム | 意味 |
| --- | --- |
| tag | タグ |
| name | input 名 |
| val | 文字列の場合はその値、送信ファイルの場合はその中味 |
| filename | ファイルが送信された場合はファイル名、それ以外は NULL |

環境変数 CONTENT_TYPE の値が設定されている場合には、mpsplit.pl を用いて値を取得し、それを cgipars テーブルに格納する。

## ■ SQLite3 でのバイナリデータ格納

4.1.3 節「バイナリデータのデータベース入出力」で示したように、X'...' 表記を用いてデータベース入出力を行なう。リスト 4.1 で定義したシェル関数を利用する。

フォーム送信されたものが Multipart 形式であれば mpsplit.pl を介してパラメータを受け取り、そうでなければそのままパラメータを受け取る。このように書き変えた CGI 用シェルスクリプトライブラリ cgilib2 を以下に示し、主要部分について追って説明する。

**リスト4.5 ● cgilib2-sh**

```
#!/usr/bin/head -5
# -*- mode: shell-script -*-
# CGI Library v2 for Shell Script
# Use this by source'ing.
# . ../cgilib2-sh

PATH=/usr/local/sqlite3/bin:$PATH
cd `dirname $0`                     # カレントディレクトリを合わせる
_db=${DB:-db/cgi.sq3}               # 変数DBで変更可能にしておく
query() {
```

```
    sqlite3 -cmd '.timeout 3000' -cmd 'PRAGMA foreign_keys=on' $_db "$@"
}
#【1】HTML実体参照への変換
escape() {                          # HTMLエスケープ
  printf "%s" "$@" |
      sed -e '; s/\&/\&amp;/g' -e 's/"/\&quot;/g' -e "s/'/\&apos;/g" \
          -e "s/</\&lt;/g; s/>/\&gt;/g"
}
_tag=`date +%s`.$$                  # EPOCH秒とPID値の合成
_exp='+1 hours'                     # 1時間後
#【2】一時ディレクトリの作成
tmpd=`TMPDIR=${TMPDIR:-tmp} mktemp -d -t cgi.$_tag.XXXXXX` || exit 1
cleandir() {
  rm -r $tmpd
}
trap cleandir EXIT INT TERM HUP

hexize() {             # 4.1.3節「バイナリデータのデータベース入出力」での説明参照
  perl -ne 'print unpack("H*", $_);'
}
unhexize() {
  perl -n -e 's/([0-9a-f]{2})/print chr hex $1/gie'
}
pdecode() {            # パーセントエンコードから戻す
  tr '%+' '= '| nkf -Ww -mQ
}
storeparam() (
  IFS='&'              # サブシェル化された関数なのでIFSを保存せず変更
  { cat<<EOF           # この出力は { } グループを出たあとの query() に渡る
BEGIN;
CREATE TABLE IF NOT EXISTS tags(id text PRIMARY KEY, expire TEXT);
CREATE TABLE IF NOT EXISTS cgipars(
  tag, name text, val text, filename,   /* ファイル名用カラムを追加 */
  FOREIGN KEY(tag) REFERENCES tags(id) ON DELETE CASCADE
);
INSERT INTO tags VALUES('$_tag', '$_exp');
DELETE FROM tags WHERE expire < '$_now';
EOF
      for unit in $1; do        # & で文字列を分割して unit に代入して繰り返す
        n=${unit%%=*}           # 入力名=値 の「入力名」を取り出す
        v=${unit#*=}            # 入力名=値 の「値」を取り出す
```

```
                        # SQLでは文字列中のシングルクォート(')は2つ重ねてエスケープ(sed部分)
            n=`echo "$n" | pdecode | sed -e "s/'/''/g"`
            v=`echo "$v" | pdecode | sed -e "s/'/''/g"`
#           【3】テーブルへのファイル内容の挿入
            case "$n" in
              *:filename)               # 入力名に :filename がある場合(mpsplitによる)
                n=${n%:filename}        # :filename より前を取り出す
                cat<<EOF                # hexize関数でエンコードしたものを挿入
REPLACE INTO cgipars VALUES('$_tag', '$n', X'`hexize < $tmpd/$v`', '$v');
EOF
                ;;
              ?*)                       # :filenameがなければ name, val のみの挿入
                echo "REPLACE INTO cgipars VALUES('$_tag', '$n', '$v', NULL);"
                ;;
            esac
        done
        echo "COMMIT;"
    } | query
)
getpar() {                              # 指定したパラメータの値を改行区切りで返す
    query<<EOF
SELECT val FROM cgipars WHERE name = '$1' AND tag='$_tag';
EOF
}
contenttype() {
    echo "Content-type: ${1:-text/html; charset=utf-8}"
    contenttype() {}                    # 一度出力したら不要になる
}
htmlhead() {                            # Content-type から HTML body要素開始まで
    contenttype; echo
    cat<<EOF                            # $1=タイトル
<!DOCTYPE html>
<html lang="ja"><head><title>$1</title>
<!--【4】CSSファイル読み込み設定 -->
<link type="text/css" rel="stylesheet" href="mycgi.css"></head>
<body${bodyclass:+ class="$bodyclass"}>
<h1>$1</h1>
EOF
}

case "$REQUEST_METHOD" in
```

```
      get|GET)                            # GETの場合は環境変数から取得
        par="$QUERY_STRING" ;;
      post|POST)                          # POSTなら $CONTENT_LENGTH だけ標準入力を読む
  #   【5】Multipartかどうかでの場合分け
        stream=$tmpd/stream
        head -c $CONTENT_LENGTH > $stream
        case $CONTENT_TYPE in
          *boundary=*)
            boundary=${CONTENT_TYPE#*boundary=}
            par=`./mpsplit.pl "$boundary" $tmpd < $stream` ;;
          *)
            par=`cat $stream` ;;
        esac
        ;;
  esac

  storeparam "$par"                       # 受け取ったパラメータをDBに格納
```

## ■【1】の部分：HTML 実体参照への変換

　Web ページ向けの出力に < > & " ' そのものを出したいときは実体参照（エンティティ参照）に変換する必要がある。そのための変換を sed コマンドで行なっている。使用例としては、データベース内にある既存レコードの修正をする場合に、フォームの初期値を input 要素に与えておく場合などがある。

## ■【2】の部分：一時ディレクトリの作成

　フォームから送信されたストリームや、そこから取り出したファイルを一時的に保存しておくディレクトリを mktemp コマンドで作成する。cgilib2 スクリプト中では以下のようにして作成している（主要部抜粋）。

```
_tag=`date +%s`.$$
cleandir() {
  rm -r $tmpd
}
trap cleandir EXIT INT TERM HUP
```

セキュリティと動作時の排他制御の観点から、作業ファイルを作成する場合は

- 他のプログラムから容易に推測可能なファイル名にしない
- ファイルを作成する瞬間に他のプロセスが開けないようにする

の2点に注意する。mktempコマンドでどちらも遂行できる。通常mktempコマンドは一時ファイルを作成するが、-dオプションの指定によりディレクトリを作成する。このときのファイル名のテンプレートのXの連続部分がランダムな文字列に変えられ、作成ディレクトリのモードも700に設定される。もし、容量不足などで一時ディレクトリ作成が失敗した場合は「|| exit 1」で即座にスクリプト起動を停止する。作成した一時ディレクトリはシェル変数tmpdに代入し以後の処理で利用する。

一時ファイル（ディレクトリ）はスクリプト終了時に消去したい。これを自動的に行なうために用いているのが内部コマンドtrapで、第1引数に指定した処理を、第2引数以後のシグナル捕捉のタイミングで実行する。この例ではすぐ上で定義したcleandir関数を、EXIT INT TERM HUPのタイミングで呼ぶ設定をしている。

| シグナル指定 | 典型的なタイミング |
| --- | --- |
| 1またはHUP | 端末が失われたとき |
| 2またはINT | C-c で止められたとき |
| 15またはTERM | killコマンド（シグナル無指定）で止められたとき |
| EXIT | スクリプトが終了するとき |

### ■【3】の部分：テーブルへのファイル内容の挿入

ファイルが送信された場合には、mpsplitにより入力名に :filename が付加される。それに対応する値はファイルの内容が保存されたファイル名となっているので、シェル関数hexizeで16進エンコードしたものをデータベースに挿入する。

```
cat<<EOF
REPLACE INTO cgipars VALUES('$_tag', '$n', X'`hexize < $tmpd/$v`', '$v');
EOF
```

の部分が、{ } のブロックを抜けた「| query」に渡されている。

### ■【4】の部分：CSS ファイルの設定

　入力フォームの操作をしやすくするためのスタイルシートをのちに設定する。そのための CSS 読み込み宣言を入れてある。また、body 要素の開始タグを

```
<body${bodyclass:+ class="$bodyclass"}>
```

としているが、これはこの関数を実行する時点でのシェル変数 bodyclass に空でない値が代入されているときのみ「 class="$bodyclass"」を挿入する（先頭の空白に注意）。

### ■【5】の部分：Multipart の場合分け

　環境変数 CONTENT_TYPE に Multipart 境界を示す boundary=... 指定のあるなしで直接 storeparam 関数に入力ストリームを渡すか、mpsplit 経由で渡すかを決めている。

## 4.2.3　練習問題:cgilib2 を用いた一言投稿サイト

　最も簡単な一言投稿例を示す。一言を読み込んでテーブルに格納するだけのものを作ってみよう。

---

**問題**

cgilib2 を利用して、「一言」を入力するだけの form 文をもつ HTML 出力し、そこに入力された言葉を hitokoto テーブルに格納する CGI スクリプト hitokoto.cgi を作成せよ。hitokoto テーブルのスキーマは以下のとおり。

```
CREATE TABLE hitokoto(comment TEXT UNIQUE, timestamp);
```

　timestamp カラムには書き込み時のタイムスタンプを SQLite 関数 datetime('now', 'localtime') で入れるものとする。

## 4.2.4　練習問題：解答例

cgilib2 を使用する流れが分かるようにした作成例を示す。

### リスト4.6●hitokoto.cgi

```sh
#!/bin/sh
# cgilib2は以下の2行のように利用する
cd `dirname $0`
. ./cgilib2-sh

# このスクリプト名を myname に
myname=`basename $0`

query "CREATE TABLE IF NOT EXISTS hitokoto(
       comment TEXT UNIQUE, timestamp);"

# Content-typeヘッダとタイトルまでを出力
htmlhead "一言ポストCGI"

# 前回起動のform文からの値を受け取りテーブルに格納
cmt=`getpar comment`      # input名 comment をシェル変数 cmt に代入
if [ -n "$cmt" ]; then    # 何か入力されていれば
  cmt=`echo "$cmt"|sed "s/'/''/g"`
  query "REPLACE INTO hitokoto
         VALUES('$cmt', datetime('now', 'localtime'));"
fi

# form文を出力
cat<<EOF
<form action="$myname" method="POST" enctype="multipart/form-data">
<p>一言: <input name="comment" type="text"></p>
<p><input type="submit" value="送信">
   <input type="reset" value="リセット"></p>
</form>
EOF

# 既存の一言集を出力
echo '<table border="1">'
query<<EOF                # HTML出力モード+ヘッダ出力モードにすると楽
.mode html
```

```
.header on
SELECT timestamp 日時, comment コメント
FROM hitokoto
ORDER BY timestamp DESC;
EOF
echo "</table>"
```

cgilib2 の利用に関するところを強調表示した。

この CGI スクリプトを実行すると次のような入力フォームが出る。

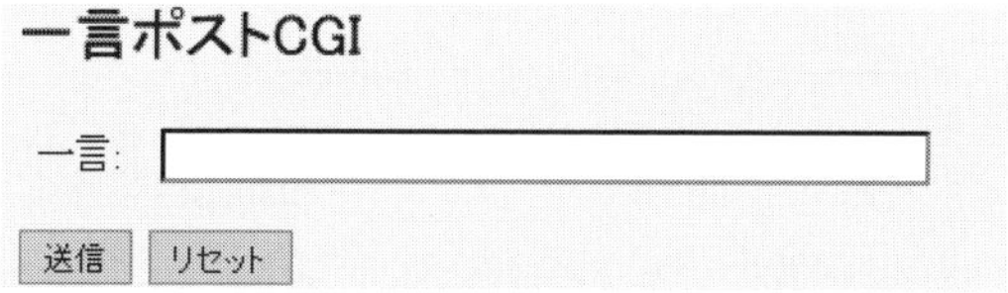

**図4.2●入力フォーム**

何か一言入れて「送信」ボタンを押すと登録される。

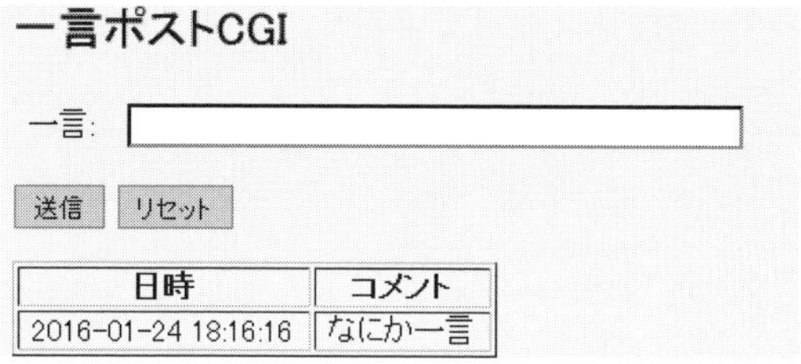

**図4.3●登録**

コメントは重複が許されず（UNIQUE 制約による）、新着順（ORDER BY timestamp DESC）で出力される。

# 4.3 簡単な写真日記システムの作成

cgilib2 を利用して、簡単な写真日記システムを作成してみる。

## 4.3.1 写真日記システムの概要

簡素な日記システムとして、以下のような仕様のものを考える。

- 記録できるのは「日時」、「日記となる本文」、「写真(画像)」の3項目とする。
- 主キーは「日時」とする。
- 「新規投稿」、「既存レコードの修正・削除」、「添付画像の表示」の機能を持つ。

登録されたものを表示する機能において、本文と写真を同時に出力したいところではあるが、SQL 文でテキストと画像表示（<img src="...">）を同時に出すことはできないため、第1段階として「日時」、「本文」、「ファイル名」のみ HTML の表形式で出力し、ファイル名部分をクリックすることで画像が出るように作成してみよう。

## 4.3.2 テーブル設計と対応する入力フォーム

まず、必要なテーブルを以下のように設計する。

**表4.2●写真日記のためのテーブルblog**

| カラム | 意味 | 制約 |
|---|---|---|
| datetime | 日付 | UNIQUE |
| body | 本文 | |
| filename | 画像ファイル名 | |
| filecontent | データ | |

これに対応する SQL 文は以下のようになる。

```
CREATE TABLE blog(datetime UNIQUE, body, filename, filecontent);
```

これを入力させるための HTML 文の概略は以下のようになる。

**リスト4.7 ● 本文と添付画像の入力フォーム**

```
<form method="POST" enctype="multipart/form-data" action="./storeblog.cgi">
<p>一言:</p>
<textarea name="hitokoto" cols="40" rows="3">
</textarea>
<p><label>添付ファイル:<input name="attach" type="file"></label></p>
<p><input type="submit" value="投稿">
<input type="reset" value="リセット"></p>
</form>
```

action=... に指定した「storeblog.cgi」がこれから作成する予定のものである。「日時」は投稿時の時刻から自動生成するため入力フォームは入れていない。

## 4.3.3　blog テーブルへの格納

上記の HTML 断片は以下の画面例のような入力フォームを出す。

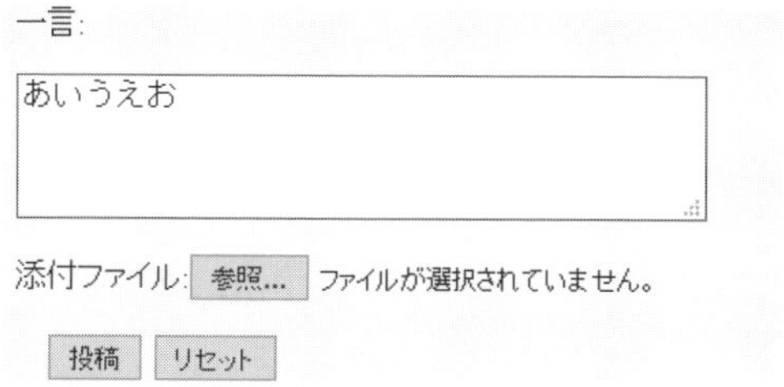

**図4.4 ● 入力フォーム**

ここに、一言＝「あいうえお」、添付ファイル＝「bar.jpg」の入力を与えて「投稿」ボタンを押した場合を考える。cgilib2 でこれを受け取ると cgipars テーブルに以下のように値が格納される。他のセッションでの入力値も混在する様子を tag カラムの値を単純化して示してある[注2]。

---

注2　cgipars のタグ分けについては 3.5.3 節の「プロセスごとのフォームデータ分離」項に説明がある。

**表4.3● 投稿されたときのcgiparsへの格納状態**

| tag | name | val | filename |
|---|---|---|---|
| tag_A | hitokoto | いろはにほへと | NULL |
| tag_A | attach | foo.jpg の中味 | foo.jpg |
| **tag_B** | **hitokoto** | **あいうえお** | **NULL** |
| **tag_B** | **attach** | **bar.jpg の中味** | **bar.jpg** |
| tag_C | hitokoto | 本日は晴天なり | NULL |
| tag_C | attach | NULL | NULL |
| tag_D | hitokoto | NULL | NULL |
| tag_D | attach | hoge.jpg の中味 | hoge.jpg |

今回の入力例に相当するのは tag カラムが tag_B の 2 行である。blog テーブルに挿入するなら以下のように問い合わせ文を構築する。

```
REPLACE INTO blog VALUES(
  日時, 'あいうえお', 'bar.jpg', bar.jpgの中味
);
```

実際には VALUES 句で即値を指定するのではなく、cgipars テーブルからの問い合わせを用いて挿入するカラム並びを構築する。このときに使う構文が、副問い合わせによる行挿入である。

```
INSERT INTO テーブル1 副問い合わせ;
```

副問い合わせによって得られるカラム並びがテーブル1に入る。これを応用するために、cgipars から tag='tag_B' に当てはまるものを「横持ち」に変換する。縦持ちから横持ちへの変換は 3.4.3 節「記入結果一覧出力」の問い合わせ文で行なったものを参考に、以下のように組み立てる。

まず、CASE 文で縦のカラムを横に展開する。

```
SELECT CASE name WHEN 'hitokoto' THEN val END,
       CASE name WHEN 'attach' THEN filename END,
       CASE name WHEN 'attach' THEN val END
FROM cgipars
WHERE tag='tag_B';
```

取り出されるものを表形式で表すと以下のようになる。

| あいうえお | | |
|---|---|---|
| | bar.jpg | bar.jpg の中味 |

ここから集約関数 max で NULL カラムを消し去る。

```
SELECT max(CASE name WHEN 'hitokoto' THEN val END),
       max(CASE name WHEN 'attach' THEN filename END),
       max(CASE name WHEN 'attach' THEN val END)
FROM cgipars
WHERE tag='tag_B'
GROUP BY tag;
```

これで首尾よく以下の結果が得られる。

| あいうえお | bar.jpg | bar.jpg の中味 |
|---|---|---|

この 3 つのカラムの前に日付カラムのための値を付ければ blog テーブルに挿入できる形となる。よって、cgipars テーブルに入力されたばかりのフォーム値を blog テーブルにコピーする問い合わせ文は以下のようになる。

```
REPLACE INTO blog
 SELECT 日時の文字列,
        max(CASE name WHEN 'hitokoto' THEN val END),
        max(CASE name WHEN 'attach' THEN filename END),
        max(CASE name WHEN 'attach' THEN val END)
 FROM cgipars
 WHERE tag=抽出するtagの値
 GROUP BY tag;
```

日時の文字列はシェルスクリプトで「date "+%F %T"」で得ればよい[注3]。

これらをまとめて、フォームに入力された「一言」と添付ファイルを blog テーブルに入れるだけのスクリプト storeblog.cgi を示す。

---

注3　もしくは SQLite 関数でそれと同じ値を返す datetime('now', 'localtime') でもよい。

## リスト4.8 ●storeblog.cgi

```sh
#!/bin/sh
cd `dirname $0`
. ./cgilib2-sh

htmlhead "一言+写真の登録"

cat<<EOF
<form method="POST" enctype="multipart/form-data" action="./storeblog.cgi">
<p>一言:</p>
<textarea name="hitokoto" cols="40" rows="3"></textarea>
<p><label>添付ファイル:<input name="attach" type="file"></label></p>
<p><input type="submit" value="投稿">
<input type="reset" value="リセット"></p>
</form>
EOF

hitokoto=`getpar hitokoto`
if [ -n "$hitokoto" ]; then
  date=`date "+%F %T"`            # キーとなる日時は自動設定する
  query<<-EOF
        REPLACE INTO blog
          SELECT '$date',
                 max(CASE name WHEN 'hitokoto' THEN val END),
                 max(CASE name WHEN 'attach' THEN filename END),
                 max(CASE name WHEN 'attach' THEN val END)
            FROM cgipars
           WHERE tag='$_tag'
           GROUP BY tag;
        EOF
  echo "<p>$date の日記として登録しました</p>"
fi

echo "</body></html>"
```

## 4.3.4 blogテーブルからの一覧出力

上記の SQL 文により、投稿された値は blog テーブルに以下のように格納される。

**表4.4●blogテーブルに格納された1件の例**

| カラム | datetime | body | filename | filecontent |
|---|---|---|---|---|
| 値 | 2015-11-01 21:22:23 | あいうえお | bar.jpg | *bar.jpg の中味* |

CGI スクリプトでこれを出力したい。SELECT 文で出すとしても、画像（filecontent カラム）はそのままバイナリ列が出力されるだけで画像には見えない。SELECT 文による出力では画像ファイルのリンクだけ出し、リンクをクリックしたら画像が出るようにしてみる。つまり、

| 日時 | 一言 | 添付ファイル |
|---|---|---|
| 2015-11-01 21:22:23 | あいうえお | bar.jpg |

の 3 カラムの出力とし、bar.jpg の部分をクリックすると画像が現れるようにしたい。bar.jpg にリンクを張るので

```
<a href="bar.jpgを出すためのURL">bar.jpg</a>
```

と出力したいのだが、これは SQLite3 の SQL 文一発では行かない。なぜなら、a 要素を埋め込むように問い合わせ文を工夫しても「<」や「>」などは実体参照に変換されてそれぞれ「&lt;」、「&gt;」に変換されるためリンクとして作用しない。

(1) 出力にリンクを埋めるための技巧
(2) データベースから画像データを取り出し、画像としてブラウザに送る機構

この 2 点について知る必要がある。

### HTML 表形式へのタグ埋め込み

SQLite3 の HTML 出力モードでは、出力値自体に HTML タグを埋められない。セキュリティ的には好ましい設計で、たとえばデータに JavaScript コードなどを埋められて、それがそのままブラウザに送信されたらどんな被害が起きるか分からない。

よって、タグを埋めたい場合は sqlite3 からの HTML 出力に記号を付けておき sed などで所望のタグに変換する方法を取る。たとえば、表 4.4 にある最初の 3 つのカラムを HTML モードで取り出すには

```
SELECT datetime, body, filename FROM blog WHERE datetime='2015-11-01 21:22:23';
```

とする。これによる出力は以下のようになる（改行そのまま）。

```
<TR><TD>2015-11-01 21:22:23</TD>
<TD>あいうえお</TD>
<TD>bar.jpg</TD>
</TR>
```

どんな場合でも「<TD>」は sqlite3 コマンドからの文字列であるから、この直後にカラムの値を特徴づけるタグを埋め込んでおき、sed などでそれを置換する規則を考える。つまり、

```
$ sqlite3 -header -html DBファイル SQL文 | sed 置換パターン
```

のようなコマンド起動の流れで a 要素によるリンクを作成するということである。一例を示す。

```
SELECT '1:' || datetime "日時",
       '2:' || body "一言",
       '3:' || filename '添付ファイル'
FROM blog WHERE datetime='2015-11-01 21:22:23';
```

とすると、HTML モードで生成されるものは以下のようになる。

```
<TR><TD>1:2015-11-01 21:22:23</TD>
<TD>2:あいうえお</TD>
<TD>3:bar.jpg</TD>
</TR>
```

この出力をパイプの先で標準入力として受けて、

- タグ「<TD>1:」または「<TD>2:」が来た場合はそれぞれ「1:」、「2:」の部分を削除
- タグ「<TD>3:」が来た場合は「3:」に後続する部分を ファイル名とみなし、データベー

スから画像を取り出す CGI プログラムへのリンクを生成

のようにする。なお、置換の必要のないカラムにも「1:」や「2:」を作るのは、一言欄にユーザが「3:」で始まる文章を入れた場合に不要な置換が起きるのを防ぐためである。sed は 1 行ずつ読んで処理を進めるので、読み込んでいる <TD> が何カラム目かを判断できない。もっと高水準のスクリプト言語を使えばカラムの個数を数えた処理は可能だが、何カラム目かを最初からカラム出力に入れてしまえばシンプルなアルゴリズムで処理できる。

上記のようなタグ付加を前提としたパターン置換を sed で行なうのであれば、以下のようなコマンドラインとなる。

```
... | sed -e 's,<TD>[12]:,<TD>,' \
        -e 's,<TD>3:\(.*\)</TD>,<TD><a href="URL">\1</a></TD>,'
```

-e オプションの 1 つ目、「<TD>」の後ろに「1 または 2」がきてその後ろに「:」が来る場合は、「<TD>」だけに置換する。-e オプションの 2 つ目、「<TD>:3」の後ろに任意の文字列が来て「</TD>」が続いている場合は任意の文字列の部分がアンカー文字列となるように a 要素でリンクを示す文字列に置換する。この URL の部分は次の節で考える。

### ■ データベース内の画像ファイルを出力するスクリプト

Web ブラウザからアクセスがあったときに、バイナリデータの種別とバイトサイズを適切に返してからバイナリデータを標準出力に書き出すとブラウザは画像や動画であればそれを表示し、アプリケーションと結び付いたデータであればそれに応じたアクションをしてくれる。たとえば、ブラウザに対して

```
Content-type: image/jpeg
Content-Disposition: filename="photo.jpg"
Content-Length: 123456

バイナリデータ...
```

のようなストリームを送り返すと、123456 バイトの JPEG ファイルとみなして処理してくれる。これをふまえて、特定の URL にアクセスがあったときに、その URL に応じたバイナリデータをデータベースから取り出して返すようなスクリプトを作成する。

# 4 写真日記システムの作成

まず、単純な実験スクリプトを作ろう。CGI プログラム実行の許されたディレクトリで以下のようにテストデータを作る。

```
: 一時ファイル用ディレクトリを作成(もしなければ)
$ mkdir -m 1777 tmp
: テスト用データベースのテーブル作成
$ sqlite3 tmp/binary.sq3 "CREATE TABLE bin(filename, filecontent);"
: 実験用画像ファイルの作成(ImageMagick)使用
$ import foo.jpg        # 画面の適当な領域をキャプチャする。他の画像でもよい。
: importコマンドがなければGIMPなど画像作成ツールで何かJPEG画像を作成する
: 一時的にhexize関数を定義
$ hexize() {
  perl -ne 'print unpack("H*", $_)'
}
: sqlite3で foo.jpg を挿入(hexize関数を使用)
$ sqlite3 tmp/binary.sq3<<EOF
INSERT INTO bin VALUES('foo.jpg', X'$(hexize < foo.jpg)');
EOF
```

このデータベースファイルから、foo.jpg を画像として Web クライアントに返す CGI の最も単純な部類の例 catfoo.cgi を以下に示す。

### リスト4.9●catfoo.cgi

```
#!/bin/sh
PATH=/usr/local/sqlite3/bin:$PATH
binfile=./tmp/binary-data
cd `dirname $0`                          # スクリプトと同じディレクトリに移動
unhexize() {
  perl -n -e 's/([0-9a-f]{2})/print chr hex $1/gie'
}
sqlite3 tmp/binary.sq3 <<EOF | unhexize > $binfile    # 画像を一時ファイルに書き出す
SELECT quote(filecontent) FROM bin WHERE filename='foo.jpg';
EOF

cat<<EOF
Content-type: `file --mime-type $binfile | cut -d' ' -f2`
Content-Disposition: filename="foo.jpg"
Content-length: `wc -c < $binfile`
```

```
EOF
cat $binfile
rm -f $binfile
```

実験として、コマンドラインで以下のように起動すると、画像を Web クライアントに送り返すプロトコルが把握できるだろう。

```
$ ./catfoo.cgi | head -4 | cat -v | colrm 50
Content-type: image/jpeg
Content-Disposition: filename="foo.jpg"
Content-length:     68128

M-^?M-XM-^?M-`^@^PJFIF^@^A^A^A^A,^A,^@^@M-^?M-aM-
```

このような操作を storeblog.cgi（リスト 4.8）に組み込み、

- 入力フォームの出力
- 送信されたデータのデータベース登録
- 既存レコードの表出力

の 3 つの機能を持たせたスクリプト miniblog1.cgi を示す。

### リスト4.10 ● miniblog1.cgi

```
#!/bin/sh
cd `dirname $0`                   # スクリプトのあるディレクトリへ
. ./cgilib2-sh
myname=`basename $0`

query "CREATE TABLE IF NOT EXISTS blog(
       datetime UNIQUE, body, filename, filecontent);"

# 【1】
case "$1" in     # miniblog1.cgi catfile/rowidで起動するとその行の画像を出力
  catfile/*)
    rowid=`echo "${1#catfile/}" | tr -cd '[0-9]'`      # 数字以外は除去
```

# 4 写真日記システムの作成

```
            from="FROM blog WHERE rowid=$rowid"              # FROM句以下を変数に
            echo -n "Content-type: "      # 中味を調べて Content-type ヘッダ出力
            query "SELECT hex(filecontent) $from" | unhexize \
                | file --mime-type - | cut -d' ' -f2
            fn=`query "SELECT filename $from;"| tr -d '\n'`   # 改行あれば除去
            echo "Content-Disposition: filename=\"$fn\""      # ファイル名と長さ出力
            query "SELECT 'Content-Length: ' || length(filecontent) $from;"
            echo ""
            query "SELECT hex(filecontent) $from" | unhexize    # 画像を書き出して終了
            exit ;;
esac


htmlhead "一言日記"              # ヘッダから h1 要素まで出力(cgilib2内)

putform() {                      # HTTPヘッダから入力フォームHTMLまで出力
  cat<<-EOF
        <form action="$myname" method="POST" enctype="multipart/form-data">
         <label>ファイルを添付してください:
          <input type="file" name="attach"></label><br>一言:<br>
         <textarea name="hitokoto" rows="3" cols="40"></textarea>
         <input type="submit" value="POST">
         <input type="reset" value="Reset">
        </form>
        EOF
}

addnew() {
  if [ -n "$CONTENT_LENGTH" ]; then  # データが送信された場合の登録処理
    now=`date '+%F %T'`              # datetime は現在時刻から自動生成
    query<<-EOF
        REPLACE INTO blog
           /* (日時, 一言, ファイル名, ファイル内容) を合成して挿入 */
           SELECT '$now',
                  max(CASE name WHEN 'hitokoto' THEN val END),
                  max(CASE name WHEN 'attach' THEN filename END),
                  max(CASE name WHEN 'attach' THEN val END)
           FROM cgipars
           WHERE tag='$_tag'
           GROUP BY tag;
        EOF
```

## 4.3 簡単な写真日記システムの作成

```
        fi
}

putblog() {                         # 既存のエントリをtableで出力
    href="<TD><a href=\"$myname?catfile/\\1\">\\2</a><"     # 【2】
    echo '<table border="1">'
    query<<-EOF   \
        | sed -e "s,<TD>[12]:,<TD>," \
            -e "s,<TD>3:\([0-9]*\):\(.*\)<,$href,"         # 【2】
        .mode html
        .header ON
        SELECT  '1:' || datetime '日時',
                '2:' || body '一言',
                CASE WHEN filename IS NOT NULL THEN '3:'
                    || rowid || ":" || filename
                ELSE ''                  -- filenameが非NULLのときのみ出力
                END '添付ファイル'
        FROM blog;
        EOF
    echo '</table>'
}

putform                             # ヘッダと入力フォームを出力
addnew                              # 新規レコードの登録
putblog                             # データ更新後の登録エントリを出力
echo '</body></html>'
```

リスト中【1】と【2】で示した部分が、画像出力とそのリンクを出力する役割をしている。一覧出力で filename カラムを「3: ファイル名」と出力しておいたものを sed で

```
<a href="miniblog1.cgi?catfile/rowid">ファイル名</a>
```

と置き換えて出力している。rowid について以下で説明する。

### ■ SQLite3 の rowid

SQLite3 では、特に指定のない限りすべての行を一意に識別するための **rowid** が自動的に振られる。簡単な例で確認しよう。

```
$ sqlite3 rowid.sq3
sqlite> CREATE TABLE foo(var UNIQUE, val);
sqlite> INSERT INTO foo VALUES('a',9);
sqlite> INSERT INTO foo VALUES('b',8);
sqlite> INSERT INTO foo VALUES('c',7);
sqlite> SELECT rowid,var,val FROM foo;
1|a|9
2|b|8
3|c|7
```

　他のDBMSへの乗り換えを考える必要のないデータベースのテーブル設計では、無理に人工的なキーを作らずにSQLite3のrowidを積極的に活用すると設計の手間がかなり軽減される。今回の例のように、既に登録されているデータのいずれかの行の特定カラムにアクセスさせるリンクを作りたい場合など、CGIを呼び出す引数にrowidを利用すると引数の構文解析負担が大幅に軽減できる。ただし、rowidは、その行のREPLACEを行なうと変わるので注意が必要である。上記のfooテーブルで

(1) 1|a|9の行をREPLACEで更新
(2) 2|b|8の行をUPDATEで更新

した挙動を以下に示す。

```
sqlite> REPLACE INTO foo VALUES('a',99);
sqlite> UPDATE foo SET val=88 WHERE rowid=2;
sqlite> SELECT rowid,var,val FROM foo;
2|b|88
3|c|7
4|a|99
```

　UPDATEでは行の置き換えが起こらないためrowid=2のままであるが、REPLACEでは一度行を消してからINSERTをしているため新たなrowidを持つ行に変化して見える。
　UNIQUE制約をつけたテーブルに、REPLACE INTOでデータ挿入を行なう方法は、新規レコードの入力と既存レコードの更新を同じSQL文で行なえるため、シェルスクリプトの行数を節約できる一方、rowidの変化に注意する必要がある。既存レコードの更新をUPDATE文で行なう方針はスクリプトでの場合分けが煩雑になるがrowidの変化をあまり気にしなくてよい。

どちらがよいかは吟味する必要がある。

### 4.3.5 レコード修正機能の追加

miniblog1 を起動して 2 件の画像を投稿した状態の画面は以下のようになる[注4]。

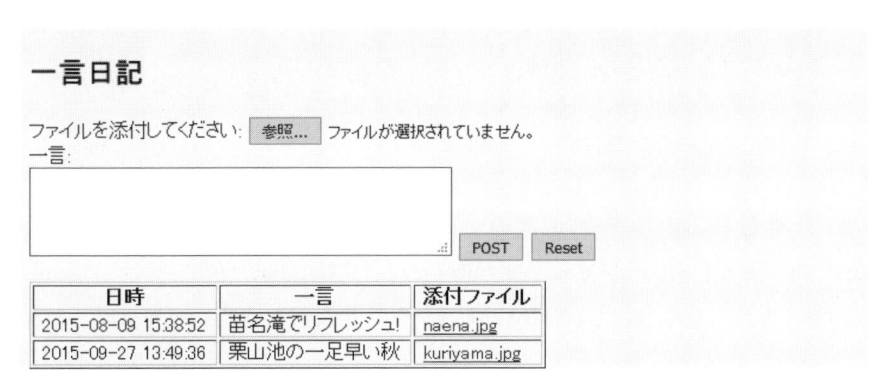

**図4.5●日記一覧画面の例**

　起動して試してみると分かるが、ここに「一言」を足すことはできても修正や削除をすることができない。修正や削除のためには、データの行を特定するキーを指定して、そのキーを「修正フォームの生成セッション」、「修正したデータ登録セッション」に引き継ぐ必要がある（下図参照）。

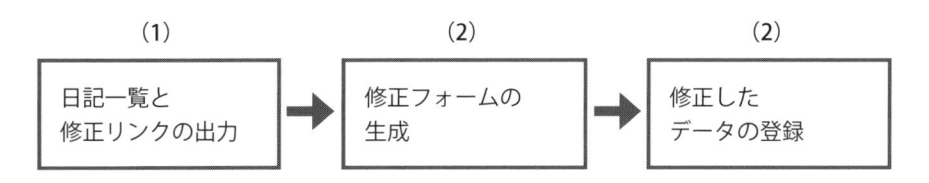

**図4.6●一覧出力から修正までのページ遷移**

　図 4.5 における表形式出力の「日時」の部分をキーとみなし、それを軸に「修正フォーム」を生成する流れを示す。

---

注4　第 3 章までに利用した cgi.sq3 内の cgipars テーブルが残っている状態だと、カラム数が異なるためエラーとなる（cgilib では 3 カラム、cgilib2 では 4 カラム）。データベースファイルにアクセスし「.sch cgipars」によって 4 カラムか確認し、もし 3 カラムのテーブルが残っていたら「DROP TABLE cgipars;」によって削除してから CGI を起動する。

## ■ 修正フォームの出力

　HTMLの入力フォーム、inputやtextarea要素には初期値を指定できる。これまで（miniblog1）のデータの入力フォーム出力をさほど変えずに修正フォームも出力できる。そのためには、既存データの特定の行のカラムを取り出す機構を追加すればよい。今回利用しているblogテーブルではdatetimeカラムにUNIQUE制約を指定しているのでこれをキーとして利用する。

　たとえば、シェル変数editkeyに編集したいレコードのdatetimeカラム値が入っていると仮定すると、その行のbodyカラム（本文）の値は

```
query "SELECT body FROM blog WHERE datetime='$datetime';"
```

によって得られる。これをHTMLのinput要素のvalue属性に入れておけばよい。ただし、HTML的に意味を持つ記号はエスケープする必要がある。これはcgilib2ライブラリのescape関数で行なえる。必要なカラムを取り出し、HTMLエスケープした値を返すgetcolを以下のように定義する。

```
getcol() {                        # HTMLモードでescapeしてもらう
  escape "`query \"SELECT $1 FROM blog WHERE datetime='$2';\"`"
}
```

問い合わせによって得られた結果をシェル関数escapeによりHTMLエスケープした値[注5]を返す。

```
hitokoto=`getcol body "$editkey"`
```

このようにして得られた$hitokotoをフォームの初期値として入れればよい。

## ■ 削除フォームの出力

　特定レコードを削除するフォームは、修正フォームと同じ画面にそのレコードを削除するかどうかのチェックボックスを配置すればよい。そこにチェックが入っていた場合は修正ではなく削除するようにすればよい。

---

注5　HTMLエスケープによりシングルクォートも &apos; に変換されるため、変換後の値をSQL文の文字列としてsqlite3に渡すときに安心してシングルクォートで括れる。

## 4.3.6　修正・削除機能つき写真日記システム

miniblog1.sh で定義した関数に修正リンクと修正・削除の機能を追加したスクリプト miniblog2.cgi を示す。

### リスト4.11●miniblog2.cgi

```sh
#!/bin/sh
cd `dirname $0`
. ./cgilib2-sh
myname=`basename $0`

query "CREATE TABLE IF NOT EXISTS blog(
       datetime UNIQUE, body, filename, filecontent);"

case "$1" in
  catfile/*)     # miniblog2.cgi catfile/rowidで起動するとその行の画像を出力
    rowid=`echo "${1#catfile/}" | tr -cd '[0-9]'`      # 数字以外は除去
    from="FROM blog WHERE rowid=$rowid"                # FROM句以下を変数に
    echo -n "Content-type: "      # 中味を調べて Content-type ヘッダ出力
    query "SELECT hex(filecontent) $from" | unhexize \
       | file --mime-type - | cut -d' ' -f2
    fn=`query "SELECT filename $from;"| tr -d '\n'`    # 改行あれば除去
    echo "Content-Disposition: filename=\"$fn\""       # ファイル名と長さ出力
    query "SELECT 'Content-Length: ' || length(filecontent) $from;"
    echo ""
    query "SELECT hex(filecontent) $from" | unhexize # 画像を書き出して終了
    exit ;;
  edit/*)        # miniblog2.cgi edit/日時で起動すると修正フォーム出力
    editkey=`echo ${1#edit/}|pdecode` ;;              # pdecode不要なhttpdもある
esac

# $1に指定したカラムを$2の日付キーから得る関数
getcol() {                         # HTMLエスケープしてから返す
  escape "`query \"SELECT $1 FROM blog WHERE datetime='$2';\"`"
}
putform() {                        # HTTPヘッダから入力フォームHTMLまで出力
  title="一言日記"
  if [ -n "$editkey" ]; then
    datetime=`getcol datetime "$editkey"`             # 実在するキーか?
```

# 4 写真日記システムの作成

```
      if [ -n "$datetime" ]; then
        hitokoto=`getcol body "$editkey"`   # 既存のbodyカラム値を得る
        hidden="<p><input type=\"hidden\" name=\"datetime\"
          value=\"$datetime\">
          <input id=\"rm\" type=\"checkbox\" name=\"remove\" value=\"yes\">
          <label for=\"rm\">このエントリの削除</label>
          <span class=\"confirm\">ほんとうに消してよいですか：
          <label><input type=\"checkbox\" name=\"confirm\" value=\"yes\">はい
          </label></span></p>"
        title="$datetime の一言の修正"
      fi
    fi
    htmlhead "$title"            # ヘッダから h1 要素まで出力(cgilib2内)
    cat<<-EOF
        <form action="$myname" method="POST" enctype="multipart/form-data">
        ${datetime:+$hidden}    <!-- 有効な日付指定のみ $edit 出力 -->
        <label>ファイルを添付してください：
          <input type="file" name="attach"></label><br>一言:<br>
        <textarea name="hitokoto" rows="3" cols="40">$hitokoto</textarea>
        <input type="submit" value="POST">
        <input type="reset" value="Reset">
        </form>
        EOF
}

addnew() {
  if [ -n "$CONTENT_LENGTH" ]; then     # データが送信された場合の登録処理
    dt=`getpar datetime`                # datetimeの値がある場合は既存行の更新
    # 実在する datetime か値自身を引直して確認する
    [ -n "$dt" ] && \
        dt=`query "SELECT datetime from blog WHERE datetime='$dt';"`
    if [ x`getpar remove``getpar confirm` = x"yesyes" ]; then
        # 「削除」と確認の「はい」両方にチェックの場合
        query "DELETE FROM blog WHERE datetime='$dt';"
    else
        [ -n "$dt" ] && now=$dt || now=`date '+%F %T'`
        query<<-EOF
          REPLACE INTO blog
            /* (日時，一言，ファイル名，ファイル内容) を合成して挿入 */
            SELECT '$now',
                max(CASE name WHEN 'hitokoto' THEN val END),
```

```
                    max(CASE name WHEN 'attach' THEN filename END),
                    max(CASE name WHEN 'attach' THEN val END)
             FROM cgipars
             WHERE tag='$_tag'
             GROUP BY tag;
         EOF
    fi
  fi
}

putblog() {                       # 既存のエントリをtableで出力
  href1="<TD><a href=\"$myname?edit/\\1\">\\2</a><"
  href2="<TD><a href=\"$myname?catfile/\\1\">\\2</a><"
  echo '<table border="1">'
  query<<-EOF    \
      | sed -e "s,<TD>1:\(\([-0-9 :]*\):[0-9]*\)<,$href1," \
            -e "s,<TD>2:,<TD>," \
            -e "s,<TD>3:\([0-9]*\):\(.*\)<,$href2,"
        .mode html
        .header ON
        SELECT  '1:' || datetime '日時',
                '2:' || body '一言',
                CASE
                WHEN filename IS NOT NULL
                THEN '3:' || rowid || ":" || filename
                ELSE ''            -- filenameが非NULLのときのみ出力
                END '添付ファイル'
        FROM blog;
        EOF
  echo '</table>'
}

putform                           # ヘッダと入力フォームを出力
addnew                            # 新規レコードの登録
[ -n "$editkey" ] || putblog      # データ更新後の登録エントリを出力
echo '</body></html>'
```

## ■ CSSを利用したスマートな削除確認

miniblog2 が出力する既存の日記一覧では以下のように datetime カラム、つまり日時のとこ

ろにハイパーリンクが付加される。

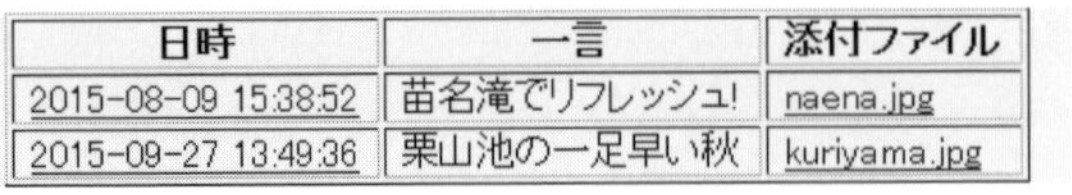

| 日時 | 一言 | 添付ファイル |
|---|---|---|
| 2015-08-09 15:38:52 | 苗名滝でリフレッシュ! | naena.jpg |
| 2015-09-27 13:49:36 | 栗山池の一足早い秋 | kuriyama.jpg |

**図4.7●修正リンクの例**

日時をクリックすると修正画面に移行する。

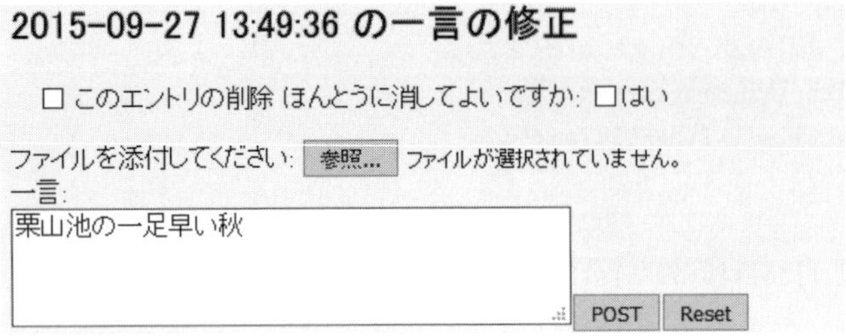


**図4.8●修正画面**

この画面で「□このエントリの削除」にチェックを入れることで削除する流れとなるが、何かを削除するときのチェックボックスは1つだけでなく確認用のものも入れたくなる（確認不要とする考え方もありうる）。そのような場合、確認用のチェックボックスがそのまま隣に並べて出すようでは不粋である。「□このエントリの削除」にチェックを入れたときのみ「□はい」を出したい。この程度の機構であれば、JavaScriptなど使わずともCSS3のセレクタ指定により可能で、たとえば削除ボックスにチェックを入れたときにじわじわと確認ボックスが出てくるようなデザインができる。

cgilib2のヘッダ出力ではCSSファイルとしてmycgi.cssを読むように指定してあるのでこれに以下のような定義を書き込む。

**リスト4.12●mycgi.css**

```
/*
 * CSS for my CGI shell script library
 */
span.confirm {                    /* 完全透明、不可視、背景色は明るい赤 */
    opacity: 0; visibility: hidden; background: #fcc;
}
input:checked ~ span.confirm { /* チェック付ボタンと同階層の span.confirm */
```

```
        visibility: visible;              /* 可視化したうえで */
        opacity: 1.0; transition: 3s; /* 透明解除、3秒掛ける */
    }
    p.login {text-align: right;}       /* ログイン画面ではテキスト右寄せで */
    body.authok {background: #ffd;} /* 認証完了後の背景色を変える */
```

　以後の利用のために4つの定義があるがここでは最初の2つを用いる。「span.confirm」は、`<span class="confirm">...</span>` のように class 属性に confirm を含む span 要素に対し、不透明度（opacity）を 0（つまり完全透明で見えない）に指定したうえで、背景色（background）を赤っぽい色にする定義を行なっている。

　「input:checked ~ span.confirm」は、チェックされた状態の input 要素と同じ親を持つ span 要素のうち class 属性に confirm を含むものの不透明度を 1.0 に指定し、さらにこのスタイルへの移行時間を 3s（3 秒）に設定している。単に確認ボタンの不透明度を 0 と 1 に変えるだけだと、透明の状態でも場所が当たればクリックされるおそれがあるため、visibility 特性を hidden と visible で切り替えている。visibility 特性の切り替えには transition は効かないので「クリックしたらじわじわ出現」には opacity 特性との組み合わせが必要である。

　この定義に呼応するように、削除確認の 2 つのチェックボックスには以下のように class 指定を付加しておく。

```
<input id="rm" type="checkbox" name="remove" value="yes">
<label for="rm">このエントリの削除</label>
<span class="confirm">ほんとうに消してよいですか:
<label><input type="checkbox" name="confirm" value="yes">はい</label></span>
```

　1 つ目の input 要素は、label 要素の子供とせず、span 要素と HTML 的に同じ階層になるように工夫している。これでこの span 要素は 1 つ目の input 要素によるボックスがチェックされているときは見えず、チェックされたときに 3 秒かけてじわじわ浮かびあがる。

☐ このエントリの削除

⬇ チェックして3秒かけてすこしずつ姿を現す

☑ このエントリの削除 ほんとうに消してよいですか: ☐ はい

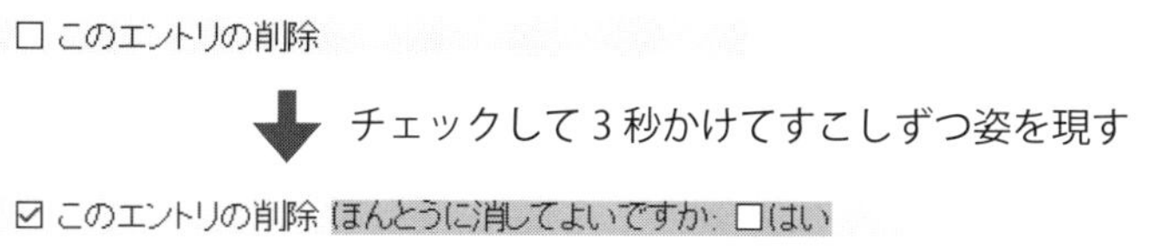

**図4.9●チェックボックスが現れる**

このように、確認用のチェックボックスをあらかじめ出しておき、CSSセレクタの「~」を活用することで動的に見える確認操作画面を出すことができる。2つのチェックボックス両方がチェックされているときのみレコード削除を行なう判定をしているのが、

```
if [ x`getpar remove``getpar confirm` = x"yesyes" ]; then
```

の部分である。remove、confirm の2つの入力名が "yes" になっている時のみ削除操作を行なうようになっている。

## 4.3.7　練習問題：CSSの動的セレクタ使用

ボタンのチェック状態による表示要素の切り替えはこの後多用するので練習しておこう。

---

**問題**

ラジオボタンで選んだ場所だけ意味が見える単語帳をCSS3を利用して作成せよ。たとえば次のようにul要素で単語帳的なものを記述しておく。

**HTML ソース**

```
<ul>
  <li>グー　「グリコ」と言って3段進む</li>
  <li>チョキ　「チョコレイト」と言って6段進む</li>
  <li>パー　「パイナツプル」と言って6段進む</li>
</ul>
```

**画面**

- グー「グリコ」と言って3段進む
- チョキ「チョコレイト」と言って6段進む
- パー「パイナツプル」と言って6段進む

この「グー」、「チョキ」、「パー」の見出しの前にラジオボタンを配置し、それをクリックした場合のみそれぞれの後ろの説明が見えるように変更せよ。作成ファイルは glico.html とする。

**画面例**（左：初期状態、右：チョキを押した後）

- ○グー
- ○チョキ
- ○パー

- ○グー
- ◉チョキ「チョコレイト」と言って6段進む
- ○パー

[ヒント1] ラジオボタンは

```
<input name="gcp" type="radio">
```

などを見出し語直前に配置するだけでよい。name 属性は同じ値にするよう注意する。

[ヒント2] 隠したい部分を span で囲む。

```
<span>「グリコ」と言って3段進む</span>
```

この span に特別なスタイルを適用したいのでクラスを指定する。

```
<span class="hide">「グリコ」と言って3段進む</span>
```

[ヒント3] CSS 定義部分に span.hide のスタイルを記述し、標準では見えないようなものを設定する。

[ヒント4] チェックされたラジオボタン（input[type="radio"]:checked）と同じ階層にある span.hide は見えるようなルールを設定する。

## 4.3.8 練習問題：解答例

ヒントにしたがったシンプルな記述例を示す。

```
<!DOCTYPE html>
<html lang="ja">
<head>
<meta charset="utf-8">
<title>グリコ単語帳</title>
<style type="text/css">
<!--
span.hide {visibility: hidden;}
input[type="radio"]:checked ~ span.hide {visibility: visible;}
-->
</style>
</head>
```

```
<body>
<h1>グリコ単語帳</h1>
<ul>
 <li><input name="gcp" type="radio">グー
     <span class="hide">「グリコ」と言って3段進む</span></li>
 <li><input name="gcp" type="radio">チョキ
     <span class="hide">「チヨコレイト」と言って6段進む</span></li>
 <li><input name="gcp" type="radio">パー
     <span class="hide">「パイナツプル」と言って6段進む</span></li>
</ul>
</body></html>
```

## 4.3.9　練習問題：解答改良例

span に対する class="hide" 指定を毎回記述せずに済むよう、CSS の親子関係のルールを利用してみる。CSS セレクタ・子孫選択子が利用できる。

*E F { スタイル }*

とすると、E 要素の子（内部）である F 要素にのみ適用されるスタイルが設定できる。これを用い、親の ul 要素にクラスを設定する。

```
<ul class="tango">
 <li>... <span>...</span></li>
</ul>
```

「class に tango を持つ ul」の子の span、という書き方で CSS 定義を修正する。

```
ul.tango span {visibility: hidden;}
ul.tango input[type="radio"]:checked span {visibility: visible;}
```

これに対応する単語帳部分は次のようになる。

```
<ul class="tango">
 <li><input name="gcp" type="radio">グー
     <span>「グリコ」と言って3段進む</span></li>
```

```
    <li><input name="gcp" type="radio">チョキ
        <span>「チョコレイト」と言って6段進む</span></li>
    <li><input name="gcp" type="radio">パー
        <span>「パイナツプル」と言って6段進む</span></li>
</ul>
```

spanに属性を付けていないが、親のulへのクラス指定がスタイル適用の選択規準となる。このように子孫選択子を利用すると多数配置すべき要素の記述を簡潔にできる。

その他利用できるCSSの主なセレクタを示しておく。この表にある [ ] は大括弧の記号そのものである。

**表4.5●CSSの主なセレクタ**

| パターン | 意味 |
| --- | --- |
| * | すべての要素 |
| E | すべてのE要素 |
| E F | E要素の子孫に位置するすべてのF要素 |
| E > F | E要素の直接の子であるすべてのF要素 |
| E + F | E要素の直後に位置するすべてのF要素 |
| E ~ F | E要素と同じ親を持つ要素のうちEより後ろにあるすべてのF要素 |
| E:nth-child(N) | 親要素のN番目の子であるE要素 |
| E:checked | ボタン型のE要素のうちチェックされているもの |
| E:link<br>E:visited | アンカー要素の未読リンク（:link）または既読リンク（:visited） |
| E:active<br>E:focus<br>E:hover | E要素のうち、アクティブになっているもの、フォーカスされているもの、マウスが上に来ている（:hover）もの |
| E[foo] | E要素のうち、fooという属性設定を持つもの |
| E[foo="bar"] | E要素のうち、foo属性に "bar" を設定しているもの |
| E[foo~="bar"] | E要素のうち、foo属性に "bar" という語が含まれるもの |
| E.cls | E要素のうち、class属性に "cls" という語が含まれるもの<br>E[class~="bar"] と等値 |
| E#id | E要素のうち、id="id" のもの |

# 4.4 ユーザ認証機構の付加

これまで作成した写真日記システムは、誰でも書き込みできるものだった。これにユーザ認証機能を追加して、特定のユーザのみに書き込みを許すようにしてみよう。

## 4.4.1 認証つきページの流れ

CGIスクリプトの提供するWebページに到達する前に、そのアクセスがあらかじめ登録されたユーザからのものであるかを判定するページが必要となる。その流れは以下のようになる。

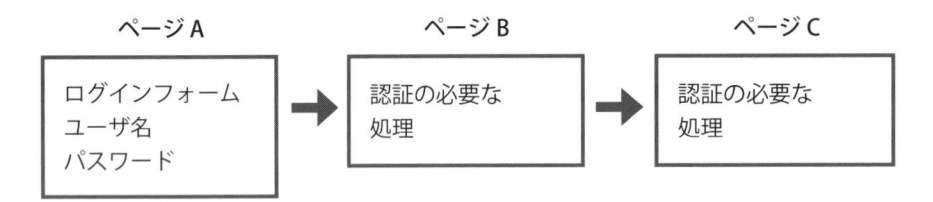

```
ページA                    ページB              ページC
┌──────────┐          ┌──────────┐        ┌──────────┐
│ログインフォーム│  →    │認証の必要な│  →    │認証の必要な│
│ユーザ名    │          │処理       │        │処理       │
│パスワード  │          │          │        │          │
└──────────┘          └──────────┘        └──────────┘
```

**図4.10●認証つきページの流れ**

認証はまず入力フォームからユーザ認証情報を入力してもらって開始する。しかし、認証情報が伝わるのはフォームでの入力直後のページBだけであり、何も工夫しなければページCには伝わらない。これはHTTPのページ遷移が接続状態を維持しない（ステートレス）であるためである。認証成功したことをその後のページ表示に伝えたいのであれば、認証成功の証となるなんらかの情報をWebブラウザとのやりとりに付加しなければならない。

一般的には、認証が成功したという情報は**Cookie**機構を利用してブラウザとサーバ間で共有する。これ以降の節ではパスワード認証の基本的な考え方と、認証に成功したという情報のやりとりをCookieを利用して行なう方法を順を追って説明する。

## 4.4.2 ユーザ認証機能導入に関する前提

以下では「ユーザ」と「パスワード」の組み合わせを基本としたWeb上での認証機構を取り扱う。Webはネットワークを介するものであるため、その通信路の安全性も考慮する必要が

ある。通信路でのパスワード盗聴可能性の有無によって設計自体も変えなければならないが、「有」で設計する場合はアプリケーション自身が暗号化処理などに関知する必要があり、それはシェルスクリプトに適した範囲から逸脱する。

ここでは、Webフォームに入力したパスワードが送信される過程において、以下のいずれかが満たされているものと仮定する。

- 物理的に閉じたネットワークによる利用で盗聴の可能性は極めて低い。
- VPNなどで仮想的に閉じたネットワークでWebサービスが供給され、通信すべてが暗号化された状態である。
- WebサービスがHTTPSで供給されていてWebサーバとクライアント間の通信が保護されている。

これらの前提が置けるなら、作成するCGIプログラムの入出力の根本的しくみは変えずに済む。昨今ではOpenVPNなど機種を問わず使えるものもありVPNは誰でも利用できるものになった。また、HTTPSに関しては、無料でSSL証明書が入手できるサービスがあるので、それらを試してみるのもよいだろう。

### 4.4.3　ユーザの概念の導入

Webアプリケーションの特定の操作の入口に、ユーザ名とパスワード入力を求めるページを設け、正しい組み合わせを入力した場合のみその操作ができるようにする。このために、ユーザに関する情報を格納するテーブルを設計する。

**表4.6●ユーザ格納テーブルusers**

| カラム | 型 | 用途 |
| --- | --- | --- |
| email | TEXT | ユーザ名（emailアドレスと兼用） |
| pswd | TEXT | パスワード |
| gecos | TEXT | 名前などユーザに関する付加情報 |

ユーザに重複は許されないことを考慮して、テーブルは以下のように作成する。

```
CREATE TABLE users(
  email PRIMARY KEY, pswd TEXT NOT NULL, gecos,
```

```
        CHECK(pswd != '')
    );
```

ユーザ名とみなす email カラムは PRIMARY KEY とする。また、パスワード未設定での登録を許さないことを条件とするため、pswd カラムには **NOT NULL** 制約によって NULL のまま挿入できないよう、また CHECK 制約によって空文字列を入れられないようにした。

### 4.4.4　認証の仕組み

「ユーザ名」と「パスワード」対の認証方式の基本的な仕組みは、Unix パスワード認証の方式を参考にする。

#### ■ Unix パスワード

ユーザ名と、それに対応するパスワードはシステムの決められたファイルに格納されている。ファイルに格納するパスワードは、平文（ひらぶん）のままではファイルが流出したときにすべて判明してしまう。このため、パスワードを暗号化したものがファイルに書き込まれている。例として分かりやすい BSD 系システムの /etc/master.passwd ファイルの例を見てみよう。

```
hanako:$2a$10$PECyT/1jC4VzjXnqRvauM.zQOTzgYbxHLbKfHnq5uWX/MF0XBPkPe:1010:100::0:0:IIMORI Hanako,,,:/home/hanako:/bin/sh
```

紙面の都合で折り返しているが 1 行である。BSD のパスワードファイルはコロン区切りの 1 行 1 レコード形式で、フィールドの順はユーザ名、パスワード、UID、GID、ログインクラス、パスワード期限、アカウント期限、GECOS、ホームディレクトリ、シェルとなっている。

第 2 フィールドの「パスワード」は実際にはなんらかのハッシュ関数で符号化されたものであり、通常これは元のパスワードに戻せない。パスワードフィールドは **crypt(3)** 関数で符号化された以下の書式のものとなっている。

*$ID$ソルト$文字列*

ID の部分は使用するアルゴリズムに対応する文字列である。ここでは、この書式を真似て独自仕様の ID による符号化手順を用いることにする。符号化アルゴリズムは幅広いシステムで利用可能な SHA256 を利用する。

ソルトとは、元のパスワードにランダムな文字列を付加することで、符号化後の文字列のバラツキを大きくするためのものである。ソルトなしでは符号化後の文字列で元の文字列が容易に判明することがある。たとえば、いかにも安易なパスワード「abcd1234」を SHA256 で符号化する場合を考える。

```
$ printf abcd1234 | openssl sha256
(stdin)= e9cee71ab932fde863338d08be4de9dfe39ea049bdafb342ce659ec5450b69ae
```

"e9ce..." 以降の文字列が符号化後の文字列である。もし、これをパスワードファイルに保存していたとして万が一そのファイルが悪者の手に渡ったとする。悪者が手元に安易なパスワードを集めて、それらを**前もって**符号化した一覧表を持っていれば、"e9ce..." で始まる上記の文字列は "abcd1234" から得られたものだと逆引きできる。さて、ランダムな文字列をソルトとして "abcd1234" に付加して符号化してみる。

```
$ printf foo-abcd1234 | openssl sha256
(stdin)= f10a6c6053b82d1a4ec0ed71ccb604ecc53fd45bd17489da33c158bb9944228b
$ printf food-abcd1234 | openssl sha256
(stdin)= 28db065b2ae12f8225769ea3f36e46cb6f352dc1a251e96f170dd2d2244c8338
$ printf foot-abcd1234 | openssl sha256
(stdin)= 03ee85a72a5fb9f22b118157f62f5d4bcc4ecb0979af1d904576550c4cb5b25d
```

この例を見ると分かるように、似たような文字列を余分に付けただけで符号化後の文字列は似ても似つかないものになる。この性質を利用して、パスワードを保存する部分を以下のようにしてみる（"s256" の部分は独自に定めたもの）。

```
$s256$foo-$f10a6c6053b82d1a4ec0ed71ccb604ecc53fd45bd17489da33c158bb9944228b
```

ソルトを $ ではさまれた 2 番目のフィールドに配置し、元のパスワードに "foo-" を付加して符号化したものであることを示す。すべてのパスワードに対して別々のソルトを足してから符号化することで、一覧表から逆引きするという作戦は使えなくなる。この例では説明のために短いソルトを用いたが、乱数を用いて容易に推測できない長いソルトを付けておけば、逆引きパスワード辞書との偶然の一致の可能性も無視できる程度に下がる。

## ■ mycrypt 関数によるパスワード判定処理

以上の符号化操作とソルトの抽出処理を行なうシェル関数 mycrypt() を以下のように作成する。

```
s256() {
  openssl sha256 "$@" | cut -d' ' -f2
}
mycrypt() (                        # crypt(3)関数的挙動をsha256で行なう
  key=$1 salt=$2                   # $s256$ソルト$ハッシュ化文字列
  case $2 in
    '$'*'$'*)    salt=${salt#\$s256\$}
                 salt=${salt%\$*} ;;
  esac
  echo -n '$s256$'"$salt"'$'
  echo "$salt$key" | s256
)
```

シェル関数 mycrypt() は以下のように使用する。

mycrypt キー ソルト

ソルトを利用して符号化した文字列を標準出力に返す。上記の2つのシェル関数を定義したという前提で利用例を示す。

```
$ mycrypt naishodayo SaltShioGoma
$s256$SaltShioGoma$3389417f04f664fc3a163a5116875f0304eca3077cf4c2fe55ce1759648a9b21
```

mycrypt に渡すソルトには、符号化後の文字列そのものを渡してもよい設計になっている。これは crypt(3) 関数にならった仕様である。

```
$ mycrypt naishodayo \
'$s256$SaltShioGoma$3389417f04f664fc3a163a5116875f0304eca3077cf4c2fe55ce1759648a9b21'
$s256$SaltShioGoma$3389417f04f664fc3a163a5116875f0304eca3077cf4c2fe55ce1759648a9b21
```

この関数を用いての認証時のパスワード判定処理は以下の流れになる。

(1) 利用者の入力したパスワード（pswd）を受け取る。

(2) データベースからその利用者の符号化後の文字列（enc）を得る。

(3) mycrypt $pswd $enc によって得られた結果と enc を比較し、同じなら正しいパスワードと判定する。

## 4.4.5　パスワードとセッションキー

　ユーザ認証には利用者にパスワードを入力させなければならないがすべての Web ページへのアクセス時にパスワード入力を求めるわけではなく、一度認証が済んだら、認証済みと認定する印を利用者のブラウザに覚えさせ、以後はそれを自動送信してもらうようにする。HTTP では Cookie がその目的に利用できる。

　「認証済み」の印には、認証判定された利用者（のブラウザ）しか知りえない予測不能な文字列を設定する。これを**セッションキー**としてユーザ特定の目的に利用する。セッションキーの生成方法と Cookie への設定方法を順に説明する。

### ■ セッションキーの生成

　セッションキーには十分なバラツキを持ち他人には容易に推測不能であろう乱数を利用する。本稿の用途では、/dev/urandom デバイスからの出力を利用する。/dev/urandom は擬似乱数をバイナリデータで生成するデバイスファイルで、ここから必要なバイト数を読み取り、ASCII 文字の範囲に射影することでセッションキーを生成する。ASCII 文字への射影はなんらかの符号化アルゴリズムを利用すればよく、ここでは Base64 を利用する。Base64 符号化を行なうコマンドは各 OS に概ね標準装備されているが、起動方法がまちまちであるため、本稿で既に利用している nkf を利用したものを示す。

#### リスト4.13●randomstr()

```
randomstr() {                    # $1=columns (default: 10)
  dd if=/dev/urandom count=1 2>/dev/null | nkf -wMB \
     | tr -d '+\n' | fold -w${1:-10} | sed -n 2p
}
```

　この関数は引数に必要とするランダム文字列の長さ（省略時 10）を受け取る。dd コマンド

により /dev/urandom デバイスから 1 ブロック（512 バイト）読み出したものを nkf で Base64 化し、改行と「+」記号を取り除く。「+」記号は Cookie の値受け渡しで特別な意味を持つので除く。取り除いて改行のなくなったものをさらに fold コマンドで指定した桁数に折り畳み、sed により先頭から 2 行目を取り出している。指定長が長すぎる場合のエラー処理が必要だがここでは省略する。

> **Note**
> sqlite3 の randomblob() 関数と hex() 関数の組み合わせででランダム文字列を生成できる。16 進数文字列で手軽に済ませたいなら
> ```
> $ "SELECT lower(hex(randomblob(20)));" | sqlite3
> ```
> で、40 桁の乱数 16 進文字列が得られる。

ここで定義したシェル関数 randomstr は、ユーザのパスワードの初期値生成にも利用する。

### ■ Cookie へのセッションキー値の設定

4.4.1 節「認証つきページの流れ」にある図を再確認する。利用者の入力したパスワードを CGI スクリプトが受け取るのは「ページ B」を出力するセッションである。このページの HTTP ヘッダを出力するタイミングでブラウザへの Cookie 設定を注入する。したがって、設定した Cookie がブラウザから送られて来るのは「ページ C」のアクセス要求のときが初めてとなる。

「ページ B」へのアクセスに応えるときに、パスワードを受け取り認証に成功したらすぐに Cookie 設定のためのヘッダ出力を行なう。Cookie 設定は以下の構文を用いる。

```
Set-Cookie: クッキー名=クッキー値; Max-Age=秒数
```

たとえば「有効期限 1 時間で、sesskey=abcxyzblahblahblah のクッキー」を設定したかったら以下のようなヘッダ行を送出する。

```
Set-Cookie: sesskey=abcxyzblahblahblah; Max-Age=3600
```

Max-Age には、このクッキーの最長の存続期間を秒で指定する。ただし、未対応のブラウザもあれば、ブラウザがそのとおりにしないこともある。ブラウザへの指定だけでなく、CGI スクリプトでデータベースに同じ値を保存するときにも制限時間を設定しておき、指定期間を越

えた利用が発生しないように注意する。

なお、Cookie に関するその他の情報は RFC 6265 に記載されている。

### ■ セッションキーへのデータベースへの保存

有効期間つきのデータは既に「受信データの値の保存」で導入したスキーマ tags と cgiparams の組み合わせで実現している。tags テーブルに有効期限つきの文字列を id として登録しておき、tags.id を外部キー制約に持つテーブルを作成して同じようにセッションキーの有効期間を管理する。

**表4.7 ● セッションキー格納テーブルsessions**

| カラム | 型 | 用途 |
|---|---|---|
| user | TEXT | ユーザ名 |
| sesskey | TEXT | セッションキー |

このテーブルに外部キー制約を付けてテーブル作成する。

```
CREATE TABLE sessions(
  user PRIMARY KEY TEXT, sesskey TEXT,
  FOREIGN KEY(user) REFERENCES users(email)
        ON DELETE CASCADE ON UPDATE CASCADE,
  FOREIGN KEY(sesskey) REFERENCES tags(id)
        ON DELETE CASCADE ON UPDATE CASCADE
);
```

3.5.4 節の「有効期限つきタグ」項で述べたように、tags テーブルに登録した id のうち期限を過ぎたものを消す処理は、今回利用する cgilib2（リスト 4.5）の storeparam 関数で行なっている。id 削除のタイミングで sessions テーブルに登録された sesskey も削除されるため、有効期限を過ぎたセッションキーは残存しない。

当然のことだが、SQL インジェクションで sessions テーブルが参照されたり、HTTP 経由などでデータベースファイルが取得されたら元も子もない。SQL のクォートと httpd の設定には十分注意する。

## 4.4.6 ユーザ認証に関するライブラリの作成

これまで述べたものを総合的に受け持つライブラリ cgiauthlib-sh を以下のように作成する。

**リスト4.14●cgiauthlib-sh**

```
#!/usr/bin/head -5
# -*- mode: shell-script -*-
# CGI Authentication Library for Shell Script
# Use this by source'ing.
# . ../cgiauthlib-sh
newpswd="wasureta"

type query >/dev/null 2>&1 || . ../cgilib2-sh      # query()未定義ならロードする

loginlink() {
  cat<<EOF
<p class="login"><a href="$myname?login">Login</a></p>
EOF
}
loginform() {
  htmlhead "Login"
  cat<<EOF
<form action="$myname" method="POST" enctype="multipart/form-data">
 <table>
  <tr><td>ユーザ</td><td><input name="user"></td></tr>
  <tr><td>パスワード</td><td><input name="pswd" type="password"></td></tr>
 </table>
 <input type="submit" value="Login">
 <input type="reset" value="reset">
</form>
EOF
}
s256() {                         # SHA256を探すがそれ以外でもよい
  if [ -z "$_sha256" ]; then
    if [ -x /bin/digest ]; then              # Solaris10
      _sha256="/bin/digest -a sha256"
    elif type openssl >/dev/null 2>&1; then    # Maybe Linux
      _sha256() {
        openssl sha256 $* | cut -d' ' -f2
      } ; _sha256=_sha256
```

```
      else
        echo "Abort(sha256)."; exit 255         # 見付からなければ中止
      fi
    fi
    $_sha256 "$@"
}
mycrypt() (                        # crypt(3)関数的挙動をsha256で行なう
    key=$1 salt=$2                 # $s256$ソルト$ハッシュ化文字列
    case $2 in
      '$'*'$'*)   salt=${salt#\$s256\$}
                  salt=${salt%\$*} ;;
    esac
    echo -n '$s256$'"$salt"'$'
    echo "$salt$key" | s256
)
randomstr() {                      # $1=columns (default: 10, should be <512)
    dd if=/dev/urandom count=1 2>/dev/null | nkf -wMB \
      | tr -d '+\n' | fold -w${1:-10} | sed -n 2p
}
mypwhash() {                       # パスワードハッシュは標準入力から
    mycrypt `cat` `randomstr`
}
getcookie() {                      # 指定したcookie値を得る
    _tag=cookie/$_tag getpar "$1"
}
postmail() {    # $1=rcpts $2=subject ($3=file)
    rcpts=`echo $1`
    subj=`echo $2|nkf -jM`
    (cat<<EOF; nkf -j $3) | sendmail -t
To: `echo $rcpts|sed 's/ /, /g'`
Subject: $subj
Date: `date`

EOF
}
wasureta() {                       # $userの新パスワードを発行
    newpswd=`randomstr`
    encoded=`echo "$newpswd"|mypwhash`
    local=${user%@*}               # ローカルパート
    domain=${user##*@}             # ドメインパート
    if ! host $domain >/dev/null 2>&1; then
      echo "Invalid domain"; exit 1     # DNSの索けないドメインは無効終了
```

## 4 写真日記システムの作成

```
    fi
    dbuser=`query "SELECT email FROM users WHERE email='$user';"`
    if [ -z "$dbuser" ]; then        # 新規登録
      query "INSERT INTO users VALUES('$user', '$encoded', NULL, NULL);"
    else
      query "UPDATE users SET pswd='$encoded' WHERE email='$user';"
    fi
    postmail "$user" "New Password for miniblog3" <<EOF
新しいパスワードを設定しました。
ユーザ名:       $user
パスワード:     $newpswd
EOF
    return 0
}
setcookie() (
    for kv; do
      echo "Set-Cookie: $kv; Max-Age=3600"
    done
)
cgiauth() {      # OKならグローバル変数 _session をセットして return 0
    query<<-EOF
        CREATE TABLE IF NOT EXISTS users(
          email PRIMARY KEY, pswd TEXT NOT NULL, gecos
          CHECK(pswd != '')
        );
        CREATE TABLE IF NOT EXISTS users_m(
          email, key, val,
          FOREIGN KEY(email) REFERENCES users(email)
              ON DELETE CASCADE ON UPDATE CASCADE,
          UNIQUE(email, key, val)
        );
        CREATE TABLE IF NOT EXISTS sessions(
          user PRIMARY KEY TEXT, sesskey TEXT,
          FOREIGN KEY(user) REFERENCES users(email)
              ON DELETE CASCADE ON UPDATE CASCADE,
          FOREIGN KEY(sesskey) REFERENCES tags(id)
              ON DELETE CASCADE ON UPDATE CASCADE
        );
        EOF
    user=`getpar user`
    user=${user:-`getcookie user`}          # フォーム値がなければcookie値取得
    user=`echo "$user" | sed "s/'/''/g"`    # SQLへ渡す変数なので ' をエスケープ
    pswd=`getpar pswd`                      # input要素からのpswd
```

## 4.4 ユーザ認証機構の付加

```
    skey=`getcookie skey`              # セッションキーはcookieから
    expsql="datetime('now', 'localtime', '$_exp')"
    [ -z "$user" ] && return 1         # user未指定なら終了
    if [ -n "$pswd" ]; then            # pswdを入力した場合
      if [ x"$pswd" = x"wasureta" ]; then # パスワードリセット
        wasureta $user
        return 99
      fi
      dbpswd=`query "SELECT pswd FROM users WHERE email='$user';"`
      fromweb=`mycrypt "$pswd" "$dbpswd"` # 送信されたパスワードからのハッシュ
      if [ x"$fromweb" = x"$dbpswd" ]; then
        _session=`randomstr 50`        # 新しいセッションキー生成
        query<<-EOF
          REPLACE INTO tags VALUES('$_session', $expsql);
          REPLACE INTO sessions VALUES('$user', '$_session');
        EOF
        setcookie "user=$user" "skey=$_session"
        return 0                       # 認証OK
      fi
    fi
    if [ -n "$skey" ]; then            # Cookieでセッションキーが来た場合
      dbskey=`query "SELECT sesskey FROM sessions WHERE user='$user';"`
      if [ x"$skey" = x"$dbskey" ]; then # 送って来たセッションキーと同じならOK
        _session=$skey
        query "UPDATE tags SET expire=$expsql WHERE id='$skey';" # 期限更新
        setcookie "user=$user" "skey=$_session"
        return 0                       # セッションキー確認OK
      fi
    fi
    return 1
}
_tag=cookie/$_tag storeparam "`echo $HTTP_COOKIE|sed 's/[;, ]/\&/g'`"
```

重要な関数の動きについていくつか説明する。

### ■ ユーザ作成機能（簡略版）

「ユーザ」の概念を導入するため、ユーザ登録する機能も必要となる。本稿では、信頼できるユーザのみがアクセスする環境で用いることを前提とし、メイルアドレスの入力によって新規ユーザを作成する関数を作る。このときの方針として「忘れた機能」を追加する。

パスワード認証を持つシステムの場合、パスワードを忘れたユーザへの対処も考慮する必要がある。この場合のパスワード再発行機能と、新規ユーザの初期パスワード設定機能を共通化することで簡略な設計が可能となる。新規ユーザ作成、ユーザのパスワードリセットいずれの場合でもパスワードに「wasureta」と入力した場合にランダムパスワードを付けてユーザ名に指定したアドレスに送信するものとする。

### ■ メイル送信関数

パスワードリセット時など、特定のアドレスにメイル送信する場合、シェルスクリプトからは sendmail コマンドを利用するのが確実で効率的である。日本語を含むメッセージを送信できるように定義したシェル関数が postmail である。この関数は2つ、または3つの引数を取る。

```
postmail 宛先アドレス サブジェクト ［ファイル］
```

postmail 関数中、宛先を処理する部分が以下のものである。

```
rcpts=`echo $1`
```

宛先は 'foo@example.net bar@example.org' のように、クォートして複数のアドレスを指定できる。このとき、クォート内に改行を含む場合でも処理できるよういったん echo コマンドに単語群を渡して改行を取ってもらう。以下の挙動を見ると分かりやすい。

```
$ m="foo
bar    baz"
$ echo $m
foo bar baz
: ↑foo, bar, baz という3引数を出力している（改行も単なる引数区切り）
$ echo "$m"
foo
bar    baz
: ↑ダブルクォートで単一引数化され改行も引数内の文字列として処理
$ echo foo \
bar
foo bar baz
: ↑エスケープされた改行も単なる引数区切りとして働く
```

複数の単語を含む値をクォートなしでコマンドに渡した場合は、すべての空白文字（SPC、TAB、LF）は単なる引数区切りとして扱われる。これを利用して改行除去を行なっている。続いて、Subject ヘッダを作成する部分を示す。

```
subj=`echo $2|nkf -jM`
```

$2 で受けた Subject 文字列を、nkf コマンドで JIS 化してさらに MIME ヘッダ化する。nkf は長すぎる文字列をメイルヘッダに適した長さに区切り改行＋スペースを挿入する。

続いて、本文を送信する部分

```
(cat<<EOF; nkf -j $3) | sendmail -t
```

ここでは $3 に指定したファイル、または未指定の場合の標準入力を JIS 化し、ヒアドキュメントに記述したヘッダの後に sendmail コマンドに送っている。sendmail の -t オプションは入力中に現れる To: ヘッダにしたがった宛先に送信する。

### 4.4.7　認証機能の組み込み

先に作成した miniblog2（リスト 4.11）に認証機構を組み込みたい。miniblog2 の機能はソースの末尾に集約されている。

```
putform                      # ヘッダと入力フォームを出力
addnew                       # 新規レコードの登録
[ -n "$editkey" ] || putblog # データ更新後の登録エントリを出力
```

大別して 3 つの機能を持ち、上記 3 行はそれぞれ、

（1）新規エントリ入力のためのフォーム出力
（2）フォーム送信されたデータの新規登録
（3）既存エントリの出力

の働きをしている。このうち、書き込みに関する上記 2 つについてはログイン認証を通過した利用者のみに提供するように変更する。大まかな流れとしては以下のようにする。

認証処理をする
```
if 認証成功; then
  putform              # (1)ヘッダと入力フォームを出力
  addnew               # (2)新規レコードの登録
else
  ログインページへのリンクだけ出力
fi
[ -n "$editkey" ] || putblog     # (3)データ更新後の登録エントリを出力
postmail() {      # $1=rcpts $2=subject ($3=file)
  rcpts=`echo $1`
  subj=`echo $2|nkf -jM|sed '2,$s/^/ /'`
  (cat<<EOF; nkf -j $3) | sendmail -t
To: `echo $rcpts|sed 's/ /, /g'`
Subject: $subj
Date: `date`
Content-type: text/plain; charset=iso-2022-jp
MIME-Version: 1.0

EOF
}
```

以上をまとめて、認証機能を付加した一言日記管理システム miniblog3.cgi を示す。

### リスト4.15 ● miniblog3.cgi

```
#!/bin/sh
cd `dirname $0`
. ../cgilib2-sh
myname=`basename $0`

query "CREATE TABLE IF NOT EXISTS blog(
       datetime UNIQUE, body, filename, filecontent);"

case "$1" in
  catfile/*)    # miniblog2.cgi catfile/rowidで起動するとその行の画像を出力
    rowid=`echo "${1#catfile/}" | tr -cd '[0-9]'`      # 数字以外は除去
    from="FROM blog WHERE rowid=$rowid"                # FROM句以下を変数に
    echo -n "Content-type: "    # 中味を調べて Content-type ヘッダ出力
    query "SELECT hex(filecontent) $from" | unhexize \
        | file --mime-type - | cut -d' ' -f2
    fn=`query "SELECT filename $from;"| tr -d '\n'`    # 改行あれば除去
```

```
      echo "Content-Disposition: filename=\"$fn\""       # ファイル名と長さ出力
      query "SELECT 'Content-Length: ' || length(filecontent) $from;"
      echo ""
      query "SELECT hex(filecontent) $from" | unhexize # 画像を書き出して終了
      exit ;;
    edit/*)          # miniblog2.cgi edit/日時で起動すると修正フォーム出力
      editkey=`echo ${1#edit/}|pdecode` ;;           # pdecode不要なhttpdもある
    # 【1】
    login)
      . ./cgiauthlib-sh
      loginform
      exit ;;
esac

# $1に指定したカラムを$2の日付キーから得る関数
getcol() {                      # HTMLエスケープしたカラム値を返す
  escape "`query \"SELECT $1 FROM blog WHERE datetime='$2';\"`"
}
putform() {                     # HTTPヘッダから入力フォームHTMLまで出力
  title="一言日記"
  if [ -n "$editkey" ]; then
    datetime=`getcol datetime "$editkey"`         # 実在するキーか?
    if [ -n "$datetime" ]; then
      hitokoto=`getcol body "$editkey"` # 既存のbodyカラム値を得る
      hidden="<p><input type=\"hidden\" name=\"datetime\"
        value=\"$datetime\">
        <input id=\"rm\" type=\"checkbox\" name=\"remove\" value=\"yes\">
        <label for=\"rm\">このエントリの削除</label>
        <span class=\"confirm\">ほんとうに消してよいですか:
        <label><input type=\"checkbox\" name=\"confirm\" value=\"yes\">はい
        </label></span></p>"
      title="$datetime の一言の修正"
    fi
  fi
  htmlhead "$title"             # ヘッダから h1 要素まで出力(cgilib2内)
  cat<<-EOF
        <form action="$myname" method="POST" enctype="multipart/form-data">
        ${datetime:+$hidden}    <!-- 有効な日付指定のみ $edit 出力 -->
        <label>ファイルを添付してください:
          <input type="file" name="attach"></label><br>一言:<br>
        <textarea name="hitokoto" rows="3" cols="40">$hitokoto</textarea>
```

```
                <input type="submit" value="POST">
                <input type="reset" value="Reset">
            </form>
            EOF
}

addnew() {
    if [ -n "$CONTENT_LENGTH" ]; then       # データが送信された場合の登録処理
        dt=`getpar datetime`                # datetimeの値がある場合は既存行の更新
        # 実在する datetime か値自身を引直して確認する
        [ -n "$dt" ] && \
            dt=`query "SELECT datetime from blog WHERE datetime='$dt';"`
        if [ x`getpar remove``getpar confirm` = x"yesyes" ]; then
            # 「削除」と確認の「はい」両方にチェックの場合
            query "DELETE FROM blog WHERE datetime='$dt';"
        elif [ -n "`getpar hitokoto`" ]; then       # hitokotoに何かが入力されたら
            [ -n "$dt" ] && now=$dt || now=`date '+%F %T'`
            query<<-EOF
                REPLACE INTO blog
                    -- （日時，一言，ファイル名，ファイル内容）を合成して挿入
                    SELECT '$now',
                           max(CASE name WHEN 'hitokoto' THEN val END),
                           max(CASE name WHEN 'attach' THEN filename END),
                           max(CASE name WHEN 'attach' THEN val END)
                    FROM cgipars
                    WHERE tag='$_tag'
                    GROUP BY tag;
            EOF
        fi
    fi
}

putblog() {                             # 既存のエントリをtableで出力
    href1=${authok:+"<TD><a href=\"$myname?edit/\\1\">\\2</a><"}
    href2="<TD><a href=\"$myname?catfile/\\1\">\\2</a><"
    echo '<table border="1">'
    query<<-EOF \
        | sed -e "s,<TD>1:\(\([-0-9 :]*\):[0-9]*\)<,${href1:-<TD>\\2<}," \
              -e "s,<TD>2:,<TD>," \
              -e "s,<TD>3:\([0-9]*\):\(.*\)<,$href2,"
        .mode html
```

```
        .header ON
        SELECT  '1:' || datetime '日時',
                '2:' || body '一言',
                CASE WHEN filename IS NOT NULL
                THEN '3:' || rowid || ":" || filename
                ELSE ''              -- filenameが非NULLのときのみ出力
                END '添付ファイル'
        FROM blog;
        EOF
    echo '</table>'
}

. ./cgiauthlib-sh
cgiauth
rc=$?
if [ 0 -eq $rc ]; then
  authok=yes                    # 認証済みフラグ
  bodyclass="authok"
  putform                       # ヘッダと入力フォームを出力
  addnew                        # 新規レコードの登録
else
  if [ $rc -eq 99 ]; then       # 「忘れた」場合は $?=99 で戻る
    htmlhead
    echo "<p>${user}宛に新規パスワードを送信しておきました。</p>"
    loginform "Login again" echo "</body></html>"
    exit 0
  fi
  htmlhead "Miniblog"
  loginlink                     # loginフォームへのリンク
fi
[ -n "$editkey" ] || putblog    # データ更新後の登録エントリを出力
echo '</body></html>'
```

このスクリプトの URL にアクセスするとまず以下の画面となる（背景は白）。

## Miniblog

Login

| 日時 | 一言 | 添付ファイル |
|---|---|---|
| 2015-08-09 15:38:52 | 苗名滝でリフレッシュ！ | naena.jpg |
| 2015-09-27 13:49:36 | 栗山池の一足早い秋 | kuriyama.jpg |

**図4.11●アクセス直後の画面**

　4.3.5節「レコード修正機能の追加」で示した画面に比べ、記事の新規入力フォームが省略されたものになっている。また、図4.7と比べ、日時欄に張った修正リンクがない。代わりにLoginリンクがあり、これをたどると以下のようなログイン画面が出る。

## Login

ユーザ　　[　　　　　]
パスワード [　　　　　]
[Login] [reset]

**図4.12●ログイン画面**

　これに対して正しいユーザ名・パスワード対を入れると、入力フォームと修正リンク入りのページが現れる（背景色は#ffdの淡い黄色）。

## 一言日記

ファイルを添付してください: [参照...] ファイルが選択されていません。
一言:
[　　　　　　　　　　　　]
　　　　　　　　　　　　　[POST] [Reset]

| 日時 | 一言 | 添付ファイル |
|---|---|---|
| 2015-08-09 15:38:52 | 苗名滝でリフレッシュ！ | naena.jpg |
| 2015-09-27 13:49:36 | 栗山池の一足早い秋 | kuriyama.jpg |

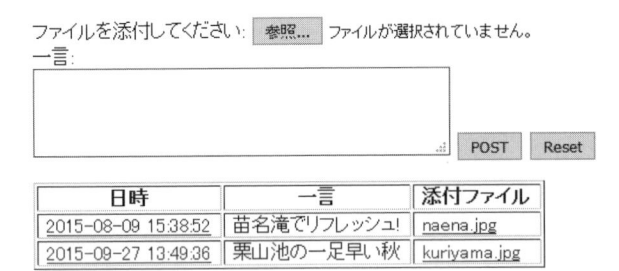

**図4.13●ログイン後の画面**

　認証の有無によって異なる挙動を示すCGIシステムが完成した。実用に供するシステムにするには以下のような機能を持つページの追加・改良が必要であろう。

- 自分の指定したパスワードに変更するページ
- フォームに書き込んでいる間にセッションキーが時間切れした場合に自動的にログイン

画面に移行し入力値を引き継げる機能

## 4.4.8　練習問題：クッキー利用の練習

CGI プログラムで Cookie を利用する流れを未体験の場合はこの問題を解いておきたい。

> **問 題**
>
> 以下のような name=cook、type=text の input 要素を 1 つだけ出し、そこに入力された値をすぐ cookie としてブラウザに送信すると同時に、もしそのときブラウザから同じ変数の値が送られて来たらそれを合わせて出力するスクリプト cookietest.cgi を作成せよ。
>
> 英数字文字列を入れてね: ［　　　　　　　　　］
> [OK] [Reset]
> 今回送られた cookie[cook] の値は hoge です。
>
> cookie の取得と設定は cgiauthlib-sh の getcookie、setcookie 関数を用いてよい。

［ヒント 1］cgilibauth-sh の利用例をまとめる。

- Cookie 変数 foo の値を得る。
  foo=\`getcookie foo\`
- Cookie に値をセットする。HTML ヘッダを出力する前に setcookie を呼ぶ。
  setcookie var1=val1 var2=val2

［ヒント 2］スクリプトの骨格は以下のとおり。

```
#!/bin/sh
cd `dirname $0`
. ../cgiauthlib-sh
```

*ブラウザからの送信 Cookie の値を得る*
*入力フォームからの値を得る*
*得た値を setcookie でブラウザに送る*
*ヘッダとHTML本体を出力(フォームも出力する)*

## 4.4.9 練習問題：解答例

実際に動かしてみてCookieの挙動を体感するとよい。

### リスト4.16●cookietest.cgi

```sh
#!/bin/sh
cd `dirname $0`
. ./cgiauthlib-sh
myname=`basename $0`

cookieval=`getcookie cook`
formval=`getpar cook | tr -dc 'A-Za-z0-9'`
setcookie cook="$formval"

htmlhead "COOK!"
cat<<EOF
<form action="$myname" method="POST">
<table>
 <tr><td>英数字文字列を入れてね:</td>
  <td><input name="cook"></td></tr>
</table>
<input type="submit" value="OK">
<input type="reset" value="Reset">
</form>
<p>今回送られたcookie[cook]の値は
<span style="color: red;">$cookieval</span> です。</p>
</body></html>
EOF
```

動くスクリプト実物を見た方がよいが、ここにも動かしてみた例を示す。

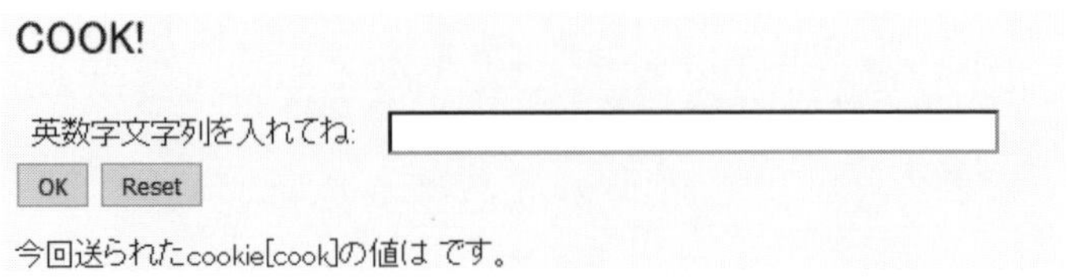

**COOK!**

英数字文字列を入れてね: [　　　　　　　　]
[OK] [Reset]
今回送られたcookie[cook]の値は です。

**図4.14●初期画面**

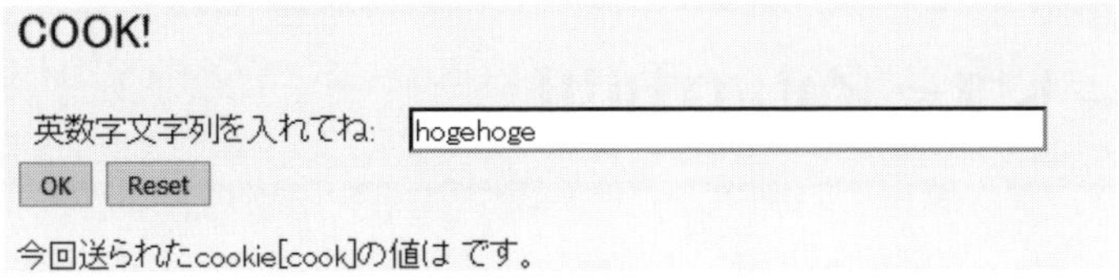

**図4.15●入力窓にhogehogeと入れる**

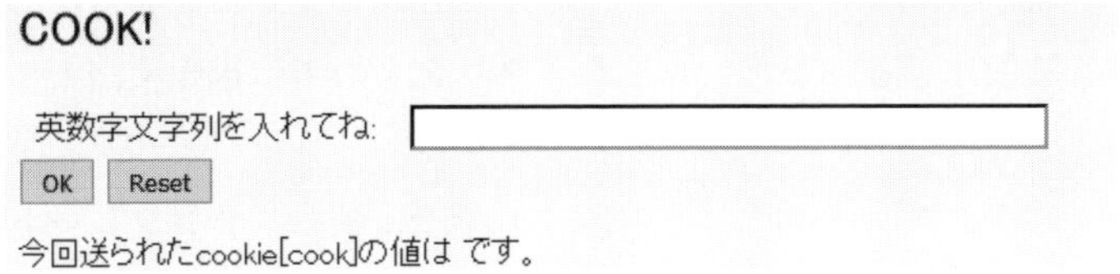

**図4.16●2画面目（Cookie値はまだ空）**

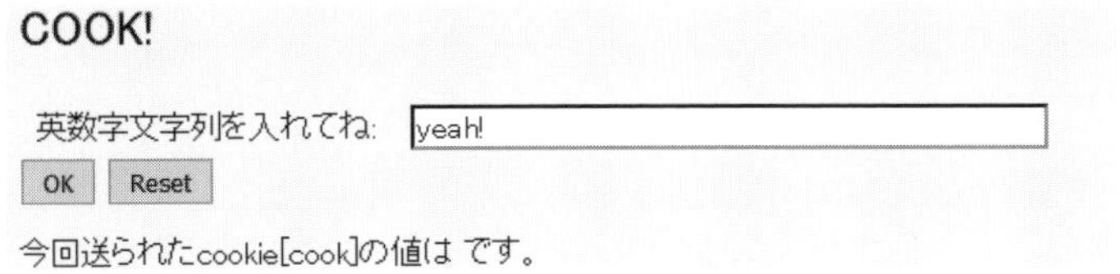

**図4.17●入力窓にyeah!と入れる**

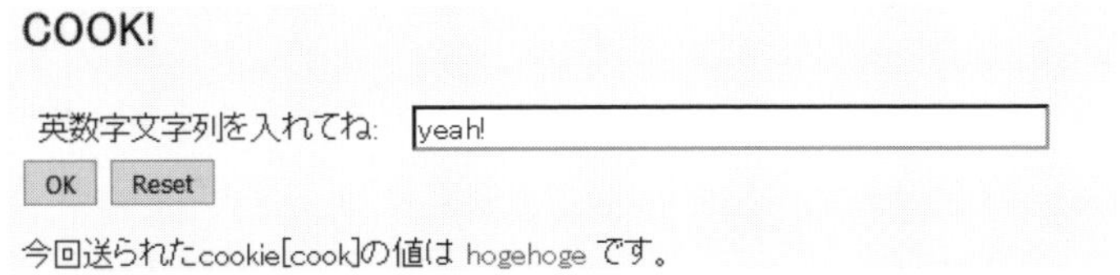

**図4.18●3画面目（初回入力値がブラウザからのcookieとして送られて来る）**

　以後、同様に2つ前の入力画面の値、つまり1回前のスクリプト起動で送信したCookie値を受け取ることになる。ユーザ（入力者）から見ると2回先の画面で反映されることに注意する。

## 4.5 テンプレートファイルの利用

　miniblog3（リスト4.15）は100行強のプログラムで小規模の部類と言えるが、CGIという性格上そのうちの一定の割合がHTML出力に費やされている。本システムでは簡素なデザインのものを例示しているためあまり長いHTMLではないが、凝った装飾を施したい場合はそれなりに長いHTML文を出力することになる。また、シェルスクリプトの中に違う文法のものが交じるのは、文法確認の見通しがよくない。

　そこで、一定量以上のHTML文はテンプレート化して外部ファイルに納め、テンプレートの必要な部分のみを置換して出力するような構造に変えて、プログラムとHTMLのデザインの独立性を高める工夫の方法を示す。

### 4.5.1　m4の利用

　テンプレート化したものから実際の文書テキストを生成するためのフィルタとしてm4を利用する方法を示す。

#### m4とは

　m4は汎用的な使用を前提としたマクロプロセッサで、元となるテキストファイルの中から、指定したキーワードを対応する置換語に変換する機能を持つフィルタプログラムである。単語置換はマクロ展開として処理されるもので、マクロの定義はコマンドラインでは「-D*name*=*value*」の形式で指定する。この指定により元テキスト中で単語として独立して存在している*name*すべてを*value*に置換する。簡単な例を見てみよう。元テキストとして以下のm4sample.txtを用意する。

**リスト4.17●m4sample.txt**

```
The quick brown fox jumps over the lazy dog.
酒田  さかた
象潟  きさかた
```

## 4.5 テンプレートファイルの利用

このテキストファイルを入力として以下のように m4 を起動する。

```
$ m4 -Dthe=ざ -Djump=じゃんぷ -Dさかた=sakata m4sample.txt
The quick brown fox jumps over ざ lazy dog.
酒田　さかた
象潟　きさかた
```

3 つのマクロを定義しているが、これによって置き換えが起こっているのは英単語 the だけである（The には反応していない）。GNU m4、BSD m4 いずれもマルチバイト文字に対しては置換は発生しない。マクロとして認められているのはシェルパターン「[a-zA-Z_][a-zA-Z0-9_]*」にマッチする文字並びである。また、「-Djump= じゃんぷ」からは jumps の置き換えが発生しないように単語としての一致が求められる。

### ■ m4 の組み込みマクロ

m4 に展開させたいマクロ定義は入力テキスト自身にも埋め込むことができるほか、テキスト中で関数的に機能するマクロが標準で定義されている。たとえばコマンドラインで「-Dfoo=bar」と指定する代わりに、組み込みマクロ define を用いて入力テキスト中に「define(`foo',`bar')」と記述してもよい。その他、テンプレートファイルからの置換に使えそうな組み込みマクロを以下に示す。

**表4.8●単語の置き換えに有用なm4マクロ**

| マクロ | 働き |
| --- | --- |
| dnl | その位置から行末までと改行文字を削除する。 |
| define(*name, value*) | *name* というマクロを *value* に展開するものとして定義する。マクロは関数的に呼び出すこともでき、name(a,b,c) のように引数つきで呼び出すと、*value* では $1, $2, $3 でそれぞれ置き換えることができる。 |
| ifdef(*name, yes, no*) | *name* マクロが定義されていたら *yes* に置換、未定義なら *no* に置換する。 |
| ifelse(*a, b, yes, ...*) | *a* と *b* が同じ文字列なら、*yes* に置換、そうでなければ最初の 3 つの引数を捨てて同じ処理を繰り返す。残った引数が 1 個ならその値を返す。 |
| include(*name*)<br>sinclude(*name*) | *name* で指定されるファイルの内容に置換する。ファイル内に含まれるマクロも同様に展開する。sinclude はエラーが出ても無視する。 |
| esyscmd(*cmd*) | *cmd* をシェル経由で実行して得られた出力に置換する。出力中に含まれるマクロは置換される。 |
| syscmd(*cmd*) | *cmd* をシェル経由で実行し何にも置換しない。実行したコマンドが出力したものは m4 の処理を経ることなくそのまま垂れ流される。 |

m4のマクロ展開は、展開するものがなくなるまで繰り返し行なわれる。以下の例を見ると分かるだろう。

```
$ echo foo abcfoo | m4 -Dfoo=bar -Dbar=baz -Dbaz=bazzz
bazzz abcfoo
```

echoに与えた最初の単語fooは「-Dfoo=bar」によってまずbarに置換され、そのbarが次の「-Dbar=baz」でbazに置換され、さらにbazが最後の「-Dbaz=bazzz」によってbazzzに置換される。

### ■ m4のクォート

マクロ展開されたくない単語はm4の規則に則ってクォートする必要がある。デフォルトではバッククォート（`）からシングルクォート（'）までがクォートされる（以下の実行例の出力結果の出てくるタイミングは起動するm4の種別によって多少異なる）。

```
$ m4 -Dfoo=BAR
foo `foo'
BAR foo
foo `abc
BAR abc
foo bar' foo 'foo
foo bar BAR 'BAR
```

クォートは行を越えられる。バッククォートがm4に食われるので、もしバッククォートが必要なテキストを処理したい場合にはm4用のクォート文字列を変えることで対処する。組み込みマクロ changequote(*begq*, *endq*) でそれぞれクォート開始文字列、クォート終端文字列を指定する。以下のようなテキストファイル chqoute.txt を用意する。

```
define(`foo', `bar')
changequote(`..(', `..)')dnl
foo `foo' .(foo.) ..(foo..)
```

```
$ m4 chquote.txt

bar `bar' .(foo.) foo
```

最初の define で foo を bar に展開するよう定義し、次の changequote でクォート文字列を「..(」と「..)」に変更している。3 行目は組み込みマクロは何もなく `foo' もクォートの意味が消えてマクロ展開が発生している。なお、出力の 1 行目が空行となっているのは chquote.txt の 1 行目の末尾にある改行が出力されているためで、このような出力を抑止するために dnl を利用しているのが 2 行目である。

### ■ m4 による HTML のテンプレート加工

シェルスクリプトから HTML 文書を出力するときに、見本となるテンプレートファイルを作成しておき、m4 で内容を変更しつつ生成するための注意点を示す。

#### リスト4.18 ● basic.m4.html

```
<!DOCTYPE html>
<html lang="ja">
<head><title>_TITLE_</title></head>
<body>
<h1>_TITLE_</h1>
_CONTENT_
</body>
</html>
```

アンダースコアに囲まれた単語がマクロ展開される予定のもので、上記の例では _TITLE_ と _CONTENT_ がそれに該当する。ここでは単純に以下の規則で置き換えるものとする。

- _TITLE_ はその日の日付に置き換える
- _CONTENT_ はなんらかのコマンド出力に置き換える

実用時には _CONTENT_ を生成するコマンドはユーザの入力を元に body となる HTML 文を生成するものになろうが、ここでは簡単に read で読み取った 1 行を <p> と </p> で括ったパラグラフにするだけのものを作った例を示す。

#### リスト4.19 ● m4html.sh

```
#!/bin/sh
```

# 4 写真日記システムの作成

```
templ=basic.m4.html

title=`date +%F`
echo "何か一言どうぞ(最後にC-d): " 1>&2
message=`cat`
content="<p>$message</p>"

m4 -D_TITLE_="$title" -D_CONTENT_="$content" $templ
```

_TITLE_ は date コマンドの出力に置き換えられ、_CONTENT_ は標準入力で読み取ったすべてを p 要素で括ったものに置き換えられるように作ったつもりのものである。まずは「素直な」実行例を示す。

```
$ ./m4html.sh
何か一言どうぞ(最後にC-d):
やっほー
foo bar
C-d
<!DOCTYPE html>
<html lang="ja">
<head><title>2015-10-24</title></head>
<body>
<h1>2015-10-24</h1>
<p>やっほー
foo bar</p>
</body>
</html>
```

この実行例のように改行を含む文字列も期待どおりにマクロ展開されるので長さは心配しなくてもよい。しかし m4 の仕様上次のような「イタズラ」も可能である。

```
$ ./m4html.sh
何か一言どうぞ(最後にC-d):
世界まる見え!
syscmd(ls /)
C-d
<!DOCTYPE html>
<html lang="ja">
```

```
<head><title>2015-10-24</title></head>
<body>
<h1>2015-10-24</h1>
<p>世界まる見え！
altroot      etc          media         opt          sys
archive      ext          mnt          proc         tmp
bin          home         mnt2         r            usr
boot         include      netbsd       rescue       var
boot.cfg     kern         netbsd.altq  root         work
cdrom        lib          netbsd.generic sbin       x
dev          libdata      netbsd7      service      y
emul         libexec      onetbsd      stand
</p>
</body>
</html>
```

入力データに m4 のマクロを含む文「syscmd(ls /)」を入れると、それもマクロ展開される。マクロの展開先にユーザが入力した文字列をそのまま入れることは任意のコマンド実行を許すことを意味する。それ以上の展開をさせないためには syscmd のようにそれ以上展開の起きないマクロを介すようにする。たとえば、m4 呼び出しの部分

```
m4 -D_TITLE_="$title" -D_CONTENT_="$content" $templ
```

を以下のように syscmd 経由に変える。

```
echo "$content" \
    | m4 -D_TITLE_="$title" -D_CONTENT_="syscmd(cat)" $templ
```

このようにすることで、マクロ展開を1段のみに制限できる。上記の「イタズラ」例の入力をこれに与えたときの出力は以下のようになる（body 部分のみ抜粋）。

```
<body>
<h1>2015-10-24</h1>
<p>世界まる見え！
syscmd(ls /)
</p>

</body>
```

# 4 写真日記システムの作成

　SQLite3 データベースから取り出したものをテンプレート化した HTML で出力する流れに翻って考察すると、データベースから文字列を取得するときは sqlite3 の出力モードを HTML（.mode html）にして文字エスケープを施したうえで、m4 のマクロ展開が 1 段になるようにする。以下の CSV ファイルを用意して確認しよう。

### リスト4.20 ● itazura.csv

```
number,string
1,普通の文字列
2,"m4で意味を持つ syscmd(ls /)"
3,"HTMLで意味を持つ<small>あいう</small>"
```

これを SQLite3 のデータベースに取り込む[注6]。

```
$ sqlite3 -csv -header itazura.sq3
sqlite> .import itazura.csv ita
select * from ita;
number,string
1,"普通の文字列"
2,"m4で意味を持つ syscmd(ls /)"
3,"HTMLで意味を持つ<small>あいう</small>"
```

これを HTML 文書として出力するために以下のテンプレートファイル itazura.m4.html を利用する。

### リスト4.21 ● itazura.m4.html

```
<!DOCTYPE html>
<html lang="ja">
<head><title>_TITLE_</title>
<meta charset="utf-8">
<style type="text/css">
<!--
table, tr, td {
```

---

注6　実行例のようにテーブルを作成する前に CSV インポートすると、CSV ファイルの 1 行目がカラム名に採用される。

```
  border: navy solid 2px; padding: 0 1ex; border-collapse: collapse;}
  -->
</style></head>

<body><h1>_TITLE_</h1>
<table>_CONTENT_</table>
</body></html>
```

これをベースに、_TITLE_ と _CONTENT_ を置換して HTML 文書を作成するシェルスクリプトを以下のように作成する。

#### リスト4.22●itazura-dump.sh

```sh
#!/bin/sh
db=itazura.sq3
templ=itazura.m4.html
sqlite3 -html $db "SELECT * from ita;" \
    | m4 -D_TITLE_="データ一覧" -D_CONTENT_="syscmd(cat)" $templ
```

実際に起動して生成される HTML 文書を確認する。

```
$ ./itazura-dump.sh
<!DOCTYPE html>
<html lang="ja">
<head><title>データ一覧</title>
<style type="text/css">
<!--
table, tr, td {
  border: navy solid 2px; padding: 0 1ex; border-collapse:collapse}
  -->
</style>
<meta charset="utf-8">
</head>
<body>
<h1>データ一覧</h1>
<table>
<TR><TD>1</TD>
```

```
<TD>普通の文字列</TD>
</TR>
<TR><TD>2</TD>
<TD>m4で意味を持つ syscmd(ls /)</TD>
</TR>
<TR><TD>3</TD>
<TD>HTMLで意味を持つ&lt;small&gt;あいう&lt;/small&gt;</TD>
</TR>
</table>
</body>
</html>
$
: これを html ファイルに落とし、ブラウザで確認してみる。
$ ./itazura-dump.sh > output.html
$ firefox output.html
```

ブラウザ出力は以下のようになる。

### データ一覧

| number | string |
|---|---|
| 1 | 普通の文字列 |
| 2 | m4で意味を持つ syscmd(ls /) |
| 3 | HTMLで意味を持つ<small>あいう</small> |

**図4.19●ブラウザで確認した出力**

このように m4 マクロの展開の深さの制御と SQLite3 の HTML 出力モードの組み合わせで、利用者からの入力文字列「そのまま」での Web ページ出力が可能となる。今後の作成スクリプトではこのような方式で、まとまった量の HTML 記述をテキストファイルに別保存する形式としていく。

## 4.5.2 練習問題：m4 の展開制御

m4 でのマクロ展開を 1 段に制限しつつ、テンプレートファイルを最終出力に変換する流れをおさらいしよう。

## 4.5 テンプレートファイルの利用

### 問題

以下のようなテンプレートファイル msg.m4 がある。

**msg.m4**

```
_WHO_  さんからのメッセージ
--------------------------------------------------------
_MESSAGE_`'dnl
--------------------------------------------------------
```

標準入力から、「名前」、「メッセージ」に相当する文字列を読み取り、それぞれを msg.m4 の _WHO_、_MESSAGE_ の置換先としつつ msg.m4 をマクロ展開処理するようなスクリプト msg.sh を作成せよ。ただし、入力値にどんな m4 マクロがあっても展開されないようにせよ。

実行例を 1 つ示す。

```
$ ./msg.sh
お名前を入力してください: たろう/Tallow
メッセージを入力してください(行頭 C-d で終端)
ゴールの次にはスタートがあります。
倦まず弛まず元気に進んでください。
include(`/etc/passwd')
C-d
たろう/Tallow さんから 愛 のメッセージ
--------------------------------------------------------
ゴールの次にはスタートがあります。
倦まず弛まず元気に進んでください。
include(`/etc/passwd')
--------------------------------------------------------
```

[ヒント 1] マクロの多重展開抑止には本文にあるように syscmd マクロを利用する。

[ヒント 2] 名前の入力は 1 行なので read で、メッセージの入力は EOF までなので cat で行なう。

## 4.5.3 練習問題：解答例

2つの入力値をテンポラリファイルに落として、そのファイルを cat するような syscmd マクロ（m4）を呼べばよい。テンポラリファイルを安全に作成し削除することにも注意する。

**リスト4.23 ● msg0.sh**

```sh
#!/bin/sh
tmp1=`mktemp /tmp/msg-1-$$.XXXXXX`       # テンポラリファイル作成と
tmp2=`mktemp /tmp/msg-2-$$.XXXXXX`       # 削除トリガの登録(trap)
trap "rm -f $tmp1 $tmp2" INT HUP QUIT TERM EXIT

m4src=msg.m4                  # m4用テンプレートファイル

printf 'お名前を入力してください: '
read name
printf '%s' "$name" > $tmp1
echo 'メッセージを入力してください(行頭 C-d で終端)'
cat > $tmp2
m4 -D_WHO_="syscmd(\`cat $tmp1')" -D_MESSAGE_="syscmd(\`cat $tmp2')" $m4src
```

置換単語が1個の場合はテンポラリファイル不要で、標準入出力を利用して

```
echo 置き換え後の単語 | m4 -D_MACRO_="syscmd(\`cat')" source.m4
```

とできるが、2個以上の場合は標準入出力では足りないため、テンポラリファイルが必要となる。もっとも、置き換え後の単語がユーザからの入力値でなく、m4マクロ展開が起きないことが確実なら syscmd+cat 経由でなく、m4 -D マクロ=`値`で直接定義して構わない。たとえば、名前入力で得たシェル変数 name から特殊記号を除去すれば以下のように m4 にそのまま渡せる。

```
read name
name=$(echo "$name" | tr -d "\`'")
: ${name:?"英数字日本語を正しく入れてください"}  # "" ならエラー終了
cat | m4 -D_WHO_="\`$name'" -D_MESSAGE_="syscmd(\`cat')" $m4src
```

# 第5章

# カタログ型汎用データベースシステムの作成

**この章の目標**

- データベースのテーブル構造の確定が難しい場合のプロトタイプシステムの考え方を知る。
- JavaScriptなしで動的な入力/編集インタフェースを擬似的に表現できるCSSの使い方を覚える。
- データ構造を単純な定義ファイルで雛型化する基本的な方法を知る。
- SQL文実行にも効率があることとその計り方を知る。
- 自己結合（SQL）の意味を理解し、SQLだけでで連番生成などを行なえることを知る。
- 以上を総合してシェルスクリプト＋SQLによる汎用情報システムを高速に作成できるようになる。

# 5 カタログ型汎用データベースシステムの作成

## 5.1 カタログ型データベースの基盤設計

　RDBを用いたデータベースシステムの導入を考える場合、まずそのテーブル設計に頭を悩ますこととなる。ここでは、厳密なテーブル設計をほとんどせずに、思いつきに近い設計のまま試験運用が開始できる形態を紹介し、それをシェルスクリプトに組み込むための手法へと踏み込んでいく。

### 5.1.1 カタログ型データベースの位置付け

　ここでいう「カタログ型」とは便宜上指し示したもので、特に固定的な概念を示すものではない。たとえば、スポーツ選手あるいはアニメ・ゲームのキャラクタの名鑑のような写真と主な属性を集めたデータベースを示す。利用者から見た参照したい主体が1種類であるものがこれに該当し、概ね以下の性質を持つものである。

- 1種類の主体とそれに付随する複数の属性の集合が1件のレコードである。
- ある1つの主体の持つ属性値は必ず1つに定まるものもあれば、複数個存在し得るものもある。

　たとえば、携帯電話端末の住所録のようなものをWebアプリケーション化し、複数人で参照・編集できるようにしたい場合が適合する。そのようなデータは、表計算形式で管理するなら以下のようになる。

**表5.1●表計算風に格納した住所録例**

| 氏名 | シメイ | 住所 | 帰省先等 | 電話番号1 | 電話番号2 | … | 備考 |
|---|---|---|---|---|---|---|---|
| 公益太郎 | コウエキタロウ | 酒田 | 塩山<br>横浜 | 0234-45-XXXX | --- | … | 鶴子集合 |
| 飯森花子 | イイモリハナコ | 酒田 | 六郷 | 0234-45-YYYY | 0187-XX-XYYX<br>080-IIII-BBBB | … | 天然水 |

　見るからにまずい表で「目で見て分かれば何でもよい」でデータを入れるとこのようになる。既に分散共有ディレクトリサービスなどを導入・運用している組織では問題にならないが、そ

うでない場合は個人個人がこのようなデータを持ち、最新の正確な情報に保つのが極めて困難な状態に陥りがちである。それを打破すべく、集中管理されたデータベースの導入を計画するものの、まず見積りの段階で「何が必要なデータか」の最終結論を出すことが誰の立場からも難しいことに直面する。さらには、業者に見積りを依頼するだけでもコストが掛かる上に、本当にデータベース化の効果がその組織に対して出るのかは、未経験の状態では断言しがたいというケースもあろう。

ここでは、「まず簡単なもので運用してみる」ことを念頭に、カタログ型のデータベースを汎用的に設計することを考える。

なお、本章で検討する設計の形は、上記のような状況で「必要な属性の分析を行なう段階」でのみ有効で、将来的に本格RDBシステムでの運用時にも適用できる類ではない。詳しくは5.1.4節「可変属性列について」で示す。

## 5.1.2　Key-Valueストアのエミュレーション

Key-Valueストアとはリレーショナルデータベースと対比されて紹介されることの多いデータ管理モデルで、データの構造を「キー」とそれに対する「値（value）」の組みで保存するものである。多くのプログラミング言語に存在する連想配列、ハッシュ、辞書などと呼ばれるデータ構造を基本とする。カラム設計をせずに使うことができるため、記憶させたいものが発生した瞬間にすぐデータ格納できる。ここではSQLite3の特性を活かして、テーブルの組み合わせによりKey-Valueストア感覚で構築するデータベースを考える。

### ■ 連想配列の例

まず、連想配列のしくみについて簡単に紹介する。すでに馴染んでいる場合は斜め読みで次節に進んで構わない。

ここでは連想配列を擬似的な言語で表すことを試みる。

```
{KEY1:VALUE1, KEY2:VALUE2, KEY3:VALUE3, ...}
```

のように、コロン区切りの組みの集合を中括弧で括って表すものとする。

```
taro   = {'氏名':'公益太郎', 'シメイ':'コウエキタロウ', '住所':'酒田'}
hanako = {'氏名':'飯森花子', 'シメイ':'イイモリハナコ', '住所':'酒田'}
```

キーに対する値は変数に添字指定して取り出すものとする。

```
taro['氏名']
   → '公益太郎'
hanako['氏名']
   → '飯森花子'
```

連想配列では、代入すると古い値は上書きされる。

```
taro['住所']='鶴岡'       # 代入
taro['住所']              # 参照
   → '鶴岡'               # 上書きされる
```

1つのキーに対しては1つの値が格納される。では、1つのキーに対して複数の値を入れたい場合はどうしたらよいだろう。そのようなときはValueとして配列（リスト）を代入することにする。配列の値を以下のように表すこととする。

```
[ ITEM1, ITEM2, ITEM3, ... ]
```

上記の例のhanakoの'電話番号'キーに複数の値を登録する。'電話番号'に対応するValueには配列値を代入する取り決めとして以下のように代入する。

```
hanako['電話番号'] = ['0234-45-YYYY', '0187-XX-XYYX', '080-IIII-BBBB']
```

この代入によりhanakoの値は以下のようになる。

```
hanako
   → {'氏名':'飯森花子', 'シメイ':'イイモリハナコ', '住所':'酒田'
      '電話番号':['0234-45-YYYY', '0187-XX-XYYX', '080-IIII-BBBB']}
```

このように連想配列は、ある主体の持つ属性を自由に設定でき、名鑑や住所録的なものに柔軟に対応できる。このような関係性をSQLiteで格納するにはKeyとValueに相当するカラムを定義すればよい。SQLiteはカラムに固定的な型を持たせる必要がない。この性質により任意のKey-Valueペアを格納することができる。他のRDBMSではありえない設計だが、そもそもシェルスクリプトでは基本的にすべてを文字列の形式で保持するため、型の混在は問題になら

ない。

### ■ 単一値のテーブル設計

まず、値の個数が 0 個か 1 個となる項目を保持するテーブルを考える。格納されているイメージを示すと以下のようになる。

**表5.2●単一値を持つKey-Valueテーブル**

| id | key | val |
| --- | --- | --- |
| taro | 氏名 | 公益太郎 |
| taro | シメイ | コウエキタロウ |
| taro | 住所 | 酒田 |
| hanako | 氏名 | 飯森花子 |
| hanako | シメイ | イイモリハナコ |
| hanako | 住所 | 酒田 |

値が 1 つに定まる、ということはある特定の id と key の組み合わせが一意であることにほかならないので、この組み合わせに UNIQUE 制約をつければよい。以下の例では、データベースファイルを addrbook.sq3 とし、sqlite3 コマンド起動時に、FOREIGN KEYS が有効になるようにしている。

```
$ sqlite3 -cmd 'PRAGMA FOREIGN_KEYS=on;' addrbook.sq3
sqlite> CREATE TABLE keyvalue_1(id, key, val, UNIQUE(id, key));
```

この制約下で、tar['住所'] = '鶴岡' に相当する上書きを行なう。

```
sqlite> REPLACE INTO keyvalue_1 VALUES('taro', '住所', '鶴岡');
```

「'taro', '住所'」の組み合わせは重複を許されないため、該当レコードは以下のように上書きされる。

| id | key | val |
| --- | --- | --- |
| taro | 住所 | 鶴岡 |

なお、id、key に対する UNIQUE 制約だけでなく、異常値を自動的に排除する制約も付けら

れるものは付けておくべきである。たとえば、id も key も空文字列は許されない[注1]ので

```
CREATE TABLE keyvalue_1(
  id NOT NULL, key NOT NULL,
  UNIQUE(id, key),
  CHECK(id > ''), CHECK(key > ''));
```

のような制約も有効である。ただし、のちに id、key カラムには、決まった値しか入れられないよう外部キー制約を付けることになるので、ここでは UNIQUE 制約のみ付しておく。次で述べる多値テーブルも同様である。

## ■ 多値のテーブル設計

一方、1つのキーに対する値が任意個数あるうるものは id、key に対する UNIQUE 制約をなくせばよい。ただし、全く制約なしにすると REPLACE INTO で同じ値を入れたときにそれが何度も格納されることになり、たいていの場合それは無駄である。それを防ぐため、id、key、val の3つに対して UNIQUE 制約をつける。

```
sqlite> CREATE TABLE keyvalue_n(id, key, val, UNIQUE(id, key, val));
```

このようなスキーマを持つテーブルに、あらかじめ以下のように値が格納されていたとする。

**表5.3●多値を許すKey-Valueテーブル**

| id | key | val |
|---|---|---|
| taro | 電話番号 | 0234-45-XXXX |
| hanako | 電話番号 | 0234-45-YYYY |
| hanako | 電話番号 | 0187-XX-XYYX |

この状態から以下のように SQL を発行する。

```
sqlite> REPLACE INTO keyvalue_n VALUES('hanako', '電話番号', '0187-XX-XYYX');
sqlite> REPLACE INTO keyvalue_n VALUES('hanako', '電話番号', '080-IIII-BBBB');
```

---

注1 シェルスクリプトで INSERT 文を発行するときに未定義変数を渡しても ""（空文字列）となるため、空文字列かどうかの検査しか効き目がないが、他のプログラミング言語では変数値未定義がカラム値 NULL として処理されるため、カラム制約に NOT NULL を指定する習慣を付けておくと異常値の検出に役立つ。

1行目のVALUESでは既に格納されている電話番号を入れ、2行目では新しい値を入れている。すると以下のようにテーブルが更新される。

| id | key | val |
|---|---|---|
| taro | 電話番号 | 0234-45-XXXX |
| hanako | 電話番号 | 0234-45-YYYY |
| hanako | 電話番号 | 0187-XX-XYYX |
| hanako | 電話番号 | 080-IIII-BBBB |

既存のものと同じ場合はそのままで、新規のものだけ挿入される。

### ■ 外部キーの作成

値の個数の違いを表すためにUNIQUE制約を用いた。さらに1つ制約が必要である。これまでも利用した外部キー制約で、2つのテーブルのidカラムの値は、データベースに登録されている主体であり、ある1つのidを削除したら、それをidに持つすべてのレコードを削除する必要がある。そのために、idのみを保持するテーブルを作成し、上記2つのテーブルにも外部キー制約を加える。SQL文は以下のとおり。

```
CREATE TABLE ids(id PRIMARY KEY);
CREATE TABLE kv_1(
  id, key, val,
  UNIQUE(id, key)
  FOREIGN KEY(id) REFERENCES ids(id));
CREATE TABLE kv_n(
  id, key, val,
  UNIQUE(id, key, val)
  FOREIGN KEY(id) REFERENCES ids(id));
```

このように作成した3テーブルに、表5.1に示したデータを格納するためのSQL文を以下に示す。

```
-- 主キーの格納
INSERT INTO ids VALUES('taro');
INSERT INTO ids VALUES('hanako');
-- 値が1つに定まるものの格納
```

```
REPLACE INTO kv_1 VALUES('taro', '氏名', '公益太郎');
REPLACE INTO kv_1 VALUES('taro', '住所', '酒田');
REPLACE INTO kv_1 VALUES('hanako', '氏名', '飯森花子');
REPLACE INTO kv_1 VALUES('hanako', '住所', '酒田');
-- 複数の値を許すものの格納
REPLACE INTO kv_n VALUES('taro', '帰省先等', '塩山');
REPLACE INTO kv_n VALUES('taro', '帰省先等', '横浜');
REPLACE INTO kv_n VALUES('taro', '電話番号', '0234-45-XXXX');
REPLACE INTO kv_n VALUES('taro', '備考', '鶴子集合');
REPLACE INTO kv_n VALUES('hanako', '帰省先等', '六郷');
REPLACE INTO kv_n VALUES('hanako', '電話番号', '0234-45-YYYY');
REPLACE INTO kv_n VALUES('hanako', '電話番号', '0187-XX-XYYX');
REPLACE INTO kv_n VALUES('hanako', '電話番号', '080-IIII-BBBB');
REPLACE INTO kv_n VALUES('hanako', '備考', '天然水');
```

実際にテーブルに格納されているイメージは以下のようになる。

**表5.4●idsテーブル格納状態**

| id |
|---|
| taro |
| hanako |

**表5.5●kv_1テーブル格納状態**

| id | key | val |
|---|---|---|
| taro | 氏名 | 公益太郎 |
| taro | 住所 | 酒田 |
| hanako | 氏名 | 飯森花子 |
| hanako | 住所 | 酒田 |

**表5.6●kv_nテーブル格納状態**

| id | key | val |
|---|---|---|
| taro | 帰省先等 | 塩山 |
| taro | 帰省先等 | 横浜 |
| taro | 電話番号 | 0234-45-XXXX |
| taro | 備考 | 鶴子集合 |
| hanako | 帰省先等 | 六郷 |
| hanako | 電話番号 | 0234-45-YYYY |
| hanako | 電話番号 | 0187-XX-XYYX |
| hanako | 電話番号 | 080-IIII-BBBB |
| hanako | 備考 | 天然水 |

kv_1テーブルとkv_nの和集合が求める住所録となる。id='taro'に関する値を取り出してみる。和集合には UNION ALL を利用する。

```
sqlite> SELECT * FROM kv_1 WHERE id='taro'
   ...> UNION ALL
   ...> SELECT * FROM kv_n WHERE id='taro';
taro|住所|酒田
```

```
taro|氏名|公益太郎
taro|備考|鶴子集合
taro|帰省先等|塩山
taro|帰省先等|横浜
taro|電話番号|0234-45-XXXX
```

## 5.1.3 項目名で整列した出力

データベースへの格納には順番という概念はなく、上記出力例を見て分かるように各属性がバラバラに出てくる。これを整理するには、属性名の順序を持つ表を用意してJOIN操作すればよい。たとえば、「氏名、住所、帰省先等、電話番号、備考」の順に揃えたければ、この7つの値をカラムに持つテーブルを用意してUNION ALLで得られる表とJOIN操作する。

**属性名リスト keys**

| rowid | key |
|---|---|
| 1 | 氏名 |
| 2 | 住所 |
| 3 | 帰省先等 |
| 4 | 電話番号 |
| 5 | 備考 |
| 6 | 特記事項 |

×

**id='taro' で得られる和集合出力**

| id | key | val |
|---|---|---|
| taro | 住所 | 酒田 |
| taro | 氏名 | 公益太郎 |
| taro | 備考 | 鶴子集合 |
| taro | 帰省先等 | 塩山 |
| taro | 帰省先等 | 横浜 |
| taro | 電話番号 | 0234-45-XXXX |

**図5.1●属性名と和集合のJOIN**

上記の2つの表の結合は、属性名をすべて含む形にしたいのでkeysテーブルを左とするLEFT JOINを用いる。

```
SELECT b.* val FROM keys a LEFT JOIN 和集合出力 b;
```

実際のテーブルを以下のように作成する。

**リスト5.1●keysテーブルの作成**

```
CREATE TABLE keys(key UNIQUE);  -- rowidは自動付加されるので宣言不要
REPLACE INTO keys(rowid, key) VALUES(1, '氏名');
```

```
REPLACE INTO keys(rowid, key) VALUES(2, '住所');
REPLACE INTO keys(rowid, key) VALUES(3, '帰省先等');
REPLACE INTO keys(rowid, key) VALUES(4, '電話番号');
REPLACE INTO keys(rowid, key) VALUES(5, '備考');
REPLACE INTO keys(rowid, key) VALUES(6, '特記事項');
-- CREATE TABLE直後にこの順にINSERTすればrowidは連番となるので
-- INSERT INTO keys VALUE('氏名'); などとしても通常は問題ない
```

なお、上記の例では属性名リスト keys に追加の属性名「6 特記事項」を加えて、属性値が未登録の場合の対処法を考慮する例に用いる。

図 5.1 に相当する操作を行なう。

```
SELECT b.id, a.key, b.val FROM keys a NATURAL LEFT JOIN (
    SELECT * FROM kv_1 WHERE id='taro'
    UNION ALL
    SELECT * FROM kv_n WHERE id='taro') b ORDER BY a.rowid;
```

NATURAL JOIN は、2 つのテーブル間で同じカラム名のものが同じ値となる結合条件で JOIN を行なう。この例の場合、2 つのテーブルで共通するカラムは id であるから 2 テーブルの id が等しい条件での左結合が行なわれ、出力結果は以下のようになる（表形式で示す）。

| b.id | a.key | b.val |
|------|-------|-------|
| taro | 氏名 | 公益太郎 |
| taro | 住所 | 酒田 |
| taro | 帰省先等 | 塩山 |
| taro | 帰省先等 | 横浜 |
| taro | 電話番号 | 0234-45-XXXX |
| taro | 備考 | 鶴子集合 |
|      | 特記事項 |   |

key='特記事項' に対応する値が b（和集合で求めた表）にないため、b から取得している id、val が空欄となっている。対応値不在でも id が空欄になるのを防ぐには、keys テーブルと ids テーブルでの JOIN を利用する。

```
sqlite> SELECT * FROM ids, keys WHERE id='taro' ORDER BY keys.rowid;
taro|氏名
taro|住所
taro|帰省先等
taro|電話番号
taro|備考
taro|ひとこと
```

この結果を LEFT JOIN の左辺と置き換えて、住所録全体を得る。問い合わせ文は以下のとおり。

```
SELECT a.id, a.key, b.val
FROM    (SELECT keys.rowid,* FROM ids, keys WHERE id='taro') a
        NATURAL LEFT JOIN
        (SELECT * FROM kv_1 WHERE id='taro'
         UNION ALL
         SELECT * FROM kv_n WHERE id='taro') b ORDER BY a.rowid;
```

この問い合わせによって得られるものを示す。

| a.id | a.key | b.val |
|------|-------|-------|
| taro | 氏名 | 公益太郎 |
| taro | 住所 | 酒田 |
| taro | 帰省先等 | 塩山 |
| taro | 帰省先等 | 横浜 |
| taro | 電話番号 | 0234-45-XXXX |
| taro | 備考 | 鶴子集合 |
| taro | 特記事項 | |

たとえばこの問い合わせから id='taro' の条件指定を除去したものを VIEW 定義しておけば、住所録的な使用に適したものとなるだろう。

## 5.1.4 可変属性列について

連想配列的に設計したテーブルのような設計は EAV（Entity-Attribute-Value）と呼ばれ、RDB の持つ利点のいくつかを利用できない。シェルスクリプトでのプロトタイピングを終え

て、大規模データベースシステムの導入の検討に進むことになった場合、このままの設計では一般的な RDB に馴染まない。EAV が選択されるのは以下のような場合に限られる。

- 格納すべき属性個数の上限が全く不明な状態あるいは属性そのものが運用時に決まる場合
- 値が基本的にフリーフォーマットであり、空欄も許すものであること。
- 全件を表計算的「横持ち」表示で出力する必要がないこと（そもそも属性個数が可変なのでできない）

このような性質は、カタログ型のデータベースや、電子カルテ的なものに共通したものである。この性質が明らかな場合は、NoSQL と呼ばれる RDB 以外のデータベースバックエンドを採用する必要も考慮した方がよい。ただし、場合によってはシェルスクリプト + SQLite3 で構築したプロトタイプシステムで十分と判断される状況もありうる。そのような場合、シェルスクリプトとの親和性の高さを考慮すると、NoSQL よりも SQLite3 の方がうまく機能するものを作りやすい。SQLite3 はカラムの型を自由にできることと、コマンドラインインタフェースが充実していること、標準的文法が使えることから、シェルスクリプトから利用できる Key-Value ストアとしても十分によい選択肢となりえる。

## 5.1.5　練習問題：でたらめな属性値登録の抑制

上述のデータベースでは属性値も key カラムの値として設定した。このため、以下のようにして任意の属性値をもつものを登録できる。

```
INSERT INTO kv_n VALUES('taro', '好きな温泉', 'ゆりんこ');
INSERT INTO kv_n VALUES('taro', 'すきな温泉', 'ゆりんこ');
```

> **問題**
>
> 無節操な属性名の登録を防ぐにはどうしたらよいか。

### 5.1.6 練習問題：解答例

kv_1 および kv_n テーブルの key カラムに制約をつければよい。属性として許す文字列一覧は属性名リストをもつテーブル keys にあるので、それを外部キーとするように kv_1、kv_n テーブルを構築する。

```
DROP TABLE IF EXISTS kv_1;
DROP TABLE IF EXISTS kv_n;
CREATE TABLE kv_1(
  id, key, val,
  UNIQUE(id, key),
  FOREIGN KEY(key) REFERENCES keys(key),
  FOREIGN KEY(id) REFERENCES ids(id));
CREATE TABLE kv_n(
  id, key, val,
  UNIQUE(id, key, val),
  FOREIGN KEY(key) REFERENCES keys(key),
  FOREIGN KEY(id) REFERENCES ids(id));
```

この状態で以下のように、不正属性値を入れてみる。

```
$ sqlite3 -cmd 'PRAGMA FOREIGN_KEYS=on;' addrbook.sq3
sqlite> INSERT INTO kv_n VALUES('taro', '好きな温泉', 'ゆりんこ');
Error: FOREIGN KEY constraint failed
```

このように、制約から外れる属性値は入れられなくなる。

## 5.2 CSSのみで作る動的Webインタフェース

データベースから引き出した特定の項目を提示し、修正が必要ならその場合のみ編集用のフォームを出すインタフェースを考える。

## 5.2.1　値提示と編集用フォーム

まずは単純なデータベースの値更新から考え、それを実用的なものへと発展させていく。

### ■ 実験用データベースの作成と更新手順

ただ1つのカラムを持つテーブル v を、データベースファイル val.sq3 に作成する。

```
$ sqlite3 val.sq3
sqlite> CREATE TABLE v(val TEXT);
```

ここに4つの値、'foo'、'bar'、'foo'、'baz' を格納する。

```
sqlite> INSERT INTO v VALUES('foo');
sqlite> INSERT INTO v VALUES('bar');
sqlite> INSERT INTO v VALUES('foo');
sqlite> INSERT INTO v VALUES('baz');
```

'foo' が2重登録されているが、内部的には rowid の異なる行が格納される。

```
sqlite> SELECT rowid,* FROM v;
1|foo
2|bar
3|foo
4|baz
```

さて、シェルスクリプトからの操作を単純化するため REPLACE INTO……での値挿入と既存値更新の方法を考える。2個目の 'foo' を更新したい場合は以下のように rowid を含めて REPLACE 文を使う。

```
sqlite> REPLACE INTO v(rowid, val) VALUES(3, 'foo2');
sqlite> SELECT rowid,* FROM v;
1|foo
2|bar
3|foo2
4|baz
```

同じ構文で新規の値を入れるには rowid に NULL を指定すればよい。

```
sqlite> REPLACE INTO v(rowid, val) VALUES(NULL, 'foo');
sqlite> SELECT rowid,* FROM v;
1|foo
2|bar
3|foo2
4|baz
5|foo
```

以降ではこのデータベースの特定の行の値を更新する CGI インタラクションについて説明する。

### ■ 更新のためのフォーム

上記のデータベース中の rowid=3 の行のカラムの、シェルスクリプト +CGI による表示・修正・削除を考える。シェル変数 rowid に 3 が、シェル変数 name にカラム名、シェル変数 val にその値が代入されているとする。なお、いずれの変数の値も HTML エスケープされているものとする。

表示　　単純にカラム名を $name で、値を $val で出力すればよい。

修正　　$val を初期値として input 要素を提示する。たとえばテキスト入力で済む値であれば以下のように出力する。

```
$name: <input name="$name" type="text" value="$val">
<input name="rowid" type="hidden" value="$rowid">
```

rowid はユーザに見せる必要はないので hidden 変数にしておく。

新規入力　input 要素を出力すればよい。

```
$name: <input name="$name" type="text" value="$val">
```

3 つの場合にそれぞれ違う出力が必要である。そうすると、データベース中のなんらかの値

に対して「表示」、「編集」する場合や、新たなレコードを「新規入力」したい場合に別々のページ出力が必要になる。これは対話的操作の手順が増えることになる。これを避けて、単一のページで3種の操作ができるようにしたい。

### ■ CSS3を利用した擬似動的対話操作

HTML文書に記述するA、B、Cの3つのテキストがある。これを条件つきでいずれか1つだけ表示するようにしたい。このような場合に便利なのが、CSS3で利用できる :checked 擬似クラスと一般兄弟セレクタ「~」である。まずは以下の例を見よう。

#### リスト5.2●abc.html

```html
<!DOCTYPE html>
<html lang="ja">
<head>
<meta charset="utf-8">
<title>Displaying A, B, C</title>
<style type="text/css">
<!--
span.edit, span.confirm {              /* 標準では完全透明で不可視 */
  opacity: 0.0; visibility: hidden;}
input[value="edit"]:checked ~ span.edit {  /* value="edit" のボタンチェックで */
  opacity: 1.0; visibility: visible;}      /* 透明解除したうえで可視化する */
input[value="rm"]:checked ~ span.confirm {
  opacity: 1.0; transition: 3s;  /* value="rm" のボタンチェックで透明解除 */
  visibility: visible;}          /* 不可視解除 */
input[value="rm"]:checked ~ span.value {
  background: red;}              /* value="rm" のボタンチェックで背景赤に */
input[value="edit"]:checked ~ span.value {
  display: none;}                /* value="edit" のボタンチェックで表示なしに */
-->
</style>
</head>

<body>
<p>
<form>
<input name="action" type="radio" value="keep">Aだけ出す
<input name="action" type="radio" value="edit">Bだけ出す
<input name="action" type="radio" value="rm">AとCを出す<br>
```

```
<span class="value">A</span>
<span class="edit">B</span>
<span class="confirm">C</span><br>
<input name="reset" type="reset" value="reset">
</form>
</p>

</body>
</html>
```

　このHTML文書をCSS3対応のブラウザで開いた場合の様子を示す。ラジオボタンにチェックのない状態（または第1ラジオボタンをチェックした状態）では、<span class="value">で囲まれたものだけが見えている。

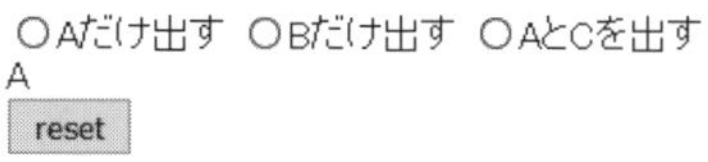

図5.2●初期状態

　続いて2つ目のラジオボタンにチェックが入った場合は、<span class="edit">で囲まれたものだけが見える。

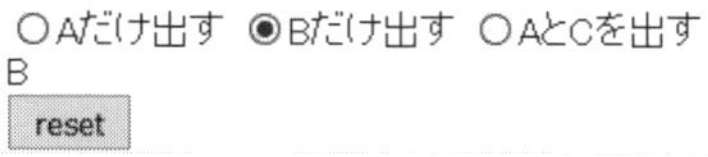

図5.3●第2ラジオボタンをチェックした状態

　さらに、3つ目のラジオボタンにチェックが入った場合は、<span class="value">で囲まれたものが背景色赤になって現れ、<span class="confirm">で囲まれたものも現れる。

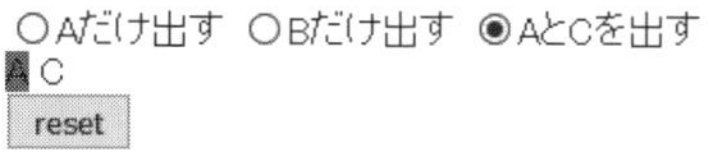

図5.4●第3ラジオボタンをチェックした状態

　この挙動は、出力HTMLの冒頭で定義されたCSS記述による。この定義の要点を以下に示す。

```
span.edit, span.confirm {opacity: 0.0; visibility: hidden;}
```

これは、class="edit" と class="confirm" の属性定義を持つ span 要素は特に何もなければ不透明度 0（つまり完全透明）にして、不可視状態にする。ただし透明にするだけだと、見えないだけで隠したものがテキストだと領域選択できたり、ボタンだと押せたりするので、これを回避したいものは visibility 特性も hidden にして完全にアクセスできないようにしておく。

```
input[value="edit"]:checked ~ span.edit {opacity: 1.0; visibility: visible;}
```

input[value="edit"]:checked の部分は、input 要素のうち value="edit" の属性設定を持ち、さらにそれがチェックされているものを表す。後続する「~」は、一般兄弟セレクタで、「E1 ~ E2」という記述で、「E1 と共通の親を持つ要素のうち、E1 よりも後に書かれた要素 E2」がマッチする働きを持つ。元の HTML 本体では、

```
<input name="action" type="radio" value="keep">Aだけ出す
<input name="action" type="radio" value="edit">Bだけ出す
<input name="action" type="radio" value="rm">AとCを出す<br>
<span class="value">A</span>
<span class="edit">B</span>
<span class="confirm">C</span>
```

のように input 要素 3 つと span 要素 3 つが共通の親（form 要素）に並列で配置されている。2 行目の input 要素がチェックされると「input[value="edit"]:checked」が当てはまることになり、それと同じ階層で後ろにある 5 行目の span 要素が標記のセレクタにマッチし、この span 要素のスタイルが「{opacity: 1.0; visibility: visible}」に設定され、不透明度 1.0、かつ可視つまり完全に見える状態に設定される。

```
input[value="edit"]:checked ~ span.value {display: none;}
```

前項と同様の仕組みで 2 つ目の input 要素がチェックされると 1 つ目の span 要素がマッチするようになり、その span 要素が「{display: none;}」によって Web ページ上にレイアウトされなくなる。opacity で完全透明にしたものや、visibility: hidden で隠したものは見えないだけでその要素を表示するだけの面積は確保されるが、display: none の場合は面積もゼロになる。

```
input[value="rm"]:checked ~ span.confirm {
  opacity: 1.0; transition: 3s; visibility: visible;}
```

　上記 2 項目と同様だが、transition: 3s; によって見せ方を変えている。標準の span.confirm は opacity: 0.0 だが、第 3 ラジオボタン（value="rm"）をチェックすると opacity: 1.0 になる。このとき、通常は 0.0 から 1.0 に一瞬で変わるのだが、transition プロパティに所要時間を設定するとその時間をかけてじわじわと値を変更する。したがって、第 3 ラジオボタンにチェックを入れると浮かびあがるように「C」の文字が登場する。

### ■ label 要素によるラジオボタンの操作性向上

　input 要素によるチェックボックス（type="checkbox"）やラジオボタン（type="radio"）をそのまま使うとクリックすべき○や□が小さいため操作しづらい。ボタンにラベル文字列を結び付け、文字列クリックでも対応するボタンのチェックを可能にできる。
　リスト 5.2 の input 要素の並びを以下のように変更すると操作性が向上する。

```
<input id="action.keep" name="action" type="radio" value="keep"><label
  for="action.keep">Aだけ出す</label>
<input id="action.edit" name="action" type="radio" value="edit"><label
  for="action.edit">Bだけ出す</label>
<input id="action.cfm" name="action" type="radio" value="rm"><label
  for="action.cfm">AとCを出す</label>
```

　input 要素に文書中で一意に定まる id を属性指定し、label 要素の for 属性にその id を設定することで結び付けられる。

## 5.2.2　表示・編集・削除・新規入力インタフェースの実装例

　abc.html（リスト 5.2）の仕組みを利用して、先述の実験用データベース val.sq3 の任意の行の値を操作できるものを作成した CGI スクリプト editv.cgi を示す。行の指定は rowid で行なうものとする。

## リスト5.3 ● editv.cgi

```sh
#!/bin/sh
myname=`basename $0`
mydir=`dirname $0`
cd $mydir                              # scriptと同じディレクトリに移動
DB=db/val.sq3 . $mydir/cgilib2-sh      # 使用DBファイルを db/val.sq3 に

if [ -n "$1" ]; then    # $1 はURL直打ちできるので数字でない場合も考慮する
  r=${1%%[!0-9]*}; r=${r##*[!0-9]}     # $1 から数字以外を除去
  # ★A★ 与えられた rowid でもう一度 rowid を取り直してみる
  rowid=`query "SELECT rowid FROM v WHERE rowid=$1;"`
fi
title=${rowid:+"Edit $rowid"}          # $rowid は "" か整数になる
title=${title:-"List"}                 # $rowid が空なら "List" に
m4 -D_TITLE_="$title" -D_ACTION_="$myname" editv-head.m4.html   # 【1】

if [ -z "$rowid" ]; then               # 有効なrowid指定がなければ新規入力
  echo "<p>valの新規入力: <input type=\"text\" name=\"val\"></p>"
  #★B★
val=`getpar val | sed "s/'/''/g"`      # SQLクォートする
rid=`getpar rowid`                     # hiddenで入力された場合
rid=${rid%%[!0-9]*}; rid=${rid##*[!0-9]}    # 数字以外を除去
case `getpar action` in    # ★C★ラジオボタン action の値で処理切り替え
  "") # 新規入力
    [ -n "$val" ] &&                   # $val が空でなければINSERT
        query "INSERT INTO v VALUES('$val');" &&
        echo "<p>New record '`echo \"$val\"`' inserted."
    ;;
  edit)
    [ -n "$rid" ] &&                   # hidden指定のrowidレコードを更新
        query "REPLACE INTO v(rowid, val) VALUES($rid, '$val');" &&
        echo "<p>Update rowid($rid)=`escape \"$val\"`.</p>"
    ;;
  rm)
    [ -n "$rid" ] &&                   # hidden指定のrowidレコードを削除
        if [ x"`getpar confirm`" = x"yes" ]; then
          query "DELETE FROM v WHERE rowid=$rid;" &&
              echo "<p>Delete rowid($rid).</p>"
        fi ;;
esac
```

```
echo "<p>既存レコード一覧(クリックして編集):<br>"
# ★D★                      .mode html でのSELECT結果1個分は以下のようになる
query<<-EOF  |                # <TR><TD>1</TD>
    .mode html                -- <TD>データ</TD>
    SELECT rowid, val FROM v; -- </TR>
    EOF
# query結果が次のsedへの入力。sed操作でHTMLタグを外し、
# <a href="$myname?$rowid">$rowid:$val</a> に置換する
sed -e "/^<TR>/N;              # <TR>で始まる行と次の行を連結
    s/\n//;                    # 連結行にある改行を削除
    s|^<TR><TD>\([0-9]*\)</TD>|<a href=\"$myname?\1\">\1:|
    s|<TD>\(.*\)</TD>$|\1</a> |;  # valのカラムからTDタグを外す
    /^<\/TR>$/d;               # </TR> のみの行を削除"
echo "</p>"
else
  valfile=$tmpd/val.$$             # ★E★
  escape "`query \"SELECT val FROM v WHERE rowid=$rowid;\"`" > $valfile
  m4 -D_ROWID_="$rowid" \
     -D_VAL_="syscmd(\`cat $valfile')" editv-form.m4.html     # 【2】
fi
m4 editv-foot.m4.html                      # 【3】 各閉じタグをまとめて出力
```

このスクリプトでは、m4に与えるソースとして3つのファイルを使用している。

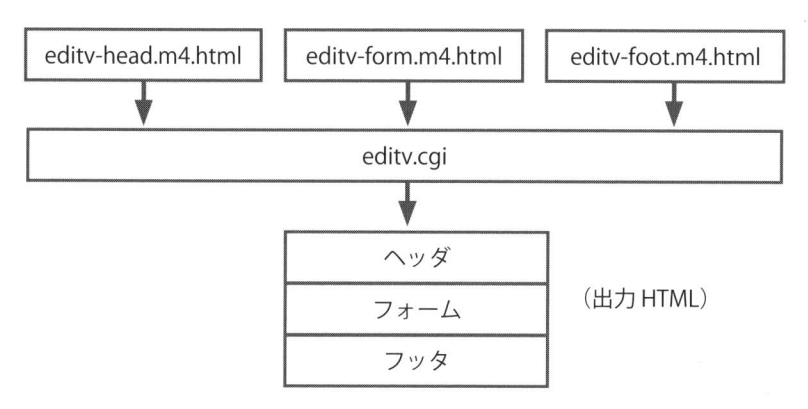

図5.5 ● m4に与える3つのファイル

実際に動かした画面を示した後で、プログラムの重要な点を解説する。

# 5 カタログ型汎用データベースシステムの作成

## ■ editv.cgi の稼動設定

5.2.1 節の「実験用データベースの作成と更新手順」項で作成した val.sq3 をこの CGI で利用する手順を示す。まず、val.sq3 を書き込み可能にする。

```
$ chmod a+w val.sq3
$ mkdir -m 1777 db
$ mv val.sq3 db
```

この例では val.sq3 ファイルを World Writable にしているが、httpd の動作プロセスのグループに合わせられるならば val.sq3 をそのグループに chgrp したうえで chmod g+w の方がよい。

httpd から書き込みできる状態にできたらブラウザを用い、この CGI の URL を開くと以下のような画面が現れる。

**図5.6●初期アクセス画面**

「1:foo」から続く部分は、*rowid:val* の並びとなっている。たとえば、「1:foo」をクリックすると次の画面に遷移する。

**図5.7●表示画面**

この画面から「○修正」にチェックを入れると値の表示が入力窓に変わる。

**図5.8●編集画面**

「○削除」にチェックを入れると赤背景の値の表示に変わると同時に、削除確認のチェックボックスが現れる。

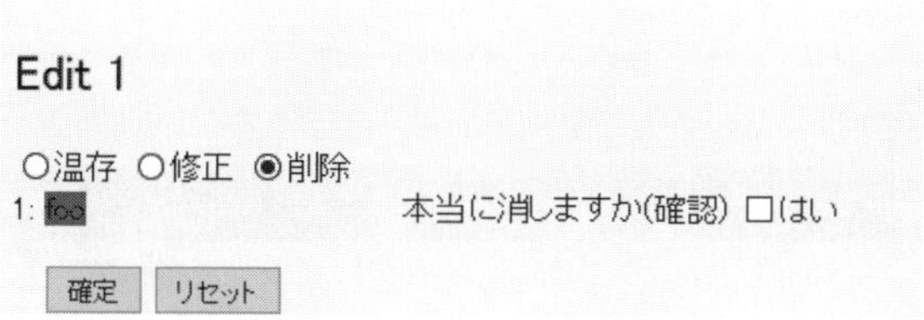

**図5.9●削除確認画面**

## ■ editv.cgi で使用する外部 HTML ファイル

スクリプトから出力するまとまった量の HTML 文は別ファイルに置き、m4 コマンドでキーワード置換をからめて出力している。それが editv.cgi（リスト 5.3）中の【1】、【2】、【3】の部分である。それぞれで読み込んでいるファイル editv-head.m4.html、editv-form.m4.html、editv-foot.m4.html を以下に示す。

### リスト5.4●editv-head.m4.html

```
Content-Type: text/html; charset=utf-8

<!DOCTYPE html>
<html lang="ja">
<head><title>_TITLE_</title></head>
<style type="text/css">
<!--
span.edit, span.confirm {/* 標準: 完全透明; 不可視  */
  opacity: 0.0; visibility: hidden;}
input[value="edit"]:checked ~ span.edit {     /* B の部分を見せる */
  opacity: 1.0; visibility: visible;}    /* edit ボタンチェックで透明解除 */
```

```
  input[value="rm"]:checked ~ span.confirm {       /* C の部分を見せる */
    opacity: 1.0; transition: 3s; /* value="rm" のボタンチェックで透明解除 */
    visibility: visible;}
  input[value="rm"]:checked ~ span.value {         /* A の部分を赤に変える */
    background: red;}                /* value="rm" のボタンチェックで背景赤に */
  input[value="edit"]:checked ~ span.value {
    display: none;}                  /* value="edit" のボタンチェックで表示なしに */
-->
</style>
<body>
<h1>_TITLE_</h1>
<form action="_ACTION_" method="POST">
```

## リスト5.5 ● editv-form.m4.html

```
<p>
<input id="action.keep" name="action" type="radio"
 value="keep"><label for="action.keep">温存</label>
<input id="action.edit" name="action" type="radio"
 value="edit"><label for="action.edit">修正</label>
<input id="action.cfm" name="action" type="radio"
 value="rm"><label for="action.cfm">削除</label><br>
_ROWID_:
<span class="value">_VAL_</span>                         <!-- A -->
<span class="edit"><input type="text" name="val" value="_VAL_"> <!-- B -->
<input type="hidden" name="rowid" value="_ROWID_"></span>
<span class="confirm">本当に消しますか(確認)                 <!-- C -->
<label><input type="checkbox"
 name="rm" value="yes">はい</label></span>
```

## リスト5.6 ● editv-foot.m4.html

```
<p><input type="submit" value="確定">
<input type="reset" value="リセット"></p>
</form>
</body></html>
```

## ■ editv.cgi の仕組み

SQLite3 との入出力をシェルスクリプトで扱うための工夫の要点を示す。editv.cgi（リスト 5.3）中の★印で示した部分を取り上げる。

## ★ D ★既存レコード一覧の出力

データベースからの値の出力は HTML エスケープを不備なく行なうために sqlite3 の HTML 出力モードを利用する。値の一覧は横並びで得たいので sqlite3 の出力から <TR>、</TR>、<TD>、</TD> を除去する。同時に、レコードの rowid と val カラムの値を抽出し、

```
<a href="$myname?$rowid">$rowid:$val</a>
```

というリンク文字列に変換する作業を sed で行なう。データベース中の 1 行分の出力例から加工過程を考える。「SELECT rowid, val FROM v;」による 1 行分の出力は以下のとおり。

```
<TR><TD>1</TD>
<TD>foo</TD>
</TR>
```

ここから rowid である「1」と val である「foo」を取り出し、1 行のリンク文字列に変換する。sed の置換機能を用いて以下のように処理する。

- `/^<TR>/N`　行頭が <TR> なら次の行を sed のパターンスペースに読み込む。つまり、入力例の 1 行目と 2 行目を 1 つの sed バッファに読み込む。これによってバッファ文字列は
  `<TR><TD>1</TD>\n<TD>foo</TD>`
  となる。

- `s/\n//`　（上記 N によって結合された位置に入る）改行を削除する。これによって 1 行目と 2 行目がくっつき、
  `<TR><TD>1</TD><TD>foo</TD>`
  のようになる。

- `s|^<TR><TD>\([0-9]*\)</TD>|<a href=\"$myname?\1\">\1:|`
  　`<TR><TD>`整数`</TD>` というパターンを「`<a href="$myname?`整数`">`整数`:`」

に置換する。ここまでの置換で上記の入力例は

<a href="$myname?1">1:<TD>foo</TD>

に置き換わる。

s|<TD>\(.*\)</TD>$|\1</a> |

<TD> 文字列 </TD> というパターンを「文字列 </a> スペース」に置換する。以上の操作で上記の入力例は

<a href="$myname?1">1:foo</a>

に置き換わる。

ここで生成された「1:foo」というアンカー文字列をクリックすると、同じ CGI スクリプトが第 1 引数 "1" をともなって起動する。そこで呼び出されるのが次の★ A ★の部分である。

## ★ A ★ $1 による rowid の取得と正常値確認

$1 の値をシェル変数 r に代入した後、

```
r=${1%%[!0-9]*}
r=${r##*[!0-9]}
```

の連続再代入によって 0 から 9 以外の文字を削除している。CGI プログラムでは利用者から与えられた情報は、すべて悪意のある文字列だと仮定して処理する必要がある。元々整数が指定してあればこの再代入でも値は変わらない。整数であることを念押しした $r でデータベースを引き直す。

```
SELECT rowid FROM v WHERE rowid=$1;
```

では、条件「rowid=$1」に該当するものがあれば $1 自身が返り、なければ空文字列が返る。正しい roiwd 指定ならそれが次の★ E ★処理に継る。

## ★ E ★値と入力フォームの出力

ここに来る時点で $rowid にはデータベース中に存在するレコードの rowid が入っている。その行の val カラムの値を SELECT 文で得て、得た結果を、cgilib2 で定義されているシェル関数 escape で HTML エスケープしておき一時ファイル（$valfile）に保存しておく。これを editv-form.m4.html（リスト 5.5）内のキーワード _VAL_ の置換先文字列として m4 に置き換えさせる。

また、このときの $rowid の値を hidden で埋め込んでおく。もし、図 5.7 で「確定」ボタンが押された場合には、以下のような input の値が設定される。

| input 名 | 値 |
| --- | --- |
| action | 「○ 修正」にチェックの場合 → edit<br>「○ 削除」にチェックの場合 → rm |
| val | 修正後の入力値 |
| rowid | 修正中のレコードの rowid |
| rm | 「本当に消しますか (確認)」がチェックされていれば yes<br>いなければ空文字列（""） |

そして、実際の修正が行なわれるのは「確定」ボタンによって起動されたスクリプトで、このとき処理が★ B ★の部分に進む。

## ★ B ★ rowid の取得と正常値確認

フォームで渡された値は cgilib2 で定義されているシェル関数 getpar で取得できる。

```
val=`getpar val | sed "s/'/''/g"`
rid=`getpar rowid`
rid=${rid%%[!0-9]*}; rid=${rid##*[!0-9]}
```

val カラムの修正後の値を得て、それをのちの SQL 文で利用するために、文字列中のシングルクォートを 2 つに直したうえでシェル変数 val に代入している。また、シェル変数 rid は、$1 のときと同じ方針で rowid にふさわしい整数に矯正している。ただしここでは rowid の引き直しはしていない。のちに発行する UPDATE 文で rowid の値が存在しないものの場合には UPDATE そのものが失敗するだけで他に影響が出ないからである。

そして実際にデータの修正が行なわれたときに起動したスクリプトは次の★ C ★の部分に進む。

## ★ C ★更新・削除操作

ここに来るときは、スクリプトの第 1 引数（$1）がない場合であり、それは「初期アクセス画面」(図 5.6)にて新規入力をした場合か、「編集画面」(図 5.8) あるいは「削除確認画面」(図 5.9)で「確定」が押された場合である。後者の場合は input 名 action に "edit" または "rm" の値が代入されている。これを★ C ★の case 文で切り替える。

(1) "" の場合は編集画面からの新規入力なので、新たなレコードとみなし INSERT 文で処理する。
(2) "edit" の場合は編集画面からの値なので REPLACE 文で rowid と val を同時指定して値を更新する。
(3) "rm" の場合は削除確認画面からのものなので、input 名 rm のチェックボックスがチェックされ、値が "yes" になっている場合のみ DELETE 文で削除する。

## 5.2.3　練習問題：sqlite3 出力からの sed タグ付加

sqlite3 から出力されたデータを sed によって加工し、リンクなどを付加する技巧は色々応用が効く。

---

**問題**

次のような CSV ファイルを SQLite データベースにインポートする。

**bookmarks.csv**

```
title,url
"カットシステム, CUT System",http://www.cutt.co.jp/
東北公益文科大学,http://www.koeki-u.ac.jp/
YaTeX|野鳥,http://www.yatex.org/
SKIP <Shonai Koeki Information Project>,http://skip.koeki-prj.org/
```

```
$ sqlite3 -csv bookmarks.sq3
sqlite> .import bookmarks.csv bookmarks
```

タイトル (title)、URL (url) の 2 項目を

`<a href="URL">タイトル</a>`

のような形式で、HTML 文書 ul 要素内の箇条書形式 (li) で一覧出力するスクリプト、bookmarks.cgi を作成せよ。

[ヒント1] CSV データの title カラムの値には、スペース、縦棒、<> 記号といった、シェルの read 文で 1 単語として読めない要素、sqlite3 の SELECT 文のデフォルトのカラム区切り (|) と混乱する要素、HTML のタグと混乱する要素、がちりばめてある。これらをうまく処理できるような SELECT 文を作成する必要がある。

[ヒント2] 出力する HTML 文書の概略は以下のとおりである。

```
<!DOCTYPE html>
<html lang="ja">
<head><title>マイブックマーク</title></head>
<body>
<h1>ブックマーク一覧</h1>
<ul>
 <li><a href="URL1">タイトル1</a></li>
 <li><a href="URL2">タイトル2</a></li>
 <li><a href="URL3">タイトル3</a></li>
        ⋮
</ul>
</body>
```

## 5.2.4 練習問題：解答例

sqlite3 コマンドからの出力を、シェルスクリプトでカラムごとの値を確実に受け取るには

(1) 出力モードを html にして、td 要素を単位に受け取る。
(2) すべてのカラムを SQLite の hex() 関数で 16 進文字列化したものをシェルの read で読み取る。

などの方法が考えられる。それぞれを用いた解答例を示す。

### ■ sqlite3 -html からの処理

bookmarks テーブルを sqlite3 の html モードで取り出した出力は以下のようになる。

```
sqlite> .mode html
sqlite> .head 0              /* 箇条書にするのでヘッダ不要 */
```

# 5 カタログ型汎用データベースシステムの作成

```
sqlite> SELECT * FROM bookmarks;
<TR><TD>カットシステム, CUTT System</TD>
<TD>http://www.cutt.co.jp/</TD>
</TR>
<TR><TD>東北公益文科大学</TD>
<TD>http://www.koeki-u.ac.jp/</TD>
</TR>
<TR><TD>YaTeX|野鳥</TD>
<TD>http://www.yatex.org/</TD>
</TR>
<TR><TD>SKIP &lt;Shonai Koeki Information Project&gt;</TD>
<TD>http://skip.koeki-prj.org/</TD>
</TR>
```

行の開始は <TR> で、カラムの開始は <TD> となっている。

- 第 1 カラム - タイトル
- 第 2 カラム - URL

だが、どの <TD> がどれに対応しているか明確になるように、SELECT 時の取り出しカラム指定に番号をつけて印にする。

```
sqlite> SELECT '1:'||title,
   ...>        '2:'||url
   ...> FROM bookmarks LIMIT 1;
<TR><TD>1:カットシステム, CUTT System</TD>
<TD>2:http://www.cutt.co.jp/</TD>
</TR>
```

5.2.2 節の「editv.cgi の仕組み」項で述べた手法で sed による組み替えを行なう。

| sed コマンド（説明） | ブックマーク出力例の加工後 |
|---|---|
| /^<T[RD]>/N<br>（TR または TD 開始行を次の行と連結） | &lt;TR&gt;&lt;TD&gt;1: カットシステム , CUTT System&lt;/TD&gt;<br>&lt;TD&gt;2:http://www.cutt.co.jp/&lt;/TD&gt;<br>&lt;/TR&gt; |
| /^<\/TR>/d （</TR> 行を削除） | &lt;TR&gt;&lt;TD&gt;1: カットシステム , CUTT System&lt;/TD&gt;<br>&lt;TD&gt;2:http://www.cutt.co.jp/&lt;/TD&gt; |

| sed コマンド（説明） | ブックマーク出力例の加工後 |
|---|---|
| s/\n//g（行内の改行文字を削除） | &lt;TR&gt;&lt;TD&gt;1:カットシステム , CUTT System&lt;/TD&gt;&lt;TD&gt;2:http://www.cutt.co.jp/&lt;/TD&gt; |
| s,&lt;TR&gt;&lt;TD&gt;1:\(.*\)&lt;/TD&gt;&lt;TD&gt;2:\(.*\)&lt;/TD&gt;,&lt;li&gt;&lt;a href="\2"&gt;\1&lt;/a&gt;&lt;/li&gt;,（文字列置換） | &lt;li&gt;&lt;a href="http://www.cutt.co.jp/"&gt;カットシステム , CUTT System&lt;/a&gt;&lt;/li&gt; |

表の 3、4 行目の内容は表示の都合上折り返しているもので、実際には 1 行である。

まとめると、ブックマーク出力のための加工の一例は以下のようになる（HTML 出力部分のみ示す）。

```sh
#!/bin/sh
echo '<ul>'
sqlite3 -html bookmarks.sq3 \
        "SELECT '1:'||title, '2:'||url FROM bookmarks;" \
    | sed -e"/^<T[RD]>/N" \
        -e "/^<\/TR>/d" \
        -e "s/\n//g" \
        -e \
's,<TR><TD>1:\(.*\)</TD><TD>2:\(.*\)</TD>,<li><a href="\2">\1</a></li>,'
echo '</ul>'
```

これにより以下のような出力が得られる。

### リスト5.7●箇条書形式のブックマーク出力例

```
<ul>
<li><a href="http://www.cutt.co.jp/">カットシステム, CUTT System</a></li>
<li><a href="http://www.koeki-u.ac.jp/">東北公益文科大学</a></li>
<li><a href="http://www.yatex.org/">YaTeX|野鳥</a></li>
<li><a href="http://skip.koeki-prj.org/">SKIP &lt;Shonai Koeki Information Project&gt;</a></li>
</ul>
```

## ■ sqlite3 + read による処理

sqlite3 の標準カラム区切りは縦棒（|）であるので、カラム値読み取り処理を

```
sqlite3 DB SELECT文 \
 | while IFS='|' read col1 col2; do ... done
```

としたいところだが、例題データの 3 行目にある「YaTeX|野鳥」のように縦棒そのものを含む値が存在するのでこの方法は使えない。カラム値にカラム区切り文字が絶対に存在しないと仮定できないのであれば hex 関数で 16 進文字列化して取り出したものをシェル変数に読み取り、後で戻すと同時に HTML エスケープする。

```
#!/bin/sh
unhexize() {
  perl -n -e 's/([0-9a-f]{2})/print chr hex $1/gie'
}
escape() {                          # HTMLエスケープ
  printf "%s" "$@" |
      sed -e '; s/\&/\&amp;/g' -e 's/"/\&quot;/g' -e "s/'/\&apos;/g" \
          -e "s/</\&lt;/g; s/>/\&gt;/g"
}
echo '<ul>'
sqlite3 -separator ' ' bookmarks.sq3 \
        "SELECT hex(title), hex(url) FROM bookmarks;" \
    | while read htitle hurl; do
        title=$(escape "`echo $htitle|unhexize`")
        url=$(escape "`echo $hurl|unhexize`")
        cat<<EOF
<li><a href="$url">$title</a></li>
EOF
      done
echo '</ul>'
```

ここでは 16 進文字列を元のバイト並びに戻す処理に Perl を用いる例を示したが、xxd が使えるなら xxd -r -p でもよい。出力結果は「sqlite3 -html」を利用したものと同じである。

## 5.2.5　参考文献

World Wide Web Consortium. Selectors Level 3. http://www.w3.org/TR/selectors/

# 5.3　カタログ型データベースの設計

これまで説明したテーブル設計とCSSの機構を組み合わせ、動作するカタログ型データベースの実際の挙動と仕様を定義していく。

## 5.3.1　動作画面の概略

抽象的な設計ではイメージがつかみづらいので、実際に取り扱うデータを具体的に定めて考察したい。ここでは、以下のような情報提供画面を持つものの設計を考える。

いくつかの品物の、名前、写真（画像）、種別、説明文、参考情報を掲載するカタログデータベースを作成する。1品ごとの掲載ページは以下のようなものとする。

| ID | item001 |
|---|---|
| 品名 | つや姫 |
| 写真 | 商品の画像 |
| 種別 | 穀物 |
| 説明 | 商品その1の説明短文（複数可） |
| 参考情報 | 商品その1に関する長めの文章（複数可） |

**図5.10●特産物カタログの画面例**

このような形式のものを必要な品数だけ保持できるものを考える。

## 5.3.2　Key-Valueエミュレーションによるカタログ設計

5.1.2節「Key-Valueストアのエミュレーション」で述べた3つ組テーブル設計を使って、このカタログデータの格納を実装する。3つ組テーブルとは具体的に以下のような3つのテーブ

ルに分けることを指す。

(1) 主キーテーブル：主キーの入るテーブル
(2) 単一値テーブル：1の主キーを外部キーとしてそれに付随する属性（Key）と値（Value）を(主キー,属性)の組み合わせが1つになるようにUNIQUE制約をつけたテーブル
(3) 多値テーブル:1の主キーを外部キーとしてそれに付随する属性(Key)と値(Value)を(主キー,属性,値)の組み合わせが1つになるようにUNIQUE制約をつけたテーブル

## ■ テーブル設計

上記3つのテーブルをそれぞれcards、cards_s、cards_mとし、実際のテーブルで表現すると以下のようになる。

**リスト5.8●3つ組テーブルの作成**

```
-- 主キーテーブル
CREATE TABLE cards(id text PRIMARY KEY);
-- 単一値テーブル
CREATE TABLE cards_s (
  id, key text, val, bin blob,
  FOREIGN KEY(id) REFERENCES cards(id)
    ON DELETE CASCADE ON UPDATE CASCADE,
  UNIQUE(id, key)
);
-- 多値テーブル
CREATE TABLE cards_m(
  id, key text, val, bin blob,
  FOREIGN KEY(id) REFERENCES cards(id)
    ON DELETE CASCADE ON UPDATE CASCADE,
  UNIQUE(id, key, val)
);
```

3つのテーブルの関係を図示する。

**cards テーブル**

| id |
|---|
| item000 |
| item001 |
| item002 |

外部キー制約

UNIQUE 制約

**cards_s テーブル**

| id | key | val | bin | mtime |
|---|---|---|---|---|
| item001 | name | つや姫 | NULL | 2015-12-01… |
| item001 | photo | tsuya.jpg | <画像> | 2015-12-02… |
| item001 | type | 穀物 | NULL | 2015-12-01… |

外部キー制約

UNIQUE 制約

**cards_m テーブル**

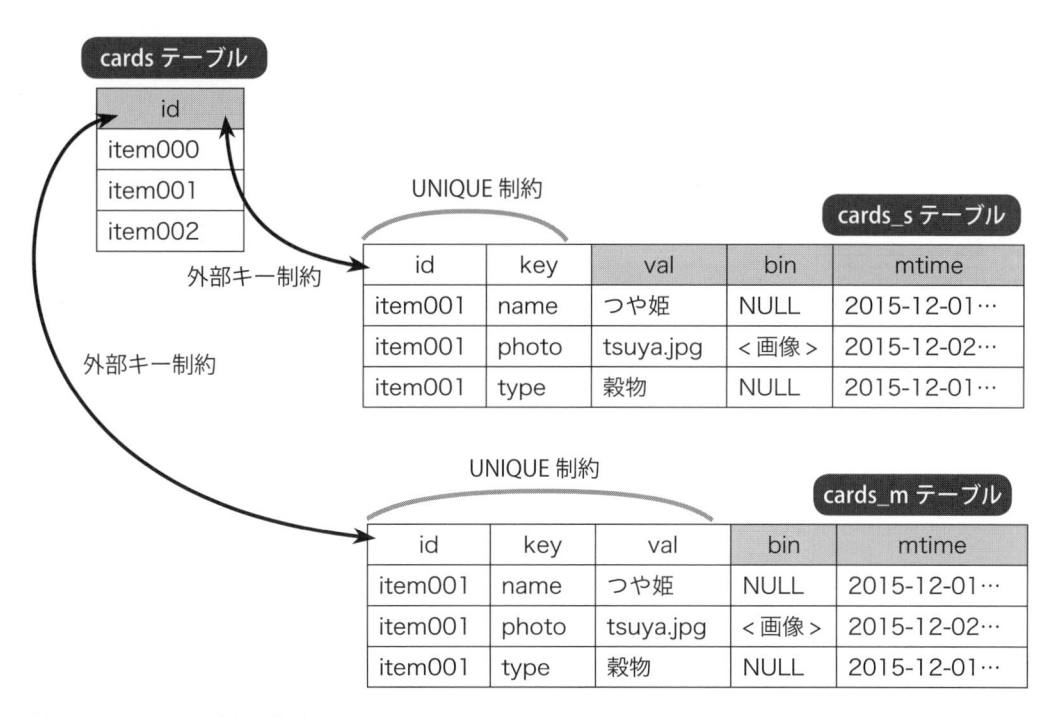

| id | key | val | bin | mtime |
|---|---|---|---|---|
| item001 | name | つや姫 | NULL | 2015-12-01… |
| item001 | photo | tsuya.jpg | <画像> | 2015-12-02… |
| item001 | type | 穀物 | NULL | 2015-12-01… |

**図5.11●3つのテーブルの関係**

## ■ 属性を管理するテーブル

　図 5.10 で示したようなカタログの作成を考える。データの格納先テーブルはリスト 5.8 で示したもので問題ないが、実際にデータの入出力を行なうためには、どの属性をどのテーブルに保存するかを自動的に判断する必要がある。今回の例であれば以下のような属性情報を判断の基にする。

**表5.7●特産品カタログの属性のまとめ**

| 属性（項目名） | カラム名 | 値の種別 | カラムの種別 | その他の付加情報 |
|---|---|---|---|---|
| ID | id | 主キー | 1 行テキスト | |
| 品名 | name | 単一値 | 1 行テキスト | |
| 写真 | photo | 単一値 | 画像 | |
| 種別 | type | 単一値 | 選択 | 野菜 穀物 果物、のどれか |
| 説明 | desc | 多値 | 1 行テキスト | |
| 参考情報 | info | 多値 | 複数行テキスト | 40 桁 3 行の入力窓 |

このような属性情報もさらにデータとして格納し、スクリプトで把握させておく必要がある。簡略化のため上記の表の分類中の言葉を以下のように置き換える。

| 置き換え前 |   | 置き換え後 | 備考 |
|---|---|---|---|
| 「主キー」 | → | P | (P)rimary Key |
| 「単一値」 | → | S | (S)ingle |
| 「多値」 | → | M | (M)ultiple |
| 「1行テキスト」 | → | text | |
| 「複数行テキスト」 | → | textarea | HTMLのフォームでtextareaを用いるので |
| 「画像」 | → | image | |
| 「選択」 | → | select | HTMLのフォームでselectを用いるので |
| 「40桁3行の入力窓」 | → | cols=40 rows=3 | textareaに指定する値をそのまま書く |

これをコロン区切りでテキストファイル化したものを以下に示す。

**リスト5.9●cards.def**

```
# 項目名:属性:属性種別:値種別:値オプション
ID:id:P:text
品名:name:S:text
写真:photo:S:image
種別:type:S:select:野菜 穀物 果物
説明:desc:M:text
参考情報:info:M:textarea:cols=40 rows=3
```

この定義ファイルを読み込んで、属性情報として格納するテーブルを設計する。

**表5.8●カラムの属性情報を格納するテーブル_columns**

| カラム | 型 | 意味 |
|---|---|---|
| attrname | TEXT | 項目名 |
| attr | TEXT | 属性になり得る値 |
| attrmode | TEXT | その属性の種別 |
| vtype | TEXT | 値の種別 |
| option | TEXT | HTMLフォームで利用するオプションなど |

### 5.3.3　テーブル初期化スクリプト

　ここまでに必要と判明したテーブル設計と初期値の格納を行なうものを作成する。必要なテーブルを CREATE TABLE し、上掲 cards.def ファイルを読み込みつつテーブルに格納していくものを記述すると以下のようになる。

**リスト5.10●カラム属性情報テーブル初期化の流れ**

```
cat<<EOF | sqlite3 データベースファイル
DROP TABLE IF EXISTS _columns;
CREATE TABLE _columns(
  attrname text,
  attr text PRIMARY KEY,
  attrmode text,
  vtype text,
  option text
);
EOF
grep -v '^#' cards.def |
  while IFS=: read aname attr atmode vtype opt; do
    cat<<-EOF
        REPLACE INTO _columns VALUES(
          '$aname', '$attr', '$atmode', '$vtype', '$opt'
        );
        EOF
  done | sqlite3 データベースファイル
```

　cat から始まる前半部は、_columns テーブルが既にあれば破棄したうえで、新規に _columns テーブルを作成している。grep から始まる後半部では、cards.def ファイルからコメント行以外を順次読み取る。単語区切りをコロン（:）にすることで各フィールドがそれぞれシェル変数 aname、attr、atmode、vtype、opt に代入されて処理が繰り返される。各々の行の値を用いて「REPLACE INTO ....」の問い合わせ文が実行される。これにより、例示した cards.def を読み込んだ後の _columns テーブルは以下の値を持つ（表形式で示す）。

表5.9●特産物カタログでの_columnsテーブルの内訳

| attrname | attr | attrmode | vtype | option |
|---|---|---|---|---|
| ID | id | P | text | |
| 品名 | name | S | text | |
| 写真 | photo | S | image | |
| 種別 | type | S | select | 野菜 穀物 果物 |
| 説明 | desc | M | text | |
| 参考情報 | info | M | textarea | cols=40 rows=3 |

## 5.3.4　値の分割格納

1つの品目に関連する値は3つのテーブルに分割して格納する。HTMLのフォーム入力から送り込まれた値を、複数のテーブルに適切に振り分けて入れる手順を考える。

### ■ 格納先テーブルの特定

図5.10「特産物カタログの画面例」で示したような値が以下のような画面で入力された場合を考える。

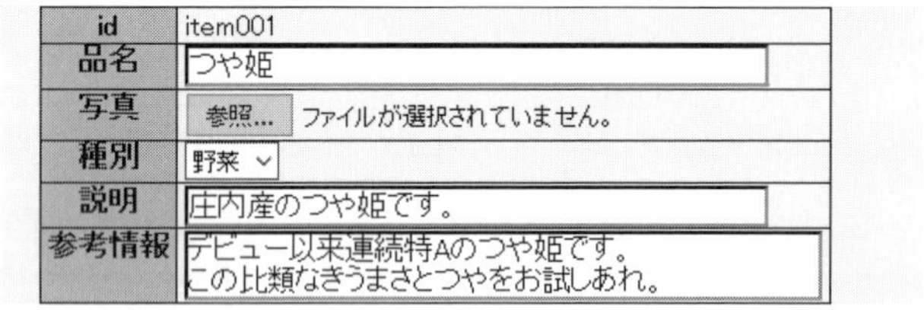

図5.12●カタログデータの入力画面例

入力はidを除く5つで、上から順に表5.9のattr列に記載されたinput名を付けるべきだが、値を受け取ったシェルスクリプトでの判断負担を軽減するためあらかじめinput名に、データベース中のどこに格納すべきかの情報を埋め込んでおく。たとえば、「品名」は単一値なので格納テーブルはcards_sであり、「説明」は多値なので格納テーブルはcards_mであるから、たとえば「品名」のinput名をname.s、「説明」のinput名をdesc.mのようにする方針を考える。

### ■ 格納先の行の特定

上記画面例からさらに多値属性に値を入れて以下のように複数の値が入ったとする。

| 説明 | 庄内産のつや姫です。 |
| 説明 | 今年度産 5kg 包装です。 |

**図5.13●多値入力例**

これはたとえば cards_m テーブルに以下のような状態で格納される（rowid は仮のものを想定）。

| rowid | id | key | val | bin |
|---|---|---|---|---|
| 5 | tsuyahime | desc | 庄内産のつや姫です。 | NULL |
| 9 | tsuyahime | desc | 今年度産 5kg 包装です。 | NULL |

これらの値を修正するための入力フォームを出す場合、2つの input 要素が必要になるが、それぞれがどちらの行のものなのか区別できるようにしなければならない。そこで以下のような方針で input 要素を生成する。

（1）値修正用の input 名には同じ key 間での通し番号を付ける
（2）その input がどの rowid のためのものなのかを別途 hidden 変数で与える

上記の2つのレコードでの具体例で示すと以下のようになる。

```
説明1: <input name="desc.1.m" value="庄内産のつや姫です。">
<input type="hidden" name="rowid.desc.1.m" value="5">
説明2: <input name="desc.2.m" value="今年度産 5kg 包装です。">
<input type="hidden" name="rowid.desc.2.m" value="9">
```

### ■ CGI フォーム値格納テーブルからの一括登録

上記のようなフォーム文からの入力値を cgilib2 の storeparam() 関数で受け取ると、各々の値は cgipars テーブルに以下のように格納される（他の input の値も交ぜてある）。

## 5 カタログ型汎用データベースシステムの作成

**表5.10●修正値が送信された直後のcgiparsテーブルの値（抜粋）**

| tag | name | val | filename |
|---|---|---|---|
| 1449932122.21134 | photo.1.s | 画像バイナリデータ | tsuyahime.jpg |
| 1449932122.21134 | rowid.photo.1.s | 4 | NULL |
| 1449932122.21134 | desc.1.m | 庄内産のつや姫です!! | NULL |
| 1449932122.21134 | rowid.desc.1.m | 5 | NULL |
| 1449932122.21134 | desc.2.m | 新米 5kg 包装です。 | NULL |
| 1449932122.21134 | rowid.desc.2.m | 9 | NULL |

参考までに上記の状態の cgipars を作成する実行例を示す。

```
$ tag='1449932122.21134'
$ sqlite3 データベースファイル<<EOF
CREATE TABLE IF NOT EXISTS tags(id text PRIMARY KEY, expire TEXT);
CREATE TABLE IF NOT EXISTS cgipars(
  tag, name text, val text, filename,
  FOREIGN KEY(tag) REFERENCES tags(id) ON DELETE CASCADE
);
INSERT INTO tags VALUES('$tag', datetime('now', '+2 hours', 'localtime'));

INSERT INTO cgipars VALUES('$tag', 'photo.1.s', 'aaaaaa', 'tsuyahime.jpg');
INSERT INTO cgipars VALUES('$tag', 'rowid.photo.1.s', 4, NULL);
INSERT INTO cgipars VALUES('$tag', 'desc.1.m', '庄内産のつや姫です', NULL);
INSERT INTO cgipars VALUES('$tag', 'rowid.desc.1.m', 5, NULL);
INSERT INTO cgipars VALUES('$tag', 'desc.2.m', '新米 5kg 包装です。', NULL);
INSERT INTO cgipars VALUES('$tag', 'rowid.desc.2.m', 9, NULL);
EOF
```

これらの値から desc に関するものを取り出し、以下のような REPLACE 文に相当するものとしたい。

```
REPLACE INTO cards_m(rowid, id, key, val, bin) VALUES(
  5, 'item001', 'desc', '庄内産のつや姫です。', NULL
);
REPLACE INTO cards_m(rowid, id, key, val, bin) VALUES(
  9, 'item001', 'desc', '今年度産 5kg 包装です。', NULL
);
```

VALUES(…)に相当する部分を、cgiparsからのSELECTで得ればよい。方法は何とおりもあるが以下のようなSQL文で所望の動作をする。

#### リスト5.11●cgiparsからcards_mへの値コピー（1）

```
WITH pars AS (SELECT * FROM cgipars WHERE tag='1449932122.21134')
REPLACE INTO cards_m
 SELECT
  (SELECT val FROM pars WHERE name='rowid.'||c.name) rid,
  substr(name, 1, instr(name, '.')-1) attrname,
  val, filename
 FROM pars c
 WHERE name LIKE '%.%.m' AND name NOT LIKE 'rowid.%';
```

この文に至るまでの考え方が重要なので、順を追って示す。

(1) cgiparsテーブル（表5.10）の値から、nameが属性名.通し番号.mにマッチするもののみ抜き出す。

```
sqlite> .header on       -- 以後出力例の1行目はカラムヘッダ
sqlite> SELECT name, val, filename
sqlite> FROM cgipars
   ...> WHERE tag='1449932122.21134'
   ...> AND name LIKE '%.%.m' AND name NOT LIKE 'rowid.%';
name|val|filename
desc.1.m|庄内産のつや姫です!!|NULL
desc.2.m|新米 5kg 包装です。|NULL
```

nameのパターンを'%.%.m'とすると、'rowid.desc.1.m'などにもマッチするので、それらを除外するためにNOT LIKE 'rowid.%'という条件を追加している。

(2) 上記の出力に加えて、desc.1.mおよびdesc.2.mの値をcards_mに格納するときのrowidを得たい。つまりdesc.1.mなら5、desc.2.mなら9である。nameカラムの出力（"desc.1.m"と"desc.2.m"）文字列の前に"rowid."を前置したものがnameとなる行のvalを取得すると、それはcards_mテーブルに格納するときのrowidとなる。最初の問い合わせに副問い合わせを加

える。

```
sqlite> SELECT
    ...>    (SELECT val FROM cgipars WHERE tag='1449932122.21134'
    ...>                             AND name='rowid.'||c.name) rid,
    ...>    name, val, filename
    ...> FROM cgipars c
    ...> WHERE tag='1449932122.21134'
    ...> AND name LIKE '%.%.m' AND name NOT LIKE 'rowid.%';
rid|name|val|filename
5|desc.1.m|庄内産のつや姫です!!|NULL
9|desc.2.m|新米 5kg 包装です。|NULL
```

主問い合わせ（外側の SELECT）の cgipars テーブルを別名 c とした。副問い合わせ（内側の SELECT）での「name='rowid.'||c.name」の条件は、その時点で抽出された行の name カラムの値が c.name で得られる。たとえば、外側の SELECT 文で "desc.1.m" を出力対象としているときには、c.name='desc.1.m' となるので、'rowid.'||c.name の値は 'rowid.desc.1.m' になる。したがって、この瞬間の副問い合わせの条件は

　WHERE tag='1449932122.21134' AND name='rowid.desc.1.m'

と等価になり、副問い合わせの結果は 5 となる。なお、副問い合わせ全体の別名を rowid とした。これで desc.1.m は cards_m の rowid=5 の行と関連づけられる。

（3）name カラムの出力 desc.1.m などから通し番号 .m の部分を削除する。SQLite3 の substr 関数で部分文字列を得る。

　substr(*文字列*, *開始位置*, *文字数*)

の構文で、先頭の文字位置は 1 である。削除すべき位置を得るために instr 関数を使う。

　instr(*文字列*, *検索文字列*)

*文字列*の中から、*検索文字列*を探し、見付かった文字位置を返す。name の値が 'desc.1.m' だとすると、ピリオド以降を切り取った結果は以下で得られる。

```
substr(name, 1, instr(name, '.')-1)
```

```
sqlite> SELECT
   ...>   (SELECT val FROM cgipars WHERE tag='1449932122.21134'
   ...>                      AND name='rowid.'||c.name) rid,
   ...>   substr(name, 1, instr(name, '.')-1) attrname,
   ...>   val, filename
   ...>   FROM cgipars c
   ...> WHERE tag='1449932122.21134'
   ...> AND name LIKE '%.%.m' AND name NOT LIKE 'rowid.%';
rid|attrname|val|filename
5|desc|庄内産のつや姫です!!|NULL
9|desc|新米 5kg 包装です。|NULL
```

（4）必須ではないが、cgipars から現在のセッション（1449932122.21134）のもののみ抜き出す一時ビューを WITH 句で作り、問い合わせの冗長感をなくす。

```
sqlite> WITH pars AS (SELECT * FROM cgipars WHERE tag='1449932122.21134')
   ...>  SELECT
   ...>   (SELECT val FROM pars WHERE name='rowid.'||c.name) rid,
   ...>   substr(name, 1, instr(name, '.')-1) attrname,
   ...>   val, filename
   ...>  FROM pars c
   ...>  WHERE name LIKE '%.%.m' AND name NOT LIKE 'rowid.%';
```

## ■ バイナリ属性への対応

リスト 5.11 は、入力値がテキストの場合のみうまく機能する。表 5.10 にあるような*画像バイナリデータ*は cards_m.val ではなく、cards_m.bin にコピーすべきである（下図参照）。

**テキスト値の場合**

| コピー元 |   | cards_m でのカラム |
|---|---|---|
| cgipars.val | → | val |
| NULL | → | bin |

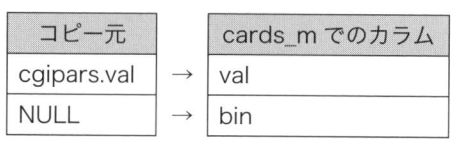

**バイナリ値の場合**

| コピー元 |   | cards_m でのカラム |
|---|---|---|
| cgipars.filename | → | val |
| cgipars.val | → | bin |

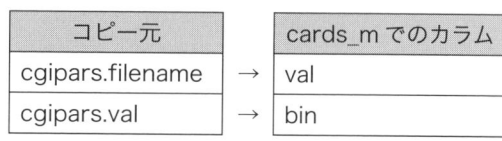

**図5.14●テキストとバイナリでのカラム切り替え**

cards_m テーブルへのレコード挿入は以下のような 5 つの値の並びで問い合わせで行なうも

のであった。

```
REPLACE INTO cards_m(rowid, id, key, val, bin) VALUES(.....);
```

バイナリデータの挿入も考慮するなら VALUES に相当する並びは以下の順にする。

(1) cards_m での rowid（NULL なら新規入力）
(2) 更新レコードの id
(3) key となる値
(4) テキスト値なら cgipars.val、バイナリ値なら cgipars.filename
(5) テキスト値なら NULL、バイナリ値なら cgipars.val

テキスト値かバイナリ値かの判定は key となる値を _columns.vtype が image かどうか調べればよい。これを問い合わせ文にまとめると以下のようになる。

#### リスト5.12●cgiparsからcards_mへの値コピー（2）

```
WITH pars AS (SELECT * FROM cgipars WHERE tag='1449932122.21134')
  SELECT
    (SELECT val FROM pars WHERE name='rowid.'||c.name) rid,
    substr(name, 1, instr(name, '.')-1) attrname,
    CASE (SELECT vtype FROM _columns WHERE name LIKE attr||'.%')
      WHEN 'image' THEN filename
      ELSE val
    END val,
    CASE (SELECT vtype FROM _columns WHERE name LIKE attr||'.%')
      WHEN 'image' THEN val
      ELSE NULL
    END bin
  FROM pars c
  WHERE name LIKE '%.%.m' AND name NOT LIKE 'rowid.%';
```

テキスト値かバイナリ値かの切り替えを CASE 文で行なった。CASE で判定している式

```
SELECT vtype FROM _columns WHERE name LIKE attr||'.%'
```

は、そのときの name カラムの値が \_columns テーブルの attr の値に '.%' を付けたパターン（% は SQL のワイルドカード）とマッチする場合の vtype、つまり値の種別を返す。たとえば name が 'desc.1.m' であれば、これが attr||'.%' というパターンにマッチするときの attr は 'desc' であるから、vtype='text' である。さらにたとえば name が 'photo.1.s' の場合は attr||'.%' にマッチする attr は photo なので、そのとき vtype='image' である。

```
WHEN 'image' THEN filename
ELSE val
```

によって、式の値が 'image' の場合には filename カラムの値が、それ以外のときは val カラムの値が返る。同様の処理が2つ目の CASE 文で行なわれ、結果として「テキストとバイナリでのカラム切り替え」（図 5.14）を実現しつつ、cgipars にあるフォーム送信値を cards_m にコピーする SQL 文は以下のようになる。

```
WITH pars AS (SELECT * FROM cgipars WHERE tag='1449932122.21134')
REPLACE INTO cards_m
  SELECT
    (SELECT val FROM pars WHERE name='rowid.'||c.name) rid,
    substr(name, 1, instr(name, '.')-1) attrname,
    CASE (SELECT vtype FROM _columns WHERE name LIKE attr||'.%')
      WHEN 'image' THEN filename
      ELSE val
    END val,
    CASE (SELECT vtype FROM _columns WHERE name LIKE attr||'.%')
      WHEN 'image' THEN val
      ELSE NULL
    END bin
  FROM pars c
  WHERE name LIKE '%.%.m' AND name NOT LIKE 'rowid.%';
```

cgilib2 ライブラリでは、セッション ID は $_tag に保存されているので上記の WITH 句は、シェルスクリプト中では以下のように記述すべきである。

```
WITH pars AS (SELECT * FROM cgipars WHERE tag='$_tag')
```

## ■ 単一値・多値テーブル両方へのコピー

上記の SQL 文を、cards_s（単一値用）と cards_m（多値用）両方のテーブルに適用させる。これはシェルスクリプトで以下のように繰り返した SQL 文の生成結果を問い合わせ用のシェル関数に渡すだけでよいだろう。

```
_tb=cards
for t in s m; do
  tb=${_tb}_$t                    # cards_s または cards_m になる
  cat<<-EOF
        WITH pars AS (SELECT * FROM cgipars WHERE tag='$_tag')
        REPLACE INTO $tb           # $tがsならcards_s、$tがmならcards_m
         ⋮
        WHERE name LIKE '%.%.$t' AND name NOT LIKE 'rowid.%';
        EOF
done | query                       # queryは問い合わせを行なうシェル関数
```

### 5.3.5　値の削除

1つのレコード中のある属性値を削除する場合を考えよう。上記の例のとおり、多値テーブルに id='item001' に付随する以下の値が登録されているとする。

| rowid | id | key | val | bin |
|---|---|---|---|---|
| 5 | tsuyahime | desc | 庄内産のつや姫です!! | NULL |
| 9 | tsuyahime | desc | 新米 5kg 包装です。 | NULL |

## ■ 多値テーブルからの削除

ここから rowid=9 のものを削除する指定が利用者から発せられたとする。今回想定しているユーザインタフェースでは、以下のような画面で削除確認が出る。

図5.15●削除確認

このときに出力されている input 要素のうち、削除操作のときに参照すべきものを抜粋する。

```
<input name="action.desc.2.m" type="radio" value="rm">  <!-- 削除ボタン -->
<input name="rowid.desc.2.m" type="hidden" value="9">   <!-- rowid -->
<input name="cfm.desc.2.m" type="checkbox" value="yes">はい  <!-- 確認のチェックボックス -->
<input name="desc.2.m" type="text" value="新米 5kg 包装です。">
```

これらのフォームで「削除」と「はい」のボタンが両方とも押されたとすると、cgipars には以下のように値が設定される。

**表5.11● 「削除+確認」時のcgiparsテーブルの値（抜粋）**

| tag | name | val | filename |
|---|---|---|---|
| 1450049253.4499 | action.desc.2.m | rm | NULL |
| 1450049253.4499 | cfm.desc.2.m | yes | NULL |
| 1450049253.4499 | desc.2.m | 新米 5kg 包装です。 | NULL |
| 1450049253.4499 | rowid.desc.2.m | 17 | NULL |

以下のアルゴリズムにより、cards_m から削除すべき rowid を求める（|| は SQL の文字列結合演算子）。

（1）cgipars 中現在のセッションで有効な任意の name を N とする。
（2）N のうち、'action.'||N を name に持つ値（val）が 'rm' であり、かつ、'cfm.'||N を name に持つ値が 'yes' であるものを選ぶ。
（3）2 で選んだ N に対し、'rowid.'||N を name にもつ val が求める rowid である。

順に SQL 文に直していくと、1 は WITH 句で以下の絞り込みを行なう。

```
WITH pars AS (SELECT * FROM cgipars WHERE tag='現セッション値')
```

続いて手順 3 で、WITH による pars を利用して以下のようにする。

```
WITH pars AS (SELECT * FROM cgipars WHERE tag='現セッション値')
SELECT * FROM pars p
WHERE 'rm'  = (SELECT val FROM pars WHERE name='action.'||p.name)
  AND 'yes' = (SELECT val FROM pars WHERE name='cfm.'||p.name)
  AND name LIKE '%.m';
```

これにより、上記の表に示した例であれば 'desc.2.m' の行が選択される。欲しい値はそこではなく、name='rowid.desc.2.m' の場合の val であるから、「SELECT *」の部分を以下のように修正する。

```
WITH pars AS (SELECT * FROM cgipars WHERE tag='現セッション値')
SELECT (SELECT val FROM pars
        WHERE name='rowid.'||p.name)) rid
FROM pars p
WHERE 'rm'  = (SELECT val FROM pars WHERE name='action.'||p.name)
  AND 'yes' = (SELECT val FROM pars WHERE name='cfm.'||p.name)
  AND name LIKE '%.m';
```

これで削除すべき rowid が得られるため、上記の式を DELETE FROM に渡す。消すべき rowid は 1 つとは限らないので IN で判定する。

```
DELETE FROM cards_m WHERE rowid IN (
 WITH pars AS (SELECT * FROM cgipars WHERE tag='現セッション値')
 SELECT (SELECT val FROM pars
         WHERE name='rowid.'||p.name)) rid
 FROM pars p
 WHERE 'rm'  = (SELECT val FROM pars WHERE name='action.'||p.name)
   AND 'yes' = (SELECT val FROM pars WHERE name='cfm.'||p.name)
   AND name LIKE '%.m');
```

### ■ 単一値・多値両テーブルからの削除

値の更新のときと同様、2 つのテーブルに対してシェルスクリプトでループを形成すればよい。更新時と同様セッション ID はシェル変数 _tag に入っているものとする。

```
_tb=cards
for t in s m; do
  tb=${_tb}_$t
  cat<<-EOF
        DELETE FROM $tb WHERE rowid IN (
          WITH pars AS (SELECT * FROM cgipars WHERE tag='$_tag')
          SELECT (SELECT val FROM pars
                  WHERE name='rowid.'||p.name)) rid
          FROM pars p
```

```
              WHERE 'rm'  = (SELECT val FROM pars WHERE name='action.'||p.name)
                AND 'yes' = (SELECT val FROM pars WHERE name='cfm.'||p.name)
                AND name LIKE '%.$t');
        EOF
done | query
```

## 5.3.6　表整形出力

5.1.3節「項目名で整列した出力」で示したような表形式の出力を、値の出力と同時に、項目値の編集や削除のインタフェース提示もできるようにしたい。

### ■ 項目の表形式出力

たとえば特産物（id='item001'）に関する値が以下のようにテーブル格納されているとする。

**表5.12● cards_s内の値**

| id | key | val | bin |
|---|---|---|---|
| item001 | name | つや姫 | NULL |
| item001 | photo | tsuyahime.jpg | 画像バイナリデータ |
| item001 | type | 穀物 | NULL |

**表5.13● cards_m内の値**

| id | key | val | bin |
|---|---|---|---|
| item001 | desc | 庄内産のつや姫です。 | NULL |
| item001 | desc | 新米 5kg 包装です。 | NULL |
| item001 | info | デビュー以来連続特Aのつや姫です。この比類なきうまさとつやをお試しあれ。 | NULL |

これを、所定のkey順に表形式で出力する。key一覧は_columnsテーブルに格納されている。画像バイナリデータはのちに考えるとして、keyとvalのすべての対応表を出力するには、以下のようにJOINを組み立てればよい。

## 5 カタログ型汎用データベースシステムの作成

**属性名リスト _columns a**

| rowid | attrname | attr |
|---|---|---|
| 1 | ID | id |
| 2 | 品名 | name |
| 3 | 写真 | photo |
| 4 | 種別 | type |
| 5 | 説明 | desc |
| 6 | 参考情報 | info |

×

**id='item001' で得られる和集合 b**

| key | val |
|---|---|
| name | つや姫 |
| photo | tsuyahime.jpg |
| type | 穀物 |
| desc | 庄内産のつや姫です。 |
| desc | 新米 5kg 包装です。 |
| info | デビュー以来連続特Aのつや姫です。この比類なきうまさとつやをお試しあれ。 |

図5.16●属性一覧と「単一値・多値テーブルのUNION」のJOIN

---

**リスト5.13●表形式出力を得るSQL文（1）**

```
SELECT a.attrname, a.attr, b.val
FROM   (SELECT * FROM _columns) a
  LEFT JOIN
(SELECT * FROM cards_s WHERE id='item001'
        UNION ALL
 SELECT * FROM cards_m WHERE id='item001') b
  ON a.attr=b.key
ORDER by a.rowid;
```

---

この問い合わせで得られる結果を表形式で表したものを示す。

**表5.14●表形式出力（1）**

| a.attrname | a.attr | b.val |
|---|---|---|
| ID | id |  |
| 品名 | name | つや姫 |
| 写真 | photo | tsuyahime.jpg |
| 種別 | type | 穀物 |
| 説明 | desc | 庄内産のつや姫です。 |
| 説明 | desc | 今年度産 5kg 包装です。 |
| 参考情報 | info | デビュー以来連続特Aのつや姫です。この比類なきうまさとつやをお試しあれ。 |

a.attr='id' は、cards_s、cards_m の属性値ではなく主キーであるためJOINの結合相手は存在

せず空欄になる。

■ **グループごとの連番の生成**

　ここでの目標は上記のような表示用の表を得るだけでなく、表示している各値の修正用のinput要素も生成することである。上記の表では属性「desc」が2つあり、それらは互いに区別できなければならない。そのためには既に述べたように、desc項目の1つ目はdesc.1.m、2つ目はdesc.2.mのように同じ属性でグループ化した場合のグループ内連番を振る必要がある。

| rowid | x |
|---|---|
| 1 | foo |
| 2 | foo |
| 3 | bar |
| 4 | foo |
| 5 | baz |
| 8 | bar |

　連番生成はSQLでは典型的問題のひとつで、**自己結合**を用いて求められる。慣れないうちは複雑に思えるが、お決まりのパターンで適用できるため熟語を覚える感覚で理解したい。まずは簡単な例で連番生成してみる。上のような単純な表を作成する。

　8つの値を持つテーブルで、xカラムの値が重複した状態で格納されている。それぞれのxの値が、何個目に登場するものであるかを隣のカラムに出す。この例では、上から順に {foo, 1}、{foo, 2}、{bar, 1}、{foo, 3}、{baz, 1}、{bar, 2} となる。

　このテーブルの作り方を以下に示す。

```
sqlite> CREATE TABLE w(x text);
sqlite> INSERT INTO w VALUES('foo');
sqlite> INSERT INTO w VALUES('foo');
sqlite> INSERT INTO w VALUES('bar');
sqlite> INSERT INTO w VALUES('foo');
sqlite> INSERT INTO w VALUES('baz');
sqlite> INSERT INTO w VALUES('bar');
```

　テーブルwに、テーブルw自身をJOINで結合する。結合条件は「カラムxの値が等しい」で行なう。

```
sqlite> .head 1                    -- ヘッダ表示をON
sqlite> SELECT L.rowid, L.*, R.rowid, R.* FROM w L JOIN w R
   ...> ON L.x=R.x;
rowid|x|rowid|x
1|foo|1|foo
1|foo|2|foo
1|foo|4|foo
2|foo|1|foo
2|foo|2|foo
2|foo|4|foo
3|bar|3|bar
3|bar|6|bar
4|foo|1|foo
4|foo|2|foo
4|foo|4|foo
5|baz|5|baz
6|bar|3|bar
6|bar|6|bar
```

結合左側の w を別名 L、右側の別名を R とした。またカラム値が同じものが複数あるため、個別の値が識別できるよう L、R ともに rowid を出力している。以下の説明では「L の方の rowid=1 の foo」を「L:1:foo」のように表記する。

foo に注目しよう。注目する foo が何番目に登場する foo なのかは以下の性質を利用して決められる。

L:1:foo 　自身の rowid 以下の rowid を持つ結合相手が 1 つ
L:2:foo 　自身の rowid 以下の rowid を持つ結合相手が 2 つ
L:3:foo 　自身の rowid 以下の rowid を持つ結合相手が 3 つ

結合相手の条件として rowid の大小比較を加える。

```
sqlite> SELECT L.rowid, L.*, R.*
   ...> FROM w L JOIN w R
   ...> ON L.x=R.x AND L.rowid>=R.rowid;
rowid|x|rowid|x
1|foo|1|foo
2|foo|1|foo
2|foo|2|foo
```

```
3|bar|3|bar
4|foo|1|foo
4|foo|2|foo
4|foo|4|foo
5|baz|5|baz
6|bar|3|bar
6|bar|6|bar
```

左側の w のすべての要素に対して、結合相手 (R.x) の個数を count() 関数で数える。「L の要素ごと」なので「GROUP BY L.rowid」で分類する。

```
sqlite> SELECT L.rowid, L.x, count(R.x) COUNT
   ...> FROM w L LEFT JOIN w R
   ...> ON L.x=R.x AND L.rowid>=R.rowid
   ...> GROUP BY L.rowid;
rowid|x|COUNT
1|foo|1
2|foo|2
3|bar|1
4|foo|3
5|baz|1
6|bar|2
```

count() の結果が連番となる。出力結果を説明的にするために SQLite3 拡張である printf 関数を利用した。

```
sqlite> SELECT L.rowid, printf("%d番目の %s", count(R.x), L.x) ITEM
   ...> FROM w L LEFT JOIN w R
   ...> ON L.x=R.x AND L.rowid>=R.rowid
   ...> GROUP BY L.rowid;
rowid|ITEM
1|1番目の foo
2|2番目の foo
3|1番目の bar
4|3番目の foo
5|1番目の baz
6|2番目の bar
```

さて、以上の手法を利用して表 5.14「表形式出力（1）」の l.attrname の部分に同一項目で

の連番を付加しよう。連番付加にはテーブルのrowidが必要で、項目見出しの並べ換えには_columnsテーブルのrowidが必要なので、リスト5.13「表形式出力を得るSQL（1）」に各テーブルのrowidの選択も加える。また、連番はcards_sとcards_mそれぞれ個別にしなければならないので、_columns.attrmodeカラムの値も選択に加え、どちらのテーブルに由来する行かも分かるようにする（'P'、'S'または'M'がそれに相当）。

#### リスト5.14●一時表.1（リスト）

```
/* _columnsテーブルでのrowid、由来テーブル、cards_?でのrowid、
   属性表示名、属性、値、の6値を選択 */
SELECT   a.colid, a.attrmode, b.rid, a.attrname, a.attr, b.val
FROM     (SELECT rowid colid, * FROM _columns) a -- rowidの別名を colid に
  LEFT JOIN
         (SELECT rowid rid, * FROM cards_s WHERE id='item001'
             UNION ALL /* cards_* の rowid には rid と別名を付与 */
          SELECT rowid rid, * FROM cards_m WHERE id='item001') b
  ON a.attr=b.key
ORDER by colid;
```

問い合わせの出力は以下のとおり（表形式で示す）。

#### 表5.15●一時表.1（由来テーブルとrowidを示した）

| a.colid | a.attrmode | b.rid | a.attrname | a.attr | b.val |
|---|---|---|---|---|---|
| 1 | P |  | ID | id |  |
| 2 | S | 9 | 品名 | name | つや姫 |
| 3 | S | 10 | 写真 | photo | tsuyahime.jpg |
| 4 | S | 11 | 種別 | type | 穀物 |
| 5 | M | 8 | 説明 | desc | 庄内産のつや姫です。 |
| 5 | M | 16 | 説明 | desc | 今年度産 5kg 包装です。 |
| 6 | M | 9 | 参考情報 | info | デビュー以来連続特Aのつや姫です。この比類なきうまさとつやをお試しあれ。 |

これで項目ごとの連番を振る準備ができた。上記の問い合わせをWITH句で一時的なビューgetallとする。そのうえでgetallの*由来テーブル/rowid*での連番付与操作を行なう。

```
WITH getall AS (
 SELECT a.colid, a.attrmode, b.rid, a.attrname, a.attr, b.val
 FROM   (SELECT rowid colid, * FROM _columns) a -- rowidの別名を colid に
   LEFT JOIN
       (SELECT rowid rid, * FROM cards_s WHERE id='item001'
           UNION ALL /* cards_* の rowid には rid と別名を付与 */
         SELECT rowid rid, * FROM cards_m WHERE id='item001') b
   ON a.attr=b.key
 ORDER by colid  /* この枠囲み部は「一時表.1 リスト」と同じ */
)
SELECT   l.colid, l.attrmode, l.rid, l.attrname, l.attr, count(l.rid) seq, l.val
FROM     getall l LEFT JOIN getall r
             ON l.attr=r.attr AND l.attrmode=r.attrmode AND l.rid>=r.rid
GROUP BY l.attr, l.rid
ORDER BY l.colid;
```

太字の部分が連番つきの表を得るために書き足した部分で、出力は以下のようになる（表形式）。

**表5.16●連番つき表**

| colid | attrmode | rid | attrname | attr | seq | val |
|---|---|---|---|---|---|---|
| 1 | P |  | ID | id | 0 |  |
| 2 | S | 9 | 品名 | name | 1 | つや姫 |
| 3 | S | 10 | 写真 | photo | 1 | tsuyahime.jpg |
| 4 | S | 11 | 種別 | type | 1 | 穀物 |
| 5 | M | 8 | 説明 | desc | 1 | 庄内産のつや姫です。 |
| 5 | M | 16 | 説明 | desc | 2 | 今年度産 5kg 包装です。 |
| 6 | M | 9 | 参考情報 | info | 1 | デビュー以来連続特Aのつや姫です。この比類なきうまさとつやをお試しあれ。 |

## ■ 画像バイナリデータの処理

4.1節「SQLite3 によるバイナリデータの出し入れ」で示したように、バイナリデータは16進文字列を経由して出し入れできる。ここでは、cards_s テーブルの bin カラムに入っている画像バイナリデータを画像として表示させる。このとき、データベースに入れた画像そのままでは画素数的に大きすぎる可能性があるので、縮小してサムネイル表示する。

たとえば、上記の出力例の cards_s 由来の rid=10 の行を考える。attrname='写真'、val='tsuyahime.jpg' のときの bin カラムに大きさ不明（たいていサムネイルにするには大きすぎ）の画像バイナリデータが格納されているとする。この場合、以下の手順でサムネイルに相応しい画像に変換する。

(1) SELECT 文で hex() 関数を介して bin カラムを取り出す
(2) シェル関数 unhexize() でバイナリに戻す
(3) ImageMagick convert を利用してサムネイルサイズに縮小する
(4) 縮小後のバイナリを %hex に直す
(5) <img src="05/data:*Content-Type*,*%hex*"> を出力する

ここで、*%hex* とはバイナリデータを 16 進文字列化したものを 1 バイトずつ %xx の形で列挙したものである。たとえば、文字列 "ABCD"（ASCII コードが 16 進数で 0x41、0x42、0x43、0x44 の並び）の %hex は %41%42%43%44 である。また、*Content-Type* の部分は画像データの Content-type が入る。ここでは単純化するため画像は JPEG 形式のみとし、その場合の Content-type は「image/jpeg」である。一般的には file コマンドを利用して

```
$ file --mime-type File
```

とすることで得られるのでそれを利用する。

以上の手順を具体化したものを以下に示す（cgilib2 中の hexise、unhexize、escape 関数を参照している）。

### リスト5.15●out-icon.cgi

```
#!/bin/sh
mydir=`dirname $0`
DB=${1:-db/cgi.sq3} . $mydir/cgilib2-sh

htmlhead 画像一覧
echo '<table border="1">'
echo '<tr><th>filename</th><th>Image</th></tr>'

percent() sed 's/\(..\)/%\1/g'
```

```
imgsrcdata_icon() {
  printf "<img src=\"data:image/jpeg,"
  unhexize | convert -resize '150x150>' -define jpeg:size=150x150 - jpeg:- |
      hexize | percent
  echo '">'
}

query<<EOF |
SELECT hex(val), hex(bin) FROM cards_s
WHERE val IS NOT NULL AND bin IS NOT NULL;
EOF
while IFS='|' read val bin; do
  cat<<-EOF
        <tr><td>$(escape `echo "$val"|unhexize`)</td>
            <td>`echo "$bin"|imgsrcdata_icon`</td></tr>
        EOF
done
echo '</table></body></html>'
```

この処理の要点は以下のとおりである。

- val、bin カラムを取り出すときはいずれも hex() 関数を介して行なう。bin カラムだけでなく val も 16 進文字列にするのは、値にどんな不規則な文字（SPC 文字など）があっても、後続するシェルの read で、正常に単語分割できるようにするためである。
- 区切り文字（IFS）を '|' に設定して read で 2 つのカラムの値を受け取る。
- val の値は unhexize() で元の文字列に戻してから escape() で HTML エスケープしたものを出力する。
- bin の値は unhexize() で元のバイナリ（画像データ）に戻してから convert コマンドで縮小する。-resize '150x150>' と最後に不等号をつけることで、元々 150 ピクセルより小さい画像はそのままにする。
- 縮小した画像データをまた hexize() で 16 進文字列化し、さらに percent() で %hex 文字列にする。
- %hex 文字列を <img src="05/data:image/jpeg,%hex"> の書式に括る。
- val、bin カラムからの変換値 2 つを HTML の table 要素の 1 行分のタグで括って出力する。

最初の項目に記したように、ユーザからの入力値を含むカラムをreadで受け取るときには、値に区切り文字が混入することを回避するためにhex()出力で受け取るのが効果的である。

上記out-icon.cgiで、あらかじめいくつかのデータを含むデータベースの画像をダンプさせた出力例を以下に示す。

**図5.17●データベースの画像をダンプさせた出力例**

## 5.3.7　サムネイル入り表整形出力

上記サムネイル出力と連番つき出力を組み合わせる。利用者に提示する形式に近いものとするため、カラムIDなどは出力しない。代わりに、値提示のすぐ脇に、その値を初期値とした入力フォームを出すものを作成する。

**リスト5.16●thumb-table.cgi**

```
#!/bin/sh
mydir=`dirname $0`
. $mydir/cgilib2-sh
```

## 5.3 カタログ型データベースの設計

```
if [ -n "$1" ]; then     # 第1引数にIDを受けてそのIDの情報を表出力する
  id=`echo "$1"|sed "s/'/''/g"`
  rowid=`query "SELECT rowid FROM cards WHERE id='$id';"`
fi
if [ -z "$rowid" ]; then
  htmlhead "Not Found"
  echo "<p>表示したいidを指定してください。</p></body></html>"
  exit 0
fi
htmlhead "$idの情報"
cond="WHERE id='$id'"
percent() sed 's/\(..\)/%\1/g'
imgsrcdata_icon() {
  printf "<img src=\"data:image/jpeg,"
  unhexize | convert -resize '150x150>' -define jpeg:size=150x150 - jpeg:- |
      hexize | percent
  echo '">'
}
echo '<table border="1">'
query<<-EOF |
    WITH getall AS (
      SELECT  a.*, b.rid, b.val, b.bin
      FROM    (SELECT rowid colid, * FROM _columns) a
        LEFT JOIN
            (SELECT rowid rid, * FROM cards_s $cond
                UNION ALL /* cards_* の rowid には rid と別名を付与 */
             SELECT rowid rid, * FROM cards_m $cond) b
        ON a.attr=b.key
      ORDER by colid
    ) /* 次の行のSELECTの値がシェルスクリプト read に渡る */
    SELECT lower(l.attrmode) am, l.rid, l.attr, l.vtype, l.option,
           l.attrname, count(l.rid) seq, hex(l.val), hex(l.bin)
    FROM getall l
      LEFT JOIN getall r
      ON l.attr=r.attr AND l.attrmode=r.attrmode AND l.rid>=r.rid
    GROUP BY l.attr, l.rid
    ORDER BY l.colid;
    EOF
while IFS="|" read am rid attr vtype opt kname seq hval hbin; do
  val=$(escape "`echo $hval|unhexize`") # 16進値を元に戻してHTMLエスケープ
  [ x"$am" = x"m" ] && kname=$kname$seq # 多値テーブルの場合のみ連番付与
```

```
    [ x"$attr" = x"id" ] && val=$id      # idは属性値ではない
    printf '%s' "<tr><th>${kname}</th><td style=\"white-space: pre;\">"
    if [ -n "$hbin" ]; then              # binカラムに値が来たらサムネイルを
      echo "$hbin" | imgsrcdata_icon
    else
      echo "$val"
    fi
    echo "</td><td>"    # 値提示tdここまで/次は入力フォーム出力td
    name="$attr.$seq.$am" # input名は 属性.連番.由来テーブル で決める
    op="${opt:+ }$opt"   # 入力フォームへのオプション文字列
    case $vtype in        # vtypeに応じたタグを出力
      "text")    echo "<input name=\"$name\" value=\"$val\"$op>" ;;
      "image")   echo "<input name=\"$name\" type=\"file\"$op>" ;;
      "select")  echo "<select name=\"$name\">"
                 for i in $opt; do
                   [ x"$i" = x"$val" ] && ck=' checked' || ck=""
                   echo "<option$ck>$i</option>"
                 done
                 echo "</select>"
                 ;;
      "textarea") echo "<textarea$op>$val</textarea>" ;;
    esac
    echo "</td></tr>"
done
echo "</table></body></html>"
```

　これまで説明したしくみによる組み立てなので、詳細はスクリプト中のコメント文を参照されたい。このCGIスクリプトに有効な特産物IDを指定した結果の例を以下に示す。

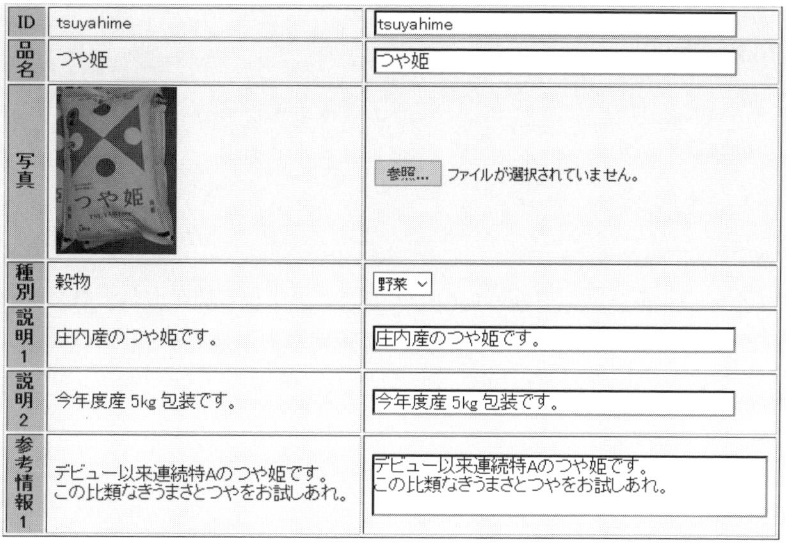

**図5.18●tsuyahimeの情報**

　最終的にはCSS3の機能を用いて、「値表示」、「値修正用フォーム」、「削除」、「新規入力用フォーム」を動的に選択表示するデザインと変えて行くが、これはその一歩手前のものである。

## 5.3.8　SQL問い合わせの効率

　シェルスクリプトの実行速度は、他のスクリプト言語に比べても遅い部類である。それゆえSQLと組み合わせる場合は、出力構造の組み立てをできるだけSQLの世界で行ない、シェルが出力の整形に介在する比率をできるだけ小さくしておくのが効率的である。シェルスクリプトの実行速度に比べるとSQL問い合わせの速度は圧倒的なので、問い合わせに多少無駄があってもシェルスクリプトシステムでは有意な影響は出ない。しかしながら将来的に規模の大きいものを扱う必要が出てきたときに、問い合わせの効率が重要性を帯びてくる。

　たとえば直前のthumb-table.cgi（リスト5.16）で発行している問い合わせを大きな流れで見ると以下のようになる。

```
WITH getall AS (
  SELECT 欲しいカラム
  FROM    _column テーブルからの値(C)
    LEFT JOIN
         cards_sテーブルからの値(S)
```

```
          UNION ALL
    cards_mテーブルからの値(M)
)
SELECT 欲しいカラム
FROM getall LEFT JOIN getall
 ……
ORDER BY _columusテーブルでのrowid;
```

ここで、\_column テーブル、cards\_s テーブル、cards\_m テーブルからの値をそれぞれ C、S、M とし、一時ビュー getall を G で表し、SQL の集合演算を算術演算の類推で＋（UNION）、×（JOIN）で表してみる。すると上記の SQL 文は以下のようになる。

$G = C \times (S+M)$

$G \times G$

G に関する自己結合 G × G は展開すると {C × (S+M)} × {C × (S+M)} になり、C も自己結合の対象に含まれる。しかしながら、C つまり \_columns テーブルは項目見出し（attrname）と見出しの出力順（rowid）を決めるために必要なものである。つまり、3 つ組の表からすべての値を和集合で取り出す getall の段階では C は必須でない。したがって、SQL 文全体は以下の流れでも支障ない。

$G = S+M$

$C \times G \times G$

これを問い合わせ文に直したものを示す。

### リスト5.17● _columnsは後でJOIN

```
WITH getall AS (         -- getall = S + M のみにする
 SELECT rowid rid, * FROM cards_s $cond -- $condの部分はシェル変数値
   UNION ALL
 SELECT rowid rid, * FROM cards_m $cond -- $condの部分はシェル変数値
)
SELECT c.attrmode, a.rid, c.attr, c.vtype, c.option, c.attrname, a.seq, val
FROM _columns c
   LEFT JOIN
     (SELECT l.rid, l.key, count(l.rid) seq, l.val
      FROM getall l LEFT JOIN getall r
```

```
                ON l.key=r.key AND l.rid>=r.rid
      GROUP BY l.key, l.rid) a
ON c.attr=a.key
ORDER BY c.rowid;
```

2つの問い合わせを比較してみる。比較は問い合わせの文の直前に「EXPLAIN」または「EXPLAIN QUERY PLAN」を前置して得られる実行計画やドットコマンド「.stats ON」で得られる統計情報を見ることで可能である。ここでは、簡潔な情報の得られる .stats の結果の一部を示す。7件のレコードを登録したデータベースからの問い合わせのものである。

|  | _columns を先に JOIN | columns を最後に JOIN |
| --- | --- | --- |
| Fullscan Steps | 16 | 10 |
| Sort Operations | 2 | 1 |
| Autoindex Inserts | 16 | 10 |
| Virtual Machine Steps | 1104 | 747 |

結合の順番によってどのような組み合わせ展開が起きるか考慮してみるとよいだろう。

## 5.3.9　練習問題：SQLによる連番生成

SQLの定石的な問い合わせ文の練習をしておこう。

### 問題

ある電子掲示板に投稿したユーザと投稿内容を記した以下のようなテーブル postings がある。

**表5.17●postingsテーブル**

| ユーザID（userid） | 発言内容（cmt） |
| --- | --- |
| taro | あけまして… |
| hanako | おめでとう！ |
| honjo | おめでとう！今年もよろしくね。 |
| taro | こちらこそよろしく！ |
| honjo | いまどこ？ |
| taro | 初詣きてる |

| ユーザID（userid） | 発言内容（cmt） |
|---|---|
| honjo | えほんとに？ |
| hanako | どこなの |
| taro | honjo んちの近くの |
| honjo | 待ってすぐ行くわ |
| yuza | おいらも！ |

（1）このテーブルから、各ユーザによる各発言時の通算発言回数（連番）を求める SQL 文を作成せよ。上記の例であれば以下のような結果が得られるものとする。

```
sqlite> .header ON
sqlite> SELECT 問い合わせ;
ユーザID|回数|コメント
taro|1|あけまして…
hanako|1|おめでとう！
honjo|1|おめでとう！ 今年もよろしくね。
taro|2|こちらこそよろしく！
honjo|2|いまどこ？
taro|3|初詣きてる
honjo|3|えほんとに？
hanako|2|どこなの
taro|4|honjoんちの近くの
honjo|4|待ってすぐ行くわ
yuza|1|おいらも！
```

（2）上記の結果出力の「ユーザID」カラムの部分を氏名に変えたい。ユーザIDと氏名を登録した以下のような users テーブルを利用して、「氏名|回数|コメント」の結果が得られるような SQL 文を作成せよ。

**表5.18●usersテーブル**

| ユーザID（userid） | 氏名（name） |
|---|---|
| taro | 公益太郎 |
| hanako | 飯森花子 |
| honjo | 本荘由利 |
| yuza | 遊佐佳麗 |

なお、氏名（name）に重複値があった場合の対処などは考慮しなくてよい。

[ヒント1] rowid を利用し、userid カラムが等しいという条件で自己結合を行ない、rowid が自分自身より小さなものの数を数える。基本となる問い合わせは以下のようになる。

```
sqlite> SELECT a.userid, a.rowid, b.rowid, a.cmt
   ...> FROM postings a JOIN postings b
   ...>      ON a.userid = b.userid AND a.rowid >= b.rowid;
userid|rowid|rowid|cmt
userid|rowid|rowid|cmt
taro|1|1|あけまして…
hanako|2|2|おめでとう！
honjo|3|3|おめでとう！今年もよろしくね。
taro|4|1|こちらこそよろしく！
taro|4|4|こちらこそよろしく！
honjo|5|3|いまどこ?
honjo|5|5|いまどこ?
taro|6|1|初詣きてる
taro|6|4|初詣きてる
taro|6|6|初詣きてる
honjo|7|3|えほんとに?
honjo|7|5|えほんとに?
honjo|7|7|えほんとに?
hanako|8|2|どこなの
hanako|8|8|どこなの
taro|9|1|honjoんちの近くの
taro|9|4|honjoんちの近くの
taro|9|6|honjoんちの近くの
taro|9|9|honjoんちの近くの
honjo|10|3|待ってすぐ行くわ
honjo|10|5|待ってすぐ行くわ
honjo|10|7|待ってすぐ行くわ
honjo|10|10|待ってすぐ行くわ
yuza|11|11|おいらも！
```

この結果の a.userid の数を数えればよいが、どのカラム値ごとに集約するかを考えて GROUP BY を指定する。

[ヒント2] 1の結果と users テーブルの JOIN で得られる。

## 5.3.10 解答例

(1) ヒント1のSQL文をふまえ、発言内容(cmt)カラムでの集約をする。

```
SELECT a.userid "ユーザID", count(a.userid) "回数", a.cmt コメント
FROM postings a JOIN postings b
    ON a.userid = b.userid AND a.rowid >= b.rowid
GROUP BY a.cmt ORDER BY a.rowid;
```

最終出力はpostingsテーブルのrowidで並べ換える。

(2) 1の文を副問い合わせとしたusersテーブルとの結合を行なう。

```
SELECT u.name "氏名", "回数", "コメント"
FROM users u JOIN
    (SELECT a.rowid, a.userid, count(a.userid) "回数", a.cmt コメント
     FROM postings a JOIN postings b
         ON a.userid=b.userid AND a.rowid>=b.rowid
     GROUP BY a.cmt) c
USING(userid)   /* ON u.userid = c.userid でもよい */
ORDER BY c.rowid;
```

これも発言順どおり出力されるようpostingsテーブルのrowidで並べ換えることに注意する。

## 5.3.11　練習問題：SQLによるランキング生成

**問題**

ある試験の結果を記録した以下のようなテーブルがある。

表5.19●scores

| ユーザID（userid） | 得点（pt） |
|---|---|
| taro | 59 |
| hanako | 95 |
| honjo | 61 |
| yuza | 61 |

得点の高い順に順位付けした表を出力するSQL文を作成せよ。上記の例では以下のような出力となる。

```
sqlite> SELECT 問い合わせ;
1|hanako|95
2|honjo|61
2|yuza|61
4|taro|59
```

［ヒント］socresテーブルで自己結合を用い、あるユーザの得点より高い得点を持つ者を数える。まず、「自分より得点が高い」という条件で結合した結果を見る。

```
sqlite> .head 1
sqlite> SELECT * FROM scores a JOIN scores b
   ...> ON a.pt < b.pt;
userid|pt|userid|pt
taro|59|hanako|95
taro|59|honjo|61
taro|59|yuza|61
honjo|61|hanako|95
yuza|61|hanako|95
```

これだと首位の人の条件に当てはまる行がないので出てこない。すべての userid について出力されるよう左結合にしてみる。

```
sqlite> SELECT * FROM scores a LEFT JOIN scores b
   ...> ON a.pt < b.pt;
userid|pt|userid|pt
taro|59|hanako|95
taro|59|honjo|61
taro|59|yuza|61
hanako|95||
honjo|61|hanako|95
yuza|61|hanako|95
```

この結果から順位を導き出すには、いずれかのカラムの値ごとに数えた数に 1 を足せばよい。

## 5.3.12 解答例

ヒントにある自己左結合の結果の、右側の userid を数えると以下のようになる。

```
sqlite> SELECT count(b.userid), a.userid, a.pt
   ...> FROM scores a LEFT JOIN scores b ON a.pt < b.pt
   ...> GROUP BY a.userid;
count(b.userid)|userid|pt
0|hanako|95
1|honjo|61
3|taro|59
1|yuza|61
```

この集計結果に 1 を足したものが順位である。得点の高い順にまとめれば求める結果となる。

```
sqlite> SELECT 1+count(b.userid) RANK, a.userid, a.pt
   ...> FROM scores a LEFT JOIN scores b
   ...>      ON a.pt < b.pt
   ...> GROUP BY a.userid
   ...> ORDER BY a.pt DESC;
RANK|userid|pt
1|hanako|95
2|honjo|61
```

```
2|yuza|61
4|taro|59
```

## 5.4 カタログ型データベースの構築

これまでの流れを総合してカタログ型データベースを組み立てよう。

### 5.4.1 完成版スクリプト

実用を意識したデータベースシステムとするため、前節での解説と実装例から追加する仕様について簡単に説明しつつ完成版を示す。

#### ■ 初期化スクリプト

テーブル初期化スクリプトでは、カタログに格納する属性定義をcards.defから読むようにしているが、将来的に登録属性が増えた場合に自動的にそれをテーブルに反映させるようにしたい。そのため、テーブルを作成したときの日付を記録し、cards.defがそれより新しいタイムスタンプを持つ場合にテーブルを再構築するようにした。また、個別のレコードごとにも日付を持たせるために、cards_s、cards_m両テーブルに登録日時を記録するためのmtimeカラムを追加した。そのように変更したスクリプトを以下に示す。

**リスト5.18● cards-init.sh**

```
[ -n "$myname" ] || { echo Use this as library; exit 1; }
_ct=_columns
_tb=cards
cards_stamp=db/_col.stamp              # タイムスタンプファイル
. $mydir/cards-cgi.sh
logfile=tmp/init.log                   # 初期化SQLのログファイル

cards_initdb() {
  echo "---------- init-db at `date` ----------" >> $logfile
```

## 5 カタログ型汎用データベースシステムの作成

```
    grep -v '^#' "$1" | {
      cat<<-EOF
          DROP TABLE IF EXISTS $_ct;
          CREATE TABLE $_ct(
            attrname text,
            attr text PRIMARY KEY,
            attrmode text,
            vtype text,
            option text
          );
          CREATE TABLE IF NOT EXISTS $_tb(id text PRIMARY KEY);
          CREATE TABLE IF NOT EXISTS ${_tb}_s (
            id, key text, val, bin blob, mtime text,
            FOREIGN KEY(id) REFERENCES $_tb(id)
              ON DELETE CASCADE ON UPDATE CASCADE,
            UNIQUE(id, key)
          );
          CREATE TABLE IF NOT EXISTS ${_tb}_m(
            id, key text, val, bin blob, mtime text,
            FOREIGN KEY(id) REFERENCES $_tb(id)
              ON DELETE CASCADE ON UPDATE CASCADE,
            UNIQUE(id, key, val)
          );
          EOF
      while IFS=: read aname attr atmode vtype opt; do
        cat<<-EOF
          REPLACE INTO $_ct VALUES(
            '$aname', '$attr', '$atmode', '$vtype', '$opt'
          );
          EOF
      done
    } | tee -a $logfile | query && echo "$1" > $cards_stamp  # ログにも記録
    exit   # テーブル初期化と同時にタイムスタンプファイルを作成
}
cards_update() {
  if [ -s "$cards_stamp" ]; then
    def=`cat "$cards_stamp"`        # 定義ファイルはスタンプファイルに書いてある
    if [ -s "$def" -a "$def" -nt "$cards_stamp" ]; then
      echo Updating $_ct using $def... 1>&2
      cards_initdb "$def"           # 定義ファイルが新しければ自動的に再構築
    fi
```

```
    fi
)
```

## ■ 本体スクリプト

利用者が最初に開く Web ページとなる CGI スクリプトを以下の仕様で作成する。

- 引数指定がなければ新規作成レコードの ID 入力フォームを出す
- 第 1 引数が view/*番号*なら rowid がその番号のレコードの閲覧・更新画面を出す
- 第 1 引数が cat/*由来テーブル*/*番号*ならそのテーブルの rowid=*番号*のバイナリデータをブラウザに送出する

本体スクリプトを以下に示す。

### リスト5.19●cards.cgi

```
#!/bin/sh
mydir=`dirname $0`
myname=`basename $0`
. $mydir/cgilib2-sh
. $mydir/cards-init.sh
. $mydir/cards-cgi.sh


cards_update
shift $((OPTIND-1))
case "$1" in
  view/*)     view=${1#view/} ;;
  cat/*)      cards_cat ${1#cat/} ;;
esac

cards_entry
cards_putform $view
cards_list
cards_footer
```

# 5 カタログ型汎用データベースシステムの作成

上記プログラム中で読み込んでいる、実行部本体である cards-cgi.sh を以下に示す。

### リスト5.20●cards-cgi.sh

```
[ -n "$myname" ] || { echo Use this as library; exit 1; }
_m4dir=$mydir/templ

percent() sed 's/\(..\)/%\1/g'

imgsrcdata_icon() { #hex(画像データ)を複合して縮小して img src にする関数
  printf "<img src=\"data:image/jpeg,"
  unhexize | convert -resize '150x150>' - jpeg:- | hexize | percent
  echo '">'
}
cards_cat() {    # $1={s,m}/rowid
  # sまたはm のテーブルの rowid にあるバイナリデータをHTTPで書き出す
  tbl=${_tb}_${1%/*} rowid=${1##*[!0-9]} of=$tmpd/bin
  query "SELECT hex(bin) FROM $tbl WHERE rowid=$rowid" | unhexize > $of
  fn=`query "SELECT val FROM $tbl WHERE rowid=$rowid"`
  if [ -s "$of" ]; then
    contenttype $(file --mime-type $of | cut -d' ' -f2 | tr -d '\n')
    echo "Content-Disposition: filename=\"$fn\""
    echo "Content-Length: `wc -c < $of`"; echo
    cat $of
  else
    contenttype text/plain; echo
    echo "File specification error"
  fi
  exit             # データをcatしたらすぐ終了
}
action_button() { # $1=name, $2=jobvalue, $3=label, $4=label-title
  # 温存/変工/新規/削除 の切り替えボタンのどれかを生成する
  cat <<-EOF
        <input class="action" type="radio" name="action.$1" value="$2"
        id="$2.$1"><label for="$2.$1"${4:+ title="$4"}>`escape "$3"`</label>
        EOF
  [ x"$2" = x"rm" ] && cat<<-EOF
        <span class="confirm">本当に消しますか:<label>
        <input class="confirm" type="checkbox" name="cfm.$1" value="yes"
        >はい</label></span>
        EOF
```

```
}
cards_input() { # $1=attr, $2=type, $3=option, $4=value(optional), $5=rowid
  # typeに応じたinput要素を出力
  nm="name=\"$1\""  option="$3"  at="${ATTR:+ $ATTR}" escv=`escape "$4"`
  case "$2" in
    image)
      echo "<input$at $nm type=\"file\">" ;;
    textarea)
      echo "<textarea$at $nm${option:+ }$option>$escv</textarea>" ;;
    text|hidden|password)
      echo "<input$at type=\"$2\" $nm value=\"$escv\">" ;;
    radio)
      for v in $option; do
        [ x"$v" = x"$4" ] && ch=" checked" || ch=""
        echo "<input$at type=\"$2\" $nm value=\"`escape $v`\"$ch>"
      done ;;
    [Ss]elect)
      echo "<select$at $nm>"
      for v in $option; do
        [ x"$v" = x"$4" ] && s=" selected" || s=""
        echo "<option$s>`escape $v`</option>"
      done
      echo "</select>" ;;
  esac
  printf "${5:+%s\\n}" "<input type=\"hidden\" name=\"rowid.$1\" value=\"$5\">"
}
cards_view() {   # $1=id のデータを表形式にして出力
  submit='<span class="heresub"><input type="submit" value="確定">
         <input type="reset" value="リセット"></span>'
  echo '<table class="form">'
  cond="WHERE id=(SELECT id FROM cards WHERE rowid=$1)"
  cat<<-EOF |
WITH getall AS (
 SELECT rowid rid, * FROM cards_s $cond
   UNION ALL
 SELECT rowid rid, * FROM cards_m $cond
)
SELECT lower(c.attrmode), a.rid, c.attr, c.vtype, c.option, c.attrname, a.seq,
       hex(val) hval, hex(bin) hbin, mtime
FROM _columns c
  LEFT JOIN
```

```
            (SELECT l.rid, l.key, count(l.rid) seq, l.val, l.bin, l.mtime
              FROM getall l LEFT JOIN getall r
                ON l.key=r.key AND l.rid>=r.rid
              GROUP BY l.key, l.rid) a
        ON c.attr=a.key
        ORDER BY c.rowid;
EOF
    query | {                           # 上記SQL文をパイプで受ける
      while IFS="|" read tb rid attr vtype opt kname seq hval hbin mtime; do
        val0=`echo "$hval"|unhexize`
        var="$attr.${seq:-0}.$tb"
        newvar="$attr.0.$tb"
        rmbtn=`action_button "$var" rm 削除`
        newinpt=$(ATTR='placeholder="新規追加項目"' \
                    cards_input "$newvar" "$vtype" "$opt")
        spannew="<span class=\"new\">$newinpt</span>"
        case "$tb" in                   # 格納先テーブルによって切り替える
          "p")                          # 主キーなら編集不要 削除ボタンのみ出す
            id=$(escape `query "SELECT id FROM cards WHERE rowid=$1"`)
            rid=$(query "SELECT rowid FROM cards WHERE rowid=$1")
            cat<<-EOF
                <tr><th>$kname</th><td>$id$rmbtn<span class="confirm c0"><br>
                (レコード全体を消します!!)</span>$submit
                <input name="id.0.p" type="hidden" value="$id">
                <input name="id" type="hidden" value="$id">
                <input name="rowid.id.0.p" type="hidden" value="$rid">
                <input name="update" type="hidden" value="$id"></td></tr>
                EOF
            continue ;;
          "m")    th='th class="multi"'
                  multi=`action_button "$var" new 新規 この行の項目とは別に作成`
                  kname="$kname$seq"    # 連番を振る
                  ;;
          "s")    th='th class="single"' multi=""
                  [ -n "$val0" ] && spannew="" ;;
        esac
        case "$hbin" in
          "")      img=""; val=$val0 ;;  # 文字列値のみ
          *)       val=""                # バイナリ値がある場合
                   case "$val0" in       # jペgJPEGとPNGのみ考慮
                     *[Jj][Pp][Gg]|*[Pp][Nn][Gg])
```

```
                         href="<a href=\"$myname?cat/$tb/$rid\">"
                         img="$href`echo \"$hbin\"|imgsrcdata_icon`</a>" ;;
                    esac
            esac
            if [ -n "$val0" ]; then    # 値があるなら表示編集切り替えボタン出力
              bt=$(action_button $var keep 温存
                   action_button $var edit 変更 この行の項目の修正
                )"$multi${val0:+$rmbtn}<br>"
              inpt='<span class="edit">'$(
                    cards_input "$var" "$vtype" "$opt" "$val" "$rid")'</span>'
            else                       # 値がないなら新規入力フォームのみ出力
              bt='' #bt="<input type=\"hidden\" name=\"$ivar\" value=\"edit\">"
              spannew="$newinpt"
              inpt=""
            fi
            inpt="$inpt$spannew$submit"
            mt="<br><span class=\"mtime\">${mtime%:*}更新</span>"
            echo "<tr><$th>$kname${mtime:+$mt}</th>"
               <td>$bt<span class=\"value\">"`escape \"$val\"`$img</span>$inpt</td></tr>"
     done }
  echo '</table>'
}
cards_m4() m4 -I $_m4dir "$@"

cards_newinputs() {
  echo "<h2>新しく作成するID</h2>"
  echo '<table class="form">'
  query "SELECT * FROM $_ct WHERE attrmode LIKE 'p';" |
      while IFS='|' read attrname attr attrmode vtype option; do
         printf '<tr><td>%s</td>\n<td>' "`escape \"$attrname\"`"
         cards_input "$attr" "$vtype" "$option"
         echo "</td></tr>"
      done
  echo '</table>'
}
cards_putform() {
  contenttype; echo
  cards_m4 header.m4.html
  if test -n "$1" &&     # [ cond1 -a cond2 ] だと必ずcond2が評価されるので
       test -n "`query \"SELECT id FROM $_tb WHERE rowid=$1;\"`"; then
    cards_view "$1" \
```

```
            | cards_m4 -D_ACTION_="$myname?view/$1" \
                      -D_FORMS_="syscmd(cat)" form.m4.html
      else
        cards_newinputs \
            | cards_m4 -D_ACTION_="$myname" \
                      -D_FORMS_="syscmd(cat)" form.m4.html
      fi
}
cards_footer() cards_m4 footer.m4.html

cards_update_byid() {
  pkey=`query "SELECT attr FROM $_ct WHERE attrmode LIKE 'p';"`
  id=$(escape `getpar $pkey`)
  [ -z "$id" ] && return
  if [ x"`getpar action.id.0.p``getpar cfm.id.0.p`" = x"rmyes" ]; then
    query "DELETE FROM cards WHERE id='$id';"
    return     # PRIMARY KEYの削除指定なら削除して即終了
  elif [ x"$(query "SELECT id FROM cards WHERE id='$id';")" = x"" ]; then
    view=$(query "INSERT INTO cards VALUES('$id');
                  SELECT last_insert_rowid();")
    return     # id指定がない場合も即終了
  fi
  [ -z "$view" ] && view=`query "SELECT rowid FROM cards WHERE id='$id';"`
  for t in s m; do     # cgiparsテーブルに投稿された値のコピーを
      tb=${_tb}_$t     # cards_s, cards_m 各々に対して繰り返す
      cat<<-EOF
        WITH pars AS (SELECT rowid,* FROM cgipars WHERE tag='$_tag')
        REPLACE INTO $tb(rowid, id, key, val, bin, mtime)
          SELECT (SELECT val FROM pars WHERE name='rowid.'||c.name) rid,
            '$id',
            substr(name, 1, instr(name,'.')-1) attrname,
            CASE (SELECT vtype FROM $_ct WHERE name LIKE attr||'.%')
              IN ('image', 'binary')
            WHEN 1  THEN filename
            ELSE    val
            END val,
            CASE (SELECT vtype FROM $_ct WHERE name LIKE attr||'.%')
              IN ('image', 'binary')
            WHEN 1  THEN val
            ELSE    NULL
            END bin,
```

```
                    datetime('now', 'localtime')
                FROM pars c
                WHERE name NOT LIKE 'rowid.%'
                AND name LIKE '%.$t'
                AND (EXISTS (SELECT * FROM pars WHERE
                            name='action.'||c.name AND val='edit')
                    OR name LIKE '%.0.$t' AND val>'');

        WITH pars AS (     /* 削除指定と削除確認ボタンyesなら削除 */
           SELECT rowid,substr(name, instr(name, '.')) nm,name,val
             FROM cgipars WHERE tag='$_tag'
        ) DELETE FROM $tb
          WHERE rowid in (SELECT val FROM pars c
                          WHERE name LIKE 'rowid.%'
                          AND EXISTS (SELECT * FROM pars WHERE
                              name='action'||c.nm AND val='rm')
                          AND  EXISTS (SELECT * FROM pars WHERE
                              name LIKE '%.$t'
                              AND name='cfm'||c.nm AND val='yes'));
EOF
  done | query
}
cards_entry() {
  upid=`getpar id`       # id指定があればそのレコードを更新
  [ -n "$upid" ] && cards_update_byid "$upid"
}
cards_gensql() (         # 横持ちを縦持ちに変えるSQL文を生成する
  s=""
  for i; do
    s="$s${s:+, }'x:'||max(CASE key WHEN '$i' THEN val END) '$i'"
  done
  cat<<-EOF
        SELECT cards.rowid || ':' || id ID, $s
        FROM cards LEFT JOIN cards_s USING(id)
        GROUP BY id ORDER BY cards.id;
        EOF
)
cards_list() {           # 単一値の値を2つ選んで表形式出力する
  href1="<a href=\"$myname?view/"
  cols=`query "SELECT attr FROM $_ct WHERE attrmode LIKE 's' AND \
        vtype='text' ORDER BY rowid LIMIT 2;"`
```

```
    echo '<table class="list">'
    cards_gensql $cols | sqlite3 -html -header $_db \
        | sed -e "s|>\([0-9]*\):\(.*\)<|>${href1}\1\">\2</a><|" -e 's/>x:/>/'
    echo '</table>'
}
```

上記スクリプトで m4 経由で出力しているテンプレートファイル、header.m4.html、form.m4.html、footer.m4.html を順に示す。

### リスト5.21●templ/header.m4.html

```
define(`__T__', ifdef(`_TITLE_', _TITLE_, `Cards DB'))dnl
<!DOCTYPE html>
<html lang="ja">
<head><title>__T__</title>
<link rel="stylesheet" type="text/css" href="cards.css">
<meta name="viewport" content="width=device-width, initial-scale=1" />
</head>
<body`'ifdef(`_BODYCLASS_', ` 'class="_BODYCLASS_")>
<h1>__T__</h1>
```

### リスト5.22●templ/form.m4.html

```
<form action="_ACTION_" method="POST" enctype="multipart/form-data">
_FORMS_
<input type="submit" value="送信">
<input type="reset" value="リセット">
</form>
```

### リスト5.23●templ/footer.m4.html

```
</body></html>
```

擬似的な動的フォームを CSS 定義している cards.css は以下のとおりである。

**リスト5.24●cards.css**

```
table.list, table.list td, table.list th, table.form,
table.form td, table.form th{
    border: 1px solid black; padding: 0.2ex 1ex;
}
table.form, table.list {border-collapse: collapse;}
table th {background: #fcf;}          /* 単一値カラムと複数値カラムは */
th.multi {background: #fef;}          /* 別の背景色にしておく         */


/* 「温存/編集/新規/削除」ボタンとラベルは完全透明にしておくが、 */
input.action, input.action + * {opacity: 0.0;}  /* 該当行をマウス hover */
tr:hover input.action, tr:hover input.action + *,    /* またはタップ */
tr:active input.action, tr:active input.action + * {  /* したら見せる */
  opacity: 1.0;}


/* 修正用input、新規入力input、「新規」チェック時の値表示、
          「修正」チェック時の値表示 は、すべて非表示にする */
span.edit, span.new, input[value="new"]:checked ~ span.value,
input[value="edit"]:checked ~ span.value {/* 「修正」チェックで       */
  display: none;}                         /* 値表示部分を非表示に     */
input[value="edit"]:checked ~ span.edit { /* 「修正」チェックで       */
  display: inline;}                       /* 修正用inputを表示する    */

span.confirm {
    opacity: 1.0; visibility: hidden;}  /* 削除確認は透明不可視にしておくが、*/
input[value="rm"]:checked ~ span.confirm {/* 「削除」チェックで       */
    visibility: visible;                  /* 可視化したうえで          */
    opacity: 1.0; transition: 3s; } /* 削除確認をじわじわ表示する      */
input[value="rm"]:checked ~ span.value { /* 「削除」チェックで         */
  background: red;}                       /* 値表示部分の背景を赤に    */
input[value="new"]:checked ~ span.new {  /* 「新規」チェックで         */
  display: inline;}                       /* 新規入力inputを表示する   */

span.heresub {display: none;} /* 入力窓近くの送信/リセットボタン非表示 */
input:not([value="keep"]):checked ~ span.heresub {
  display: inline;}            /* 「温存」以外がチェックされたら表示    */
```

# 5 カタログ型汎用データベースシステムの作成

```
span.mtime {font-size: 70%;}
span.value {white-space: pre;}
```

# 第6章

## SQLite の活用技巧

# 6.1 複数データベースの利用

「単一ファイルが一単位の DB」という性質は SQLite の特徴でもある。DB ファイルが大きくなっても更新操作は十分な速度で行なえるよう設計されている。しかしながら、書き込み用と読み取り専用の DB を分けたいだとかの理由で用途ごとに複数の DB ファイルに分けたい場合もある。

## 6.1.1 ATTACH DATABASE

SQLite では ATTACH DATABASE 文で別のデータベースファイルを、起動中の SQLite DB 接続に追加する。

```
ATTACH [ DATABASE ] DB(ファイル) AS スキーマ名;
```

*DB(ファイル)* にはデータベースファイル名を指定できる。

スキーマ名は他の DB と区別できる識別子を与える。sqlite3 コマンドを最初に起動したときのデータベースのスキーマ名は main である。接続中のデータベース一覧はドットコマンド .databases で得られる。

```
$ sqlite3 test.sq3
sqlite> .data
seq  name             file
---  ---------------  ------------------------------------
0    main             /home/yuuji/test.sq3
```

ATTACH 文で追加接続する。

```
sqlite> ATTACH DATABASE "/tmp/foo.sq3" AS foo;
sqlite> .data
seq  name             file
---  ---------------  ------------------------------------
0    main             /home/yuuji/test.sq3
2    foo              /tmp/foo.sq3
```

各データベース中のテーブルにはスキーマ名.テーブル名でアクセスする。テーブル名が全スキーマ中で唯一に決まるものであれば、スキーマ名は省略できる。

取り外しは DETACH DATABASE で行なう。

DETACH [ DATABASE ] スキーマ名;

```
sqlite> DETACH DATABASE foo;
sqlite> .data
seq  name             file
---  ---------------  -------------------------------------
0    main             /home/yuuji/test.sq3
sqlite> DETACH main;
Error: cannot detach database main
```

main は DETACH できない。

## 6.2 高速全文検索

データベースに格納した文書から、特定の文字列を検索するのに LIKE 演算子を用いても、データ量がさほど大きくなければ瞬時に結果を返してくれるが、ある程度の量になると許容できない待ち時間となる。たとえば 1.1.3 節の「大規模でないデータ処理ならフィルタコマンドで十分なのでは？」項で示した実験のように、12 万件 1.5GB での LIKE 利用検索約 2 秒、のように 1、2 秒を超えるようだと複数人同時アクセスに耐えられないと想像できる。

ここでは SQLite3 標準の FTS（Full Text Search）モジュールを用いた高速全文検索可能なデータベースの構築法を簡単に示す。

なお、FTS モジュールの検索では MATCH 演算子を用いるが、MATCH では単語完全一致もしくは単語先頭一致のみの対応である。つまりたとえば

- ◯ "station" というパターン指定で station のみを検索したい
- ◯ "station*" というパターン指定で station や stationary などを検索したい
- × "*station" というパターン指定で attestation などを検索したい

ということである。この「単語」という単位が日本語処理においては曲者で、わかち書きのない日本語では文脈を読み取って単語ごとに分けなければならない。このような処理を形態素解析といい、多くのツールが存在している。SQLite でも日本語に適した形態素解析器を組み込んで利用できる設計になっているが、簡易的な解析器が標準で利用できるようになっているのでここではそれを利用した例を紹介し、高速全文検索システムを作る足掛かりを示す。

## 6.2.1 FTS

FTS は SQLite の標準配布ソースに入っている全文検索用のモジュールで、SQLite 3.10.x の時点では FTS3、FTS4、FTS5 の 3 つのバージョンが用意されている。FTS モジュールは性能改善が盛んに行なわれるため、できるだけ新しいバージョンの SQLite のソースアーカイブを入手して手許でビルドしたものを使うのがよいだろう。

## 6.2.2 FTS つき SQLite のビルド

SQLite の標準配布ソースには FTS モジュールも入っていて、それを有効化したバイナリを作成すれば、すぐに全文検索を試すことができる。OS 標準に付属している sqlite3 コマンドや、パッケージシステムによってインストールされるものでは、日本語全文検索を行なうのに十分な状態でないことが多い。ここでは本稿執筆時点で最新の SQLite 3.10.2（2016-01-20）に ICU tokenizer を組み込んでビルドする例を示す。

> **Note**
> ICU Project（International Components for Unicode）による libicu は C/C++、Java で Unicode を取り扱うためのライブラリであり、そのなかに Unicode による文字並びを最短語素に分解する機能がある。SQLite では形態素解析器を外部のライブラリで行なわせることができ、そのうち手軽に利用できるのが ICU tokenizer であり今回はこれを利用する。なお、システムに libicu を導入できない場合のために、SQLite 標準添付の unicode61 tokenizer を使う例も示す。

## ■ libicu の導入

可能であれば ICU ライブラリを事前に導入する。OS ごとの導入例をいくつか示す。

```
: Debian由来の Linux ディストリビューションの場合
$ sudo apt-get -y install libicu-dev
: Arch Linuxの場合
$ sudo pacman -S icu
: FreeBSD
$ sudo pkg install icu
: pkgsrc
$ cd /usr/pkgsrc/textproc/icu
$ sudo make install clean clean-depends
```

導入完了なら icu-config コマンドが利用できるようになっているはずである。

```
$ icu-config --libs
-L/usr/local/lib -licui18n -licuuc -licudata
```

icu-config コマンドからの出力例は FreeBSD pkg システムの場合であり、システムごとに異なるが、ライブラリのリンクに必要なリンカ（ld）用オプションが現れていれば問題ない。

## ■ SQLite3 のソース取得とビルド

前書きに記したように SQLite のサイト（http://www.sqlite.org/）の Download リンクから最新版のソースをたどりアーカイブを取り寄せ展開する。下記の例は sqlite-autoconf-3120000.tar.gz（SQLite 3.12.0）の例である。

```
$ gzip -dc sqlite-autoconf-3120000.tar.gz|tar xpf -
$ cd sqlite-autoconf-3120000
```

FTS4 と ICU が有効になるように configure スクリプトを起動し、成功したら make する。

```
$ CFLAGS="-DSQLITE_ENABLE_FTS4 -DSQLITE_ENABLE_ICU `icu-config --cflags`" \
        LDFLAGS=`icu-config --ldflags` \
        ./configure --prefix=/usr/local/sqlite3 && make
```

うまく行けば、FTS4+ICU の使える sqlite3 コマンドができ上がる。

# 6 SQLiteの活用技巧

```
$ ./sqlite3
sqlite> CREATE VIRTUAL TABLE foo USING fts4(bar, tokenize=icu ja_JP);
```

エラーメッセージが出なければ構築完了である。

> **Note** もしICUライブラリがうまく入らない場合は、デフォルトのtokenizerのunicode61を利用する。単語区切りの精度は落ちるが高速さの度合いは体感できる。

インストールする。

```
$ sudo make install
```

インストールしたsqlite3が優先的に起動されるよう環境変数PATHに設定しておく。

```
$ PATH=/usr/local/sqlite3/bin:$PATH
```

FTSを利用するシェルスクリプトの先頭にも入れておく。

## 6.2.3 FTSの利用

ここでは例として、第1章でも利用した全国郵便番号データを利用する。第1章で作成したデータベースにFTS用のテーブルをCREATE VIRTUAL TABLEで作成する。

```
$ sqlite3 zip.sq3
sqlite> .mode csv
sqlite> -- fts4+ICU のテーブル作成
sqlite> CREATE VIRTUAL TABLE zfts4icu using fts4(
sqlite>    x0401, zip5, zip7, prefkana, citykana, townkana, pref,
sqlite>    city, town, multi, koaza, chome, mcover, modify, modreason,
sqlite>    random, tokenize=icu ja_JP);
sqlite> -- さらに比較用に fts4+unicode61 で FTS 用テーブル作成
sqlite> -- ICUライブラリがない場合はこちらだけでもよい
sqlite> CREATE VIRTUAL TABLE zfts4u61 using fts4(
sqlite>    x0401, zip5, zip7, prefkana, citykana, townkana, pref,
sqlite>    city, town, multi, koaza, chome, mcover, modify, modreason,
```

```
sqlite>     random, tokenize=unicode61);
sqlite> -- zipテーブルにあるデータをすべて FTS テーブルに入れる
sqlite> -- 検索インデックスを作りながらなので時間がかかる!
sqlite> INSERT INTO zfts4icu SELECT * FROM zip;
sqlite> INSERT INTO zfts4u61 SELECT * FROM zip;
sqlite> .quit
: データベースファイルサイズは約8.8GB
$ ls -lh zip.sq3
-rw-r--r--  1 yuuji  staff   8.8G Feb 14 16:44 zip.sq3
```

> **Note** 1.5GB ほどのランダム文字列を FTS テーブルに入れると非常に時間が (2.1GHz CPU で約 3 時間半) かかるので、手短に実験したい場合は最後のランダム文字列用のカラム random を除外してテーブル作成するとよい。

ここまでの作業で以下の 3 つのテーブルが揃った。

| 種別 | テーブル名 | 件数 |
|---|---|---|
| 通常テーブル | zip | 121241 件 |
| FTS4、ICU ja_JP | zfts4icu | 〃 |
| FTS4、unicode61 | zfts4u61 | 〃 |

　通常テーブルからの LIKE による検索と、FTS で利用できる MATCH による検索を比較してみる。MATCH では、単語先頭マッチしかサポートされていないため LIKE も先頭マッチのみを用いた。検索にかかる所要時間は sqlite3 ドットコマンドの .timer により計測し、DB ファイルがメモリにキャッシュされる前と後の結果のもの 2 つを示した。

```
sqlite> .timer on
sqlite> SELECT pref, city, town FROM zip WHERE town LIKE '東泉%';
山形県|酒田市|東泉町
栃木県|矢板市|東泉
新潟県|南魚沼市|東泉田
大阪府|豊中市|東泉丘
福岡県|大牟田市|東泉町
福岡県|行橋市|東泉
1回目: Run Time: real 199.088 user 0.582354 sys 2.959307
2回目: Run Time: real 1.843 user 0.515334 sys 1.324779
```

```
sqlite> SELECT pref, city, town FROM zfts4icu WHERE town MATCH '東泉*';
栃木県|矢板市|東泉
新潟県|南魚沼市|東泉田
大阪府|豊中市|東泉丘
福岡県|行橋市|東泉
1回目: Run Time: real 0.225 user 0.003671 sys 0.025219
2回目: Run Time: real 0.003 user 0.000567 sys 0.001418
sqlite> SELECT pref, city, town FROM zfts4u61 WHERE town MATCH '東泉*';
山形県|酒田市|東泉町
栃木県|矢板市|東泉
新潟県|南魚沼市|東泉田
大阪府|豊中市|東泉丘
福岡県|大牟田市|東泉町
福岡県|行橋市|東泉
1回目: Run Time: real 0.182 user -0.000167 sys 0.022389
2回目: Run Time: real 0.001 user 0.000297 sys 0.001092
```

計測結果をまとめると以下のようになる。

| テーブル | 1回目（total/user/sys） | 2回目（total/user/sys） |
|---|---|---|
| 通常（LIKE） | 199.088s / 0.582s / 2.959s | 1.843s / 0.515s / 1.325s |
| FTS4+ICU（MATCH） | 0.225s / 0.004s / 0.025s | 0.003s / 0.001s / 0.001s |
| FTS4+unicode61（MATCH） | 0.182s / 0.000s / 0.022s | 0.001s / 0.000s / 0.001s |

注目すべきは次の2点である。

（1）FTSテーブルは通常テーブルより100倍以上高速に結果を返す。
（2）ICUの先頭マッチ検索が返すものが他と異なっている。

気をつけなければならないのは後者で、FTSテーブル構築時のtokenizerが異なることによる。「東泉*」というパターンで他が6件見付かっているのにtokenize=ICUで4件なのは、「東泉町」が「東+泉町」と単語分解されて入っているためで、試しにその単語分割で検索すると見付かる。

```
sqlite> SELECT pref, city, town FROM zfts4icu WHERE town MATCH '東 泉町';
山形県|酒田市|東泉町
福岡県|大牟田市|東泉町
sqlite> SELECT pref, city, town FROM zfts4icu WHERE town MATCH '東 泉*';
```

| 山形県 | 酒田市 | 東泉町 |
| 福岡県 | 大牟田市 | 東泉町 |

逆に、tokenize=unicode61 では同種の文字並びが 1 単語とみなされるので、漢字が並んでいるものはすべて 1 単語の扱いとなる。

このように FTS では、インデックス作成時の tokenize 指定が検索キーワード指定に対する結果を左右するため、利用者の期待どおりの検索機能を実装するには、それにふさわしい形態素解析器を準備することが必要になる。

## 6.3 常駐 sqlite3

SQLite には DB 接続中に限り有効なものがある。たとえば SQLite 関数 last_insert_rowid() は、その接続で直近に INSERT した行の rowid が返るが、接続を切ると消えるため sqlite3 プロセスを終了した時点で消える。また、一時テーブル（TEMPORARY TABLE）は接続中のみ有効なテーブルで一時的な結果保存に使えるが、これまた sqlite3 プロセス終了時に消える。

SQLite データベースにアクセスする際に、その都度その都度 sqlite3 プロセスを起動するのではなく、先行する問い合わせで得られた状態を使いたい場合もある。ここでは、シェルスクリプト全体で 1 つの SQLite 接続（sqlite3 プロセス）を利用する方法について説明する。

### 6.3.1 名前つきパイプ

sqlite3 への SQL 問い合わせを行なうには、文の入力と結果出力の 2 つのチャンネルが必要である。通常はそれぞれ標準入力と標準出力が割り当てられる。名前つきパイプ（FIFO）は、複数のプロセス間で入出力を共有できる機構の 1 つで mkfifo コマンドで作成できる。簡単な使用例で働きを見て、sqlite3 への適用方法を考察しよう。

#### ■ 名前つきパイプの使用実験

名前つきパイプは、書き込み可能なディレクトリに任意のファイル名で作成でき、そこへのデータの書き込みと読み出しは普通のファイルへ行なうのと同様の手順でできる。名前つきパ

イプにバイト列を書き込んで close すると、続いて同じ名前つきパイプから読み込みを行なうと全く同じものが読み出せる。

これを実験するために、2 つの端末を起動し同じディレクトリに cd しておく。それぞれ「左」と「右」で表すことにする。

| 左の端末 | 右の端末 |
|---|---|
| `% mkfifo fifo` | |
| `% cat fifo`<br>（止まる） | |
| | `% echo Hello > fifo` |
| `Hello`<br>（出力され cat 終了） | |
| （もう一度 cat する）<br>`% cat fifo`<br>（止まる） | |
| 右端末の入力に 1 行ずつ反応し、<br>C-d タイプと同時に cat 終了<br>`abc`<br>`def`<br>`12345`<br>`%` | `% cat > fifo`<br>`abc`<br>`def`<br>`12345`<br>C-d |

この例で分かるように、名前つきパイプは以下の性質がある。

- 名前つきパイプに書き込んだ内容が同じ順番で読み出せる。
- 書き込み側で close すると読み出し側も EOF に達し読み出しが終了する。

### ■ 名前つきパイプからの SQL 文送信

では名前つきパイプを用いて起動状態の sqlite3 に問い合わせ文を送り続けるにはどうしたらよいだろう。先ほどの実験に続けて左右の端末で以下のように起動する。

| 左の端末 | 右の端末 |
|---|---|
| `% sqlite3 < fifo`<br>（止まる） | |
| | `% echo .help > fifo` |
| （ヘルプメッセージが出力され sqlite3 終了） | |
| （もう一度起動する）<br>`% sqlite3 < fifo`<br>（止まる） | |
| 右端末の入力に 1 行ずつ反応し、C-d タイプと同時に sqlite3 終了 | `% cat > fifo`<br>`.timer on`<br>`create table foo(a,b);`<br>`.schema`<br>C-d |

cat のとき同様 fifo ファイルへの書き込みを close した瞬間に sqlite3 へ入力も終端に達しプロセス終了となる。シェルスクリプト起動中の任意のタイミングで、同一プロセスで動き続ける sqlite3 に文を送り続けるためには、名前つきパイプのファイルを close しないようにすればよい。このためにはシェルのリダイレクト構文で名前つきパイプファイルを open し、ファイル記述子を割り当てておく。それには以下のように exec とリダイレクトの組み合わせを用いる。

```
exec 3> fifo
```

これによりファイル記述子の 3 番で fifo ファイルが開き、明示的に close するかシェルプロセス終了まで fifo 書き込みが close されないので、それを読み込む sqlite3 プロセスも終了しない。同じ実験をファイル記述子 3 を用いてやりなおしてみる。

| 左の端末 | 右の端末 |
|---|---|
| `% sqlite3 < fifo`<br>（止まる） | |
| | （fifo ファイルをファイル記述子 3 に）<br>`% exec 3> fifo` |
| | `% echo .help >&3` |

| 左の端末 | 右の端末 |
|---|---|
| ヘルプメッセージが出力されるがsqlite3 は終了しない。 | |
| 右端末の入力に1行ずつ反応し、C-d をタイプしても sqlite3 継続 | ```% cat >&3.timer oncreate table foo(a,b);.schemaC-d``` |
| | ファイル記述子3を閉じる`% exec 3>&-` |
| sqlite3 コマンドも fifo 読み出し終端で終了 | |

### ■ 名前つきパイプからの問い合わせ結果受信

　上記の実行例では、SQL 文を打ち込んだシェルに結果が返って来ていず、それでは問い合わせ結果を右側端末のシェルが受け取れないことになる。sqlite3 コマンドからの結果を名前つきパイプ経由で受け取ることを考えよう。

　今度は左側端末で sqlite3 の出力を fifo ファイルにして、右側端末で fifo ファイルを cat で読み取る。sqlite3 では問い合わせ結果の出力先をドットコマンド .output で変更できる。

| 左の端末 | 右の端末 |
|---|---|
| | `% cat fifo` |
| `% sqlite``sqlite> .output fifo` | |
| `sqlite> .help` | ヘルプが出力されるが、出力が終わっても cat は終了しない。 |
| `sqlite> .output stdout`（出力を標準出力に戻す） | cat コマンドが終了しプロンプトに戻る。 |

　注意すべきは、右端末で「cat fifo」が終わるタイミングで、名前つきパイプから問い合わせ結果をもらう場合は、出力側（sqlite3 コマンド）が出力を閉じるまで読み取りがブロックしてしまうという点である。この問題を回避するため、sqlite3 のドットコマンド .output で出力を別のものに切り替え、fifo への出力を close する。

まとめると、sqlite3 に名前つきパイプへの結果出力を行なわせる場合は、以下の順序で問い合わせ文を送出する。

```
.output 名前つきパイプ
SQL文
.output stdout
```

最後の stdout は標準出力を意味するキーワードである。stdout への切り替えは名前つきパイプへの出力を close するためのものなので別のダミーファイルの名前でも構わない。

また、SQLite 3.8.5 以降ではドットコマンド .once が使用できる。これは、「次の 1 つの問い合わせ文からの出力」に限り、指定したファイルに出力するためのもので、これを利用するなら上記の手順は

```
.once 名前つきパイプ
SQL文
```

と簡略化できる。

### ■ 常駐 sqlite3 プロセスとの相互通信

以上をまとめると、1 つのシェルスクリプトで sqlite3 コマンドを常駐させ、つねにそのプロセスに SQL 文を送ってそこから結果を得るスクリプトは以下のような構成となる。

#### リスト6.1 ● resid-sq3.sh

```
#!/bin/sh
tmpd=`mktemp -d -t resid.XXXXXX`       # 一時ディレクトリの作成
# 一時ディレクトリ作成に失敗したらエラーメッセージを出して abort
: ${tmpd:?Cannot create temporary directory}
ipipe=$tmpd/in          # SQL問い合わせ送出用名前つきパイプ名
opipe=$tmpd/out         # 結果受け取り用名前つきパイプ名
mkfifo $ipipe $opipe    # 2つの名前つきパイプを作成する
finalize() {            # 終了処理の関数
  query2 ".quit"
  wait                  # .quit を送ってバックグラウンドプロセス終了を待つ
  rm -r $tmpd           # 一時ディレクトリ抹消
}
```

```
trap finalize EXIT INT QUIT TERM
db=${DB:-resid.sq3}

sqlite3 $db < $ipipe &   # $ipipe を入力として起動(先にしないと次がブロックする)
exec 3> $ipipe           # シェルのファイル記述子3で ipipe を open
rm $ipipe                # オープンした後はファイルを消してもアクセスできる

query1() {
  sqlite3 "$db" "$@"     # その都度 sqlite3 コマンドを呼ぶ方式
}
query2() {               # 常駐 sqlite3 と通信する方式
  echo ".output $opipe" >&3     # 結果出力用に $opipe を open
  if [ -z "$1" ]; then   # query関数に引数がなければ
    cat                  # SQL文を標準入力から読み取り、
  else                   # query関数に引数があれば
    echo "$@"            # 引数自体をSQL文として
  fi >&3                 # ファイル記述子3に送り込む
  echo ".output stdout" >&3    # これで $opipe が閉じられる
  cat $opipe             # $opipe は close されたので cat してもブロックしない
}

query1 "CREATE TABLE IF NOT EXISTS re(a,b);"
query1<<EOF
INSERT INTO re values(1,2);     -- 無意味にデータを入れておく
INSERT INTO re values(3,4);
SELECT last_insert_rowid();
EOF
while true; do
  echo -n "問い合わせ文を入れてください(1)> " >&2
  read x || break        # C-d ならループを抜けて終了
  query1 "$x"            # query1 関数に問い合わせ文を送る
  lir=`query1 "SELECT last_insert_rowid();"`
  echo "last_insert_rowid() = $lir"
done

echo "常駐 sqlite3 に切り替えます。"
while true; do
  echo -n "問い合わせ文を入れてください(2)> " >&2
  read x || break        # C-d ならループを抜けて終了
  query2 "$x"            # query2 関数に問い合わせ文を送る
  lir=`query2 "SELECT last_insert_rowid();"`
```

```
    echo "last_insert_rowid() = $lir"
done
```

このスクリプトでは、比較のために 2 つの sqlite3 呼び出し関数を定義している。query1 は問い合わせごとに毎回 sqlite3 を呼ぶもの、query2 は名前つきパイプを入力として常駐している sqlite3 と通信するものである。起動すると、C-d（EOF）のタイプまで連続して SQL 文を入力できる繰り返しが 2 回実行される。それぞれ query1、query2 を利用する。

```
$ ./resid-sq3.sh
2                        ← 2行入れた後の last_insert_rowid()
問い合わせ文を入れてください(1)> INSERT INTO re VALUES(1,1);
last_insert_rowid() = 0           ←別プロセスなので0になる
問い合わせ文を入れてください(1)> C-d  常駐 sqlite3 に切り替えます。
問い合わせ文を入れてください(2)> INSERT INTO re VALUES(2,2);
last_insert_rowid() = 4
問い合わせ文を入れてください(2)> INSERT INTO re VALUES(3,3);
last_insert_rowid() = 5
問い合わせ文を入れてください(2)> C-d
```

このように、常駐 sqlite3 を利用することで、シェルスクリプトの実行時に 1 つの SQLite データベース接続を最後まで持ち越せるため、一時テーブルなども利用できる。また、プロセス起動の遅いシステムでは問い合わせごとの sqlite3 呼び出しを節約できる[注1]。

常駐プロセス利用のもう 1 つのメリットにシェルスクリプトの処理の離れた箇所でトランザクション処理の開始と終了を行なえることが挙げられる。その都度呼び出しでは、

```
query1<<EOF
BEGIN;           -- トランザクション開始
SQL文1
SQL文2
   :
COMMIT;          -- トランザクション終了
EOF
```

のように、COMMIT まで書き切る必要があるが、常駐 sqlite3 であれば

---

注1　とはいえ、sqlite3 のプログラム自体がコンパクトで起動も速く、体感できる程の差が出るかは微妙なところである。

```
query2<<EOF
BEGIN;              -- トランザクション開始
SQL文1
EOF
 :
 : 別の処理(たとえば複雑なSQL文を発行する別のシェル関数を呼んだり、
 :         ifによって発行するSQL文を変えたりする処理など)
 :
query2<<EOF
SQL文
COMMIT;             -- トランザクション終了
EOF
```

と SQL 以外の処理も挟めるため、コードが書きやすくなる。

## 6.3.2 擬似分散データベースサーバ

クライアント / サーバ方式の RDBMS は、データを格納するホストと問い合わせを行なうホストを分離できる。これにより複数のホストからデータベースにアクセスできる。特に、クライアント側でデータベースの参照（読み取り）だけ行ないたい場合などではデータベース本体への無駄な書き込み権限を与えずに済む。

SQLite の特徴でもある「DB ユーザの概念がない」、「DB はファイル単位」という形態は手軽さというメリットをもたらすと同時に、デメリットとなりえる次のような性質を持つ。

（1）DB ファイルを所有するユーザはすべてのテーブルに書き込み可能
（2）データベースを直接更新するにはそのホストにログインが必要

（1）について、読み取り専用アクセスのみを許したいのであれば DB の所有者とは違うユーザ ID で sqlite3 プロセスを動かせばよいので、これは解決できる。

（2）について、たとえば Web インタフェースでデータベースの一部を更新できるサービスを動かしているような場合に、Web クライアントからは更新できないマスターレコードの類を書き変えるために SQLite データベースに直接アクセスしたいとなったら、サーバ上にあるデータベースファイルにアクセスする必要がある。このようなときにはどうしたらよいだろうか。

- SQLite データベースファイルを NFS などのリモートファイルシステム上に置く

これはうまく行かない。SQLite データベースファイルの排他制御は、異なるホストで同じファイルを同時にアクセスした場合にうまく機能しない。必ずデータベースファイルに直接アクセスするホストは 1 つにしなければならない。ということで解決策としては、

- リモートのクライアントホストからも、データベース保持ホストの sqlite3 コマンドを利用する

が正解である。

### ■ SSH によるリモート SQLite サーバの設定

ここでは、SQLite データベース保持サーバと、クライアントホスト双方で OpenSSH が利用できる状態だと仮定する。SSH の運用のしくみなど、詳細は OpenSSH のマニュアルを参照してほしい。

以下の仮定を置く。

| | |
|---|---|
| squser | Web サーバでのデータベースファイル所有ユーザ[注2] |
| /home/squser | 上記ユーザのホームディレクトリ |

(1、クライアント側) ~/.ssh ディレクトリがなければ作成する。

```
$ mkdir -m 700 ~/.ssh
```

リモート sqlite3 起動用の SSH 鍵を作成する。

```
$ ssh-keygen -f ~/.ssh/sq3db
```

-f オプションに与える鍵ファイル名は他と重ならなければ何でもよい。パスフレーズを聞いて来るので適宜答える。鍵が厳重に管理されるのであればパスフレーズは空にしてもよい。

でき上がった ~/.ssh/sq3db.pub (公開鍵) ファイルをサーバの管理者に送り登録してもらう。

(2、サーバ側) squser ユーザの ~/.ssh/authorized_keys ファイルに、送られて来た sq3db.pub (長

---

注2 セキュリティ的には Web サーバのプロセス所有ユーザではなく、別ユーザのプロセスで sqlite3 プロセスを動かすのが望ましい。

いが1行）の内容を書き込み、その先頭に「command="./dbquery",no-pty」を追加する。以下のような行となる。

```
command="./dbquery",no-pty ssh-dss AAAAB……
```

（3、サーバ側）squser ユーザのホームディレクトリに dbquery を以下のような内容で作成し、chmod +x dbquery する。

```
#!/bin/sh
cat | sqlite3 データベースファイル
```

（4、クライアント側）上で作成した dbquery を起動するためのスクリプト query.sh を作成する。

```
cat | ssh -i $HOME/.ssh/sq3db suser@サーバ ./dbquery
```

query.sh は、標準入力のみを受け取り、それを問い合わせとしてサーバ上の dbquery スクリプトに送るものである。実際に起動してサーバ上の sqlite3 が使えるか確かめる。

　このような設定によってサーバ上の sqlite3 コマンドでデータベースファイルが使えるが、副作用として sqlite3 コマンド経由でサーバ上のシェルも起動できるようになる。仮にシェルを起動して任意のコマンドを起動したとしても、Web サーバ関連のファイルを破壊できないようなユーザ権限で sqlite3 を動かすことが重要となる。
　繰り返しになるが、Web サービスの一部として SQLite を利用するシステムでは、

- Web サーバプログラム（httpd）を動かすユーザ
- SQLite3 データベースに読み書きできるユーザ
- SQLite3 データベースの読み込みのみできるユーザ

の3つを分けておくことが望ましい。

# 6.4 EmacsのSQL mode

多くの sqlite3 コマンドには readline ライブラリや editline ライブラリがリンクされていて、コマンドライン入力時に行編集機能や履歴参照が可能となっている。上矢印キー、または `C-p` で1つ前の入力を参照、下矢印キー、または `C-n` で1つ新しいものを参照、`C-r` で古い入力方向に、`C-s` で逆方向にインクリメンタルサーチ、などのキーを使いこなすとそれなりに早くSQL 文を入力できる。

ところが扱う SQL の文が大きくなり、WITH や JOIN を駆使する複数に渡るものになって来ると1行単位でしか履歴をたどれない標準インタフェースでは試行錯誤にとても手間がかかる。複数行に渡る長い SQL 文を試すときは、テキストファイルに文を書き込んでおいてそれを sqlite3 に渡すとよい。Emacs にはこれを効率的に処理してくれる sql-mode がある。

## 6.4.1 sql-mode の導入

sql-mode は GNU Emacs のバージョン 24 以降に標準添付されている。まず Emacs をインストールする。代表的なシステムでの例を示す。

```
$ sudo pkg install emacs24           # FreeBSD
$ sudo pacman -S emacs24             # Arch Linux
$ sudo apt-get -y install emacs24    # FreeBSD
```

標準では拡張子が .sql で終わるファイルを開くと編集モードが sql-mode になる。このモードと、SQL 処理プログラムを連係させると、キーコマンド1つでカーソル位置の問い合わせができるようになる。ただし、sql-mode は汎用的な設計で、どんな RDBMS を使ってもよいようになっているため、SQLite3 を使う場合にはそれと分かる指定を明示的に与える必要がある。そのために、~/.emacs ファイルを開き以下の内容を記述する。

```
;;;
;; sql-mode
;;;
(setq sql-sqlite-program "sqlite3"       ; SQLiteのコマンド名設定
      sql-sqlite-login-params            ; DBファイル拡張子に .sq3 を追加
```

```
        '((database :file ".*\\.\\(db\\|sq\\(lite\\)?[23]?\\)")))
(cond
 ((fboundp 'modify-coding-system-alist)
  (modify-coding-system-alist
   'process       ; sqlite3 プロセスへの送信文字を utf-8 にする
   "sqlite" (cons 'undecided 'utf-8))))
```

本書では SQLite3 の DB ファイル名に *.sq3 というファイル名を指定しているため、sql-mode でもこれを SQLite 用と判定するようにパターンを設定している。

## 6.4.2　sql-mode の起動

上記の設定により、Emacs を立ち上げ直すと sql-mode が使えるようになる。たとえば SQL 文を記述・保存するファイルが foo.sql だとするとこれを開くと自動的に sql-mode になる。ただし、そのままでは数ある RDBMS のうちどれだか sql-mode には分からないので明示的に指定し、なおかつ DB ファイルをアクセスした状態の sqlite3 起動プロセスと foo.sql を結び付ける必要がある。そのためには以下のようにする。

[M-x] sql-set-product [Return]
sqlite [Return]
[M-x] sql-product-interactive [Return]
foo.sq3 [Return]

2つ目の M-x コマンド起動で隣のバッファに sqlite3 バッファが現れる。

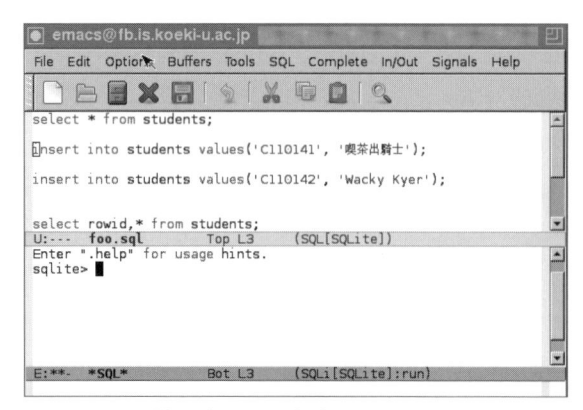

図6.1●*SQL*対話バッファ開始直後

*SQL* と名の付いたバッファは sqlite3 プロセスと結び付いていて、このバッファの「sqlite>」プロンプトに文を入力するとそのまま sqlite3 に処理が渡る。また、SQL 文を保存したファイルを開いているバッファ（図では上側）で、SQL 文を複数書いておいて、その中から実行したい文のところにカーソルを置いて `C-c C-c` をタイプすることで *SQL* プロセスに送り込むことができる。

　sql-mode で使用できる主なキーコマンドを示す。

| キー | 機能名 | 機能 |
| --- | --- | --- |
| `C-c C-b` | sql-send-buffer | バッファ中の文全体を *SQL* に送る。 |
| `C-c C-c` | sql-send-paragraph | カーソル位置が所属する段落の文をまとめて *SQL* に送る。 |
| `C-c C-i` | sql-product-interactive | SQL 対話プロセスを起動する。 |
| `C-c C-s` | sql-send-string | ミニバッファで文を 1 行読み取り、それを *SQL* に送る。 |
| `C-c C-r` | sql-send-region | 選択した領域（リジョン）を *SQL* に送る。 |
| `C-c C-l t` | sql-list-table | ミニバッファ入力で指定したテーブルの .schema を得る。デフォルトでカーソル位置のテーブルが提示されるので、問い合わせ文入力時にテーブルが持っているカラム名があやふやになったら `C-c C-l t` をタイプすることですぐに隣のバッファに .schema の結果を得られる。 |

　複雑な問い合わせ文を試行錯誤で構築する際は、`C-c C-c`（sql-send-paragraph）、1 行だけの短い文を送りたいときは `C-c C-s`（sql-send-string）が便利である。本書の例題プログラムに登場する問い合わせ文の構築でも、sql-mode の中で副問い合わせの部分から作成し、その都度 `C-c C-c` で結果を確認しながら全体の問い合わせを組み立てることでスムーズに進められた。

# あとがき

　冒頭の「シェルスクリプトで SNS は作れるか」という問いかけの答は YES であるという実感は持てただろうか。本文中で作成した簡易ブログサーバを発展させ、複数のユーザとグループなどの概念を持ち込み、それを反映できるテーブル設計を行なうことができれば SNS として利用できるものとなる。

　実のところ本書で扱う目標は当初「SNS の作成」に据えていた。しかしながら説明を記述するとなると話は別で、ごく簡単な SNS であっても設計そのものの説明を不足なく展開すると、SQL やシェルの文法の説明量をゆうに上まわってしまうため本書の題材からは外すことにした。テーマは異なるものの本書で解説した基本技術は、もともと SNS を設計・実装する際に利用したものをまとめたものである。実際にシェルスクリプト + SQLite3 で作成した SNS エンジンは「s4」という名のシステムで、概要は以下のとおりである。

- コメント行含め 4000 行弱のシェルスクリプトと 40 行の Perl スクリプト
- SQLite（3.8 以降）を利用
- 主な機能：
  - マルチユーザ（プロフィール管理機能あり）
  - グループ作成機能
  - 個人日記作成
  - グループ用掲示板
  - 掲示板へのファイル添付と添付ファイル一覧確認
  - グループメンバーを指定した一斉メッセージ送信
  - 書き込み記事からの全文検索
  - 等々……

このシステムは、シェルスクリプトが主体であるが十分な処理速度を有し、大学の講義のレポート提出先の掲示板として実稼動中である。このシステム「s4」を本書の情報交換用に公開してある。

「シェルスクリプト＋データベース活用テクニック」情報交換 Web
http://www.gentei.org/~yuuji/support/shsql/

上記 URL に本書に関する情報と、s4 に関する情報を集約してあるのでぜひ参照して頂きたい。

　シェルスクリプト、それは他の優れたプログラムを存分に利用することが前提ということからある意味最も効率のよい言語とも言える。SQL、それはコンパクトな言語セットで整合性を保証されたデータ操作の行なえる最も効率のよい部類のデータ操作言語である。両者をうまく繋ぐ糊となるのが SQLite コマンドラインシェル（sqlite3 コマンド）だと言えよう。なんらかの情報システムを構築したいとき、まずはシェルスクリプト + SQLite での構築を試みることで、早い時期に様々な課題が明らかになり、場合によってはそれで事足りてしまう可能性もある。小さなものからある程度の規模のものまで、シェルスクリプトと SQLite は幅広い適応力を持った組み合わせとして強力な武器となることだろう。本書で示した技法を応用して、様々な情報システム構築に挑戦してもらえれば幸いである。

　最後に、本稿の書籍化の機会を与えてくださり定期的に進行を促してくれた石塚勝敏さん、製作に携わった株式会社カットシステム編集部の皆さん、校正および動作確認をしてくれた齋藤好宗さん、川井俊輝さん、宮崎駿さん、本書執筆の引き金となった一言をくれた村上正樹さんに深く感謝申し上げる。

平成 28 年 3 月 31 日<br>
広瀬雄二

# 索引

## ■記号

| ## | 82 |
|---|---|
| $! | 77 |
| $@ | 31 |
| $# | 77 |
| $$ | 77 |
| $* | 77 |
| $- | 77 |
| $0 | 77 |
| $? | 77 |
| $@ | 77 |
| %（LIKE 演算子） | 63 |
| %% | 81 |
| .databases | 356 |
| .header | 51 |
| .import | 39 |
| .mode csv | 39 |
| .once | 367 |
| .output | 366 |
| .schema | 30 |
| .show | 49 |
| .stats | 337 |
| .timeout | 157 |
| .timer | 361 |
| :checked（CSS） | 237, 290 |
| = | 61 |
| _（LIKE 演算子） | 63 |
| \|\| | 65 |
| ~（CSS セレクタ） | 237, 290 |

## ■A

| action 属性 | 170 |
|---|---|
| ALTER TABLE | 34 |
| ASC | 63 |
| ATTACH DATABASE | 356 |
| avg() | 68 |

## ■B

| background 特性 | 237 |
|---|---|
| BEGIN | 59 |
| BETWEEN | 63 |
| break | 88 |

## ■C

| CASE | 147 |
|---|---|
| case | 87 |
| cast | 54 |
| CHECK 制約 | 244 |
| coalesce | 119 |
| COLLATE | 63 |
| COMMIT | 59 |
| Content-Disposition | 207 |
| CONTENT_LENGTH（環境変数） | 172 |
| CONTENT_TYPE | 207 |
| continue | 88 |
| convert（ImageMagick） | 330 |
| Cookie | 242, 247 |
| count() | 32, 68 |
| CREATE TABLE | 50 |
| crypt(3) 関数 | 244 |
| CSS セレクタ一覧 | 241 |

## ■D

| datetime | 221 |
|---|---|
| DEFAULT（制約） | 57 |
| DEFERRED（トランザクション種別） | 59 |
| DESC | 63 |
| DETACH DATABASE | 357 |
| display 特性 | 292 |
| DISTINCT 句 | 117 |

## ■E

| EAV | 285 |
|---|---|
| ed | 26 |

enctype .................................................................. 205
ESCAPE（LIKE 演算子）...................................... 63
EXCLUSIVE（トランザクション種別）.............. 59
exec ..................................................... 95, 100, 365
exec による入出力切り替え .................................. 95
EXPLAIN ............................................................. 337
EXPLAIN QUERY PLAN .................................. 337
export ................................................................. 101

## ■ F

fold ...................................................................... 248
for .......................................................................... 88
foreign_keys ........................................................ 35
FTS（Full Text Search）................................... 357

## ■ G

GET（form の method）................................... 170
getopts ................................................................. 36
GLOB ................................................................... 62
GROUP BY 句 ..................................................... 32
group_concat() ........................................... 68, 120

## ■ H

HAVING 句 .......................................................... 67
head .................................................................... 167

## ■ I

ICU tokenizer .................................................... 358
if ........................................................................... 86
IF EXISTS ......................................................... 121
IF NOT EXISTS ............................................... 114
IFS ....................................................... 77, 79, 143
IMMEDIATE（トランザクション種別）............ 59
INSERT ......................................................... 30, 57
INSERT OR REPLACE INTO ............................ 60

## ■ J

JOIN ..................................................................... 69

## ■ K

Key-Value ストア ............................................. 277

## ■ L

label 要素 .......................................................... 293
LEFT JOIN（左結合）........................ 119, 194, 283
LIKE ..................................................................... 61
LIMIT .................................................................. 64
localtime .............................................................. 54

## ■ M

MATCH 演算子 ................................................. 357
max() ........................................................... 68, 148
Max-Age ............................................................ 248
method 属性 ...................................................... 170
MIME ヘッダ化 ................................................. 255
min() .................................................................... 68
mkfifo ................................................................ 363
mktemp .............................................................. 213

## ■ N

N コマンド（sed）........................................... 299
NATURAL JOIN .............................................. 284
nkf ...................................................................... 169
NOCASE .............................................................. 63
NOT NULL 制約 ............................................... 244

## ■ O

OFFSET ................................................................ 64
ON DELETE アクション ................................. 176
ON UPDATE アクション ................................. 176
opacity 特性 ............................................... 237, 292
ORDER BY ................................................... 33, 63

## ■ P

PATH .................................................................... 79
POST（form の method）................................. 171
printf（SQLite 関数）...................................... 120
printf（コマンド）............................................. 118
PWD ..................................................................... 79

## ■ R

read .................................................................... 143
REPLACE INTO ........................................... 31, 60

REQUEST_METHOD（環境変数） ..................................... 172
reset ............................................................................. 171
rowid ............................................................................. 55

### ■ S

s コマンド（sed） ...................................................... 299
sed ...................................................................... 26, 168
sendmail コマンド ...................................................... 254
set ........................................................................ 80, 101
Set-Cookie ................................................................. 248
shift ............................................................................. 80
SQL インジェクション ................................................ 185
SQLite の識別子規則 .................................................... 51
sqlite_master テーブル ............................................... 112
stdout ......................................................................... 367
submit ........................................................................ 171
sum() ............................................................................ 68

### ■ T

TEMPORARY TABLE ................................................ 363
test .............................................................................. 89
textarea ...................................................................... 232
total() ........................................................................... 68
tr ................................................................................ 168
transition 特性 ................................................... 237, 293
trap ..................................................................... 99, 214
Type Affinity ................................................................ 53
typeof ........................................................................... 52

### ■ U

umask ........................................................................ 101
unicode61 tokenizer .................................................. 358
UNION ....................................................................... 149
UNION ALL ............................................................... 282
UNIQUE 制約 ...................................................... 30, 111
unset ............................................................................ 79
until ............................................................................. 86
UPDATE ....................................................................... 64
urandom .................................................................... 247
USING .......................................................................... 69
UTC ............................................................................. 54

### ■ V

VIRTUAL TABLE ...................................................... 360

### ■ W

while ............................................................................ 86

### ■ Z

zsh の変数展開の単語分割 ........................................... 93

### ■ あ

一時テーブル ............................................................. 363
位置パラメータ ........................................................... 77
位置パラメータへの代入 ............................................. 80
一般兄弟セレクタ ...................................................... 290
大文字小文字を同一視 ................................................. 63

### ■ か

改行を取り除く処理 .................................................. 254
外部キー制約 ................................... 35, 60, 111, 176
カラム制約 .................................................................. 54
協定世界時 .................................................................. 54
降順 ............................................................................. 63
コマンド置換 .............................................................. 92
コントロール ............................................................ 170

### ■ さ

再帰問い合わせ ........................................................... 61
最大レコード数の指定 ................................................. 64
サブシェル .................................................................. 84
算術展開 ...................................................................... 94
シェル関数 .................................................................. 98
シェル自身のプロセス ID ............................................ 77
シグナル捕捉 ...................................................... 99, 214
自己結合 .................................................................... 325
辞書 ........................................................................... 277
自動コミットモード ................................................... 60
集約関数 ...................................................................... 66
昇順 ............................................................................. 63
シングルクォート ....................................................... 91
スキーマ名 ................................................................ 356
セッションキー ......................................................... 247

## ■た

縦持ちから横持ちへの変換 ...... 147
ダブルクォート ...... 92
単コマンド ...... 83
単純 CASE ...... 147
テーブルが存在しない場合のみ CREATE TABLE ...... 114
テーブル制約 ...... 56
通し番号（rowid） ...... 55
特殊パラメータ ...... 77
トランザクション ...... 59
トランザクション利用の速度 ...... 159

## ■な

名前つきパイプ ...... 363
入出力切り替え ...... 95

## ■は

パーセントエンコード（URL エンコード） ...... 169
パイプライン ...... 83
パターンスペース（sed） ...... 299
バックスラッシュ ...... 91
ハッシュ ...... 277
パラメータ ...... 77
ヒアドキュメント ...... 96
左結合 ...... 119, 194, 283
ビュー ...... 71
標準 SQL ...... 10
別名（カラムにつける） ...... 51
別名（テーブルへの） ...... 70
変数 ...... 77
変数の前後切り取り ...... 81

## ■ま

文字列結合 ...... 65

## ■や

横持ち ...... 220

## ■ら

リダイレクト ...... 95
連想配列 ...... 277

連番生成 ...... 325

■ **著者プロフィール**

**広瀬 雄二（ひろせ・ゆうじ）**

1968 年山梨県塩山市（現甲州市）生まれ。慶應義塾大学理工学研究科管理工学専攻から同インフォメーションテクノロジーセンター助手を経て、東北公益文科大学（山形県酒田市）へ。Ruby や C の書き手、ネットワークエンジニアとして育っていく卒業生は多いものの、Emacs-Lisper が未だに出ないのがすこし寂しい。かわりに実用スクリプトが作れる学生が増えてきたのは喜ばしいことである。

**主な著書**

改訂版やさしい Emacs-Lisp 講座（カットシステム，2011 年）．
Ruby プログラミング基礎講座（技術評論社，2006 年）．
zsh の本（技術評論社，2009 年）．
実用的 Ruby スクリプティング（カットシステム，2014 年）．


## シェルスクリプト＋データベース活用テクニック
### Bourne Shell と SQLite による DB システム構築のすすめ

2016 年 5 月 1 日　　　初版第 1 刷発行

| | |
|---|---|
| 著　者 | 広瀬 雄二 |
| 発行人 | 石塚 勝敏 |
| 発　行 | 株式会社 カットシステム |
| | 〒169-0073 東京都新宿区百人町 4-9-7　新宿ユーエストビル 8F |
| | TEL（03）5348-3850　　　FAX（03）5348-3851 |
| | URL　http://www.cutt.co.jp/ |
| | 振替　00130-6-17174 |
| 印　刷 | シナノ書籍印刷 株式会社 |

---

本書に関するご意見、ご質問は小社出版部宛まで文書か、sales@cutt.co.jp 宛に e-mail でお送りください。電話によるお問い合わせはご遠慮ください。また、本書の内容を超えるご質問にはお答えできませんので、あらかじめご了承ください。

---

■ 本書の内容の一部あるいは全部を無断で複写複製（コピー・電子入力）することは、法律で認められた場合を除き、著作者および出版者の権利の侵害になりますので、その場合はあらかじめ小社あてに許諾をお求めください。

Cover design　Y.Yamaguchi　　　© 2016 広瀬雄二
Printed in Japan　ISBN978-4-87783-385-5